《21世纪交通文化建设研究与实践》系列丛书

U0887828

站文化

陈永久 张三省 主 编
齐树平 刘振廷 副主编

人民交通出版社股份有限公司
China Communications Press Co.,Ltd.

图书在版编目（CIP）数据

站文化 / 陈永久主编 . — 北京：人民交通出版社，2008.8
（21 世纪交通文化建设研究与实践系列丛书）
ISBN 978-7-114-07053-2

Ⅰ . 站… Ⅱ . 陈… Ⅲ . 运输企业 – 企业文化 – 中国
Ⅳ .F512.6

中国版本图书馆 CIP 数据核字（2008）第 038944 号

《21 世纪交通文化建设研究与实践》系列丛书

书　　名：站文化
著 作 者：陈永久
责任编辑：张征宇　乔文平
出版发行：人民交通出版社
地　　址：（100011）北京市朝阳区安定门外外馆斜街3号
网　　址：http://www.ccpress.com.cn
销售电话：（010）59757969，59757973总
经　　销：北京中交盛世书刊有限公司
经　　销：各地新华书店
印　　刷：日照教科印刷有限公司
开　　本：787 × 980　1/16
印　　张：15.5
字　　数：290千
版　　次：2008年8月　第1版
印　　次：2019年12月　第2次印刷
书　　号：ISBN 978-7-114-07053-2
定　　价：37.00元
（有印刷、装订质量问题的图书由本公司负责调换）

交通文化建设研究工作指导委员会

主　　任　黄先耀

副 主 任　何建中　孙国庆

成　　员　柯林春　陈永久　张　润　任明英　杨根林
张月斌　余昌平　王新华　李云鹏　马宝亮
王　镭　贺建华　钟　华　梁晓安　王永明
黄　强　徐俊池　李伟红　陈汉发　孙立成
周　伟　李作敏　丘建华　徐世强　李宗琦
刘文杰

交通文化建设研究工作联络组

组　　长　柯林春

副 组 长　黄克清　洪晓枫

组　　员　王先进　王海峰　齐树平　杨俊威　胡　斌
严志明　覃万兵　何发举　王之安　辛加和
王淑敏　宋　颖　侯海强　马平原　邱　铭
羊　磊　胡利民　葛树增　章　婧　胡建华
向良凯　李　春　徐　丽　李和仁　梅　君

《站文化》研究工作领导小组

组　　长　陈永久

副 组 长　王振华

成　　员　齐树平　刘振廷　徐卫国　李永结　张三省　段联合

主　　编　陈永久　张三省

副 主 编　齐树平　刘振廷

编写人员　张三省　齐树平　刘振廷　曹英敏　段联合　陈　波　司昌静　李利英　刘　蓉　王　丹　刘西西

总　序

国民之魂，文以化之；国家之神，文以铸之。“加强文化建设，明显提高全民族文明素质”，是党的十七大提出的实现全面建设小康社会奋斗目标的新要求。胡锦涛总书记在党的十七大报告中明确指出：“当今时代，文化越来越成为民族凝聚力和创造力的重要源泉、越来越成为综合国力竞争的重要因素，丰富精神文化生活越来越成为我国人民的热切愿望。要坚持社会主义先进文化前进方向，兴起社会主义文化建设新高潮，激发全民族文化创造活力，提高国家文化软实力，使人民基本文化权益得到更好保障，使社会文化生活更加丰富多彩，使人民精神风貌更加昂扬向上。”这不仅深刻阐明了兴起社会主义文化建设新高潮的重大现实意义和深远历史意义，更为新时期加强文化建设指明了方向和路径。

交通文化是社会主义先进文化的重要组成部分，是交通行业的灵魂，是实现交通又好又快发展的重要精神支柱。交通运输是支撑经济良性发展、促进社会全面进步的基础性、先导性产业和服务性行业，服务是其本质属性。基于这一认识，我们提出了“交通发展要服务国民经济和社会发展全局、服务社会主义新农村建设、服务人民群众安全便捷出行”，提出了“发展现代交通业，建设一个更安全、更通畅、更便捷、更经济、更可靠、更和谐的现代公路水路交通系统”。从文化的角度看，这也正是我们基于交通运输的本质属性和交通行业的神圣使命所作出的价值选择，是交通文化的核心内涵，是引导交通事业科学发展的价值导向，也是贯彻落实党的十七大关于加强社会主义文化建设的具体体现。

交通部党组高度重视文化建设工作。2006年全国交通工作会议明确提出：“努力建设具有鲜明行业特点和时代特征的交通文化，用文化和精神的力量凝聚全行业，使交通行业更加充满活力，不断开创交通事业发展的新局面。”2006年6月26日召开的全国交通行业精神文明建设工作会议更加明确地提出：“加强交通文化建设，努力增强行业软实力”，力争文化建设在今后五年内取得明显进展。随后，部印发了《交通文化建设实施纲要》，对交通文化建设的指导思想、目标任务、工作原则和工作措施作出了具体安排和部署。这是交通部颁布的第一个有关交通文化建设的重要文件，它强调新时期交通文化建设要深入贯彻科学发展观和构建社会主义和谐社会的要求，建设具有鲜明时代特点和交通行业特色的精神文化、制度文化和物质文化；要以实践社会主义荣辱观为主线，以弘扬爱国主义为核心的民族精神和以改革创新为核心的时代精神为重点，大力加强精神文化建设；要在实践中加强探索和研究，系统总结交通文化建设的丰硕成果，确立符合先进文化前进方向和交通事业发展要求的交通行业的核心价值体系；要实施“五个一工程”，即形成一批交通文化研究成果，提炼一种交通精神，征集确定一个交通行业徽标，创作一批交通文艺作品，完善一批交通博物馆，将全行业文化建设提高到一个新水平，全面增强交通文化的吸引力和感召力，不断增强交通行业的凝聚力，提升交通行业的影响力，提高交通发展的软实力，为交通事业又好又快发展营造良好的文化环境。

为全面深入推进交通文化建设工作，2006年11月部务会议研究决定成立了交通文化建设研究工作指导委员会，按照行业文化、系统文化、专业文化、组织文化四个层次，分别成立了交通行业文化建设研究总课题组和公路文化、道路运输文化、交通规费征稽文化、港口文化、海事文化、救捞文化、船检文化、航海文化、廉政文化、公路执法文化、长江航运文化、交通公安文化、路文化、桥文化、车文化、站文化、船文化、航标文化、航道文化、交通行政机关文化、交通企业文化和交通事业单位文化等22个子课题组，由行业内有一定研究基础、有积极性、有较好的支撑条件、具体代表性的部门或单位牵头，并邀请文化学、管理学、社会学等方面的专家学者共同参与，按照力求出精品的要求，系统地开展了交通文化研究工作。经过广大研究人员一年多的辛勤劳动和艰苦努力，研究工作进展顺利，取得了一批可喜的研究成果。出版这套多卷本的《21世纪交通文化建设研究与实践》系列丛书，是交通文化建设研究成果的重要组成部分。丛书从多个层面、多个领域系统地总结了交通文化源远流长的发展历史、积淀丰厚的特色文化、形式多样的实践活动、绚丽多彩的建设成果。“系统文化”侧重于交通行业不同系统的特色文化研究，重点提炼和阐述了各系统具有系统特色的价值理念；“专业文化”侧重于不同专业领域的特色文化研究，重点收集、挖掘和整理了交通行业物质文化成果；“组织文化”侧重于交通行业不同组织的特色文化研究，重点梳理、凝炼和展示了各类交通组织的特色价值理念、行为规范和形象标识。整个研究工作坚持以社会主义核心价值体系为指导，将“铺路石”、“航标灯”等交通行业传统精神与包起帆、许振超、陈刚毅等先进典型所展现的时代精神有机结合，在建设交通行业核心价值理念体系方面做了积极探索。

交通文化建设是一项长期性、系统性、复杂性的工作，既要整体部署，又要稳步推进。近年来，尤其是实施《交通文化建设实施纲要》以来，全行业日益重视交通文化建设，注重丰富交通发展的文化内涵，取得了一些有行业特点和时代特征的文化成果，涌现了青岛港、天津港等一批优秀企业文化建设单位和青岛交运集团“情满旅途”、南京长途汽车站“爱心始发站”等一批知名服务品牌，形成了南京交通局“交通文化通论”等一批理论研究成果。《21世纪交通文化建设研究与实践》系列丛书的出版发行，对于全国交通行业深入贯彻落实党的十七大精神，兴起交通文化建设新高潮，进一步提高交通行业凝聚力和战斗力，推动交通事业又好又快发展，切实做好“三个服务”，必将起到重要的推动作用。

交通部部长 李盛霖

二〇〇七年十二月十三日

导 论

交通为人员流动和物资流通提供基础条件，为人和物的空间位移提供运输服务，是支撑经济良性发展、促进社会全面进步的基础性产业和服务性行业。交通是一个古老而年轻的行业，自农业社会到工业社会以至信息社会，交通就一直伴随着人类文明的发展而演进，并构成人类文明的重要组成部分。中国是一个具有悠久历史的文明古国，在延绵数千年的文明进程中，曾造就了其他文明古国概莫能及的相对发达的交通体系；新中国成立后，中国交通事业进入一个崭新的发展阶段，经过近60年的建设尤其改革开放近30年的建设，交通发展在数量规模、质量水平和结构层次等方面都发生了翻天覆地的变化，取得了举世瞩目的成就，已跻身世界交通大国之列，正朝着世界交通强国迈进。中国交通发展的历史伟绩和现代成就为中华文明和世界文明做出了重大贡献，与此同时，在这个历经风雨的漫长岁月中，勤劳智慧的中华民族创造了与历史俱进、与时代同步的丰富多样、绚丽多彩的交通文化，为中华文化和世界文化的不断发展增添了更加丰富的内涵和更为亮丽的色彩。

一、交通文化的概念

理解交通文化的概念需先考查文化的概念。关于“文化”一词，长期以来，国内外一直没有形成统一的定义。但是，人们对文化内涵的解释还是存在共识，一般认为：文化是人类在社会历史发展过程中不断创造的各种精神财富、制度体系和物质财富的总和，其核心内容是人类创造各种精神财富、制度体系和物质财富所秉持的或反映出的价值理念。这是人们对社会主文化内涵所作的解释。基于这一认识，人们于是对隶属于社会主文化的各种亚文化的概念也做出了界定，如组织文化、系统文化和行业文化等。

交通文化也是隶属于社会主文化的一种亚文化，交通文化建设的理论渊源是文化人类学。对于交通文化的概念，可以根据社会主文化概念的核心内容和基本要素作出界定：交通文化是交通行业在长期的交通建设、运输和管理实践中逐步形成并不断发展的为广大交通员工所普遍认同并付诸实践的具有鲜明行业特点和时代特征的价值理念，是交通行业各种精神文化、制度文化和物质文化的总和，是交通发展的重要成果，是交通文明的重要结晶。其中，精神文化是交通行业的核心文化，是交通行业纲领性的核心思想，是指导交通发展的核心价值；制度文化是交通行业的浅层文化，是交通行业制定并执行办事规程、道德规范和行为准则所秉承的价值理念；物质文化是交通行业的表层文化，是交通行业生产物质实体、展现外在形象所秉承的价值理念。对于这一概念，可从以下角度进一步理解其内涵：

交通文化的核心内容是价值理念。价值理念属于意识形态或思想认识范畴，体现为交通行业对交通发展所秉持的态度、所采取的方式和所表现的行为，为交通发展所倡导的精神、所制定的规范和所树立的形象，这些态度、方式和行为都自觉或不自觉地反映了交通行业所秉承的价值理念，从而形成了交通文化。

交通文化的本质要求是强调实践。交通文化是交通行业普遍认同并付诸实践的价值理念，其突出强调价值理念的实践性，强调所倡导的价值理念要得到普遍认同和真正落实，要使之内化于心、固化于制、外化于形，从而在交通建设、运输和管理实践中发挥出实际的作用，为交通发展提供精神动力、制度保障和物质基础。

交通文化的层次定位是行业文化。从价值理念的从属主体来看，有国家的、民族的、组织的和个人的价值理念等，交通文化则属于整个交通行业的价值理念。因此，交通文化是对整个交通行业各部门、各单位价值理念的提炼与整合，代表了交通行业从业人员的主流思想，代表了整个行业广泛认同和普遍接受的价值理念。

交通文化的鲜明个性是交通特色。交通文化是交通行业的特色文化。各个行业的特色文化在其形成和发展过程中，虽然受到整个国家、民族的价值理念的影响，但各个行业生产特征、服务要求和管理模式存在很大差异，其价值取向也必然存在较大差异。交通作为经济社会发展的基础性产业和服务性行业，其所秉承的价值理念自然也有别于其他行业，从而有其自身鲜明的个性特色。

二、交通文化的特点

不同行业有其各自的结构形态和嬗变沿革，以及不同的静态表征和动态特征，因而体现出与之相对应的文化体系特点。从这方面考察，交通文化具有多样性、层次性、传承性、时代性等突出特点。

交通文化的多样性。交通行业由多个系统、多种专业、多种组织构成。从职能范围看，交通行业主要有公路建设与管理、道路运输、规费征稽、港口、航运、海事、救捞、船检、公安等系统；从专业性质看，交通行业主要有公路、桥梁、车辆、站场、船舶、航标、航道等专业领域；从组织性质看，交通行业主要有行政机关、执法单位、交通企业和事业单位等组织。不同的系统、专业、组织都有其自身的生产特征、服务要求和管理模式，因而具有不尽相同的价值理念，从而形成了文化的多样性。交通文化的多样性，要求交通文化建设要充分考虑不同文化价值理念的个性与共性，整个行业的文化建设在价值理念的提炼和价值体系的整合上要兼收并蓄、博采众长，从而形成能为整个行业广泛认同并普遍接受的价值理念。

交通文化的层次性。按照交通行业的职能、专业和组织等分类，可将交通文化细分为交通系统文化、交通专业文化和交通组织文化，各组成部分按照某种秩序有机结合，呈现出一定的层次性。其中，行业文化是一个面，系统文化是一条线，组织文化是一个点，专业文化则可看作对系统文化的细分，因为公路、桥梁、车辆、站场、船舶、航标和航道等是隶属于各交通系统的物质实体。整个交通文化体系因此呈现出一种“点-线-面”式的层次特征。各层次文化所秉承的价值理念具有内在的联系，一般来说，上层文化价值理念是对下层文化价值理念的归纳，上层文化更为抽象，下层文化更为具体。交通文化的层次性，要求提炼、整合交通行业的价值理念要自下而上、由点到面，逐层归纳，从而形成具有深厚基础的价值理念。

交通文化的传承性。交通文化形成于交通发展的实践，并随着交通的发展而发展。交通发展过程就是交通文化形成的过程，交通发展的历史沿革就是交通文化的传承沿革。交通发展在不同时期面临着不同的发展任务和发展条件，因而有着不同的价值理念和文化内涵。传承是发展的基础。交通文化的传承性，要求用历史唯物主义和辩证唯物主义的观点和方法去认识交通文化，从源远流长、积淀丰厚的发展历史中发掘、提炼交通文化的价值理念元素，充分吸收传统文化的合理成分，进而将交通行业优良的传统文化发扬光大。

交通文化的时代性。中国乃至世界交通发展都已进入新的阶段，快速推进中的中国交通现代化要求坚持科学的价值理念，发展先进的交通文化，以此促进交通事业又好又快发展。因此，建设交通文化，必须坚持先进文化前进方向，在传承交通传统文化的基础上，充分融入现代意识，不断丰富和发展其科学内涵，确立具有时代特征的价值理念，发展具有现代意识的物质文化、制度文化和精神文化体系。

三、交通文化的功能

交通文化的作用集中体现在“内聚人心、外塑形象”两个方面，具有凝聚、导向、激励、约束、外塑和辐射等基本功能。认识这些基本功能，是认识交通文化的建设目的与建设意义的基础。

交通文化的凝聚功能。交通文化所倡导的价值理念一旦为整体行业认同并接受，就成了千百万从业人员共同的理想与追求，进而以其强大的粘合力，从各个方面将整个行业及其成员聚合起来，形成巨大的向心力和凝聚力，形成强烈的集体意识与团队精神，为实现共同的理想与追求而齐心协力、共同奋斗。

交通文化的导向功能。交通文化所倡导的价值理念是整个行业的共同理想和共同追求的集中反映，代表了千百万交通人的主流思想和主流意识。这种共同的理想和追求，通过教育和灌输，会引导行业的个体与群体在思想、观念上做出调整，使其与整个行业所确立的价值取向保持一致，从而起到一种导向作用。

交通文化的激励功能。交通文化建设的核心要旨是以人为本、以文化人，强调确立共同的理想、营造和谐的氛围。这些都有利于增强各部门、各单位干部职工的使命感和责任感，激发干部职工的积极性和创造性，使广大干部职工乐于参与交通建设，乐于发挥聪明才智，为实现共同理想、实现自身价值而做出努力。

交通文化的约束功能。交通文化一旦形成，就建立了自身系统的价值理念，就为行业整体及其成员明确了价值取向，同时也确立了道德规范和行为准则，从而对行业整体及其成员起到一种约束作用。但是，这种约束具有自觉性，是一种软约束，这种软约束产生于整个行业的文化氛围，使各个成员产生共鸣，继而达到自我控制。

交通文化的外塑功能。交通行业特色文化所倡导并实践的价值理念是交通行业的旗帜，旗帜就是形象，这种形象包括理念形象、行为形象和视觉形象。这些形象是社会公众了解和评价交通行业的标志和表征。因此，交通文化具有外塑形象的重要功能。

交通文化的辐射功能。交通文化的辐射功能主要体现在所倡导并实践的价值理念通过外化而为广大社会公众所了解、所感受，会影响整个社会价值理念的形成与发展，从而使交通文化成为社会主文化的生长点和贡献源，为社会主义文化大发展、大繁荣做出贡献。

四、交通文化的载体

凡文化均有其价值理念的承载体或附着体。人类通过劳动创造文化。人类的劳动作用于自然形成物质文化，作用于社会形成制度文化，作用于人类自身形成精神文化。交通文化的载体主要包括主体载体、组织载体、制度载体和物质载体等。从根本上说，建设交通文化就是建设和优化这些载体。

主体载体。交通行业从业人员是交通行业的主体，自然也是交通文化的主体。交通行业从业人员既是交通行业价值理念的倡导者和实践者，也是交通行业价值理念的承载者和传播者。交通文化说到底是交通人的文化，是交通人的思想意识和价值取向。建设交通文化，要注重人的决定性因素，突出人的主体性地位，一是注重发掘广大从业人员的价值理念元素，确立具有深厚群众基础的价值理念体系；二是注重依靠广大从业人员建设交通文化，践行价值理念；三是注重通过文化建设来提升广大从业人员的综合素养，运用文化的力量来增强从业人员的凝聚力和向心力，激发交通从业人员的积极性和创造性。

组织载体。交通行业的行政机关、事业单位和交通企业等各种组织，既是交通行业的基本单元，也是交通文化建设的基本单元。这些组织作为交通文化的载体，与文化的内在联系主要体现在以下几个方面：一是组织内涵反映组织文化的性质。组织内部共同的目标追求、一致的价值取向、和谐的分工合作都是文化使然，其既是文化作用的结果，也是文化自身的表征。二是组织结构体现组织文化的个性。组织结构决定了组织内部的职责关系，其选择和形成受到组织文化的影响，并反作用于组织文化，从而使得不同的组织结构体现出不同的文化个性。三是组织功能体现组织文化的要求。组织的功能主要体现在整合人力资源、规范人的行为、满足人的需要，从而履行组织使命，实现组织目标，这些功能和作用与组织文化的功能和作用是一致的，正好体现了组织文化建设的目的和要求。建设交通文化，要求将组织建设作为重点内容，着力提升组织管理理念，改进组织管理方式，按照科学管理、规范管理的要求，优化组织的内部结构与协作关系。

制度载体。制度是要求组织成员共同遵守的办事规程、道德规范和行为准则。组织制度和组织文化之间关系十分密切。一方面，组织文化是组织制度制定与执行的重要决定因素，影响着组织制度的形成及其功效的发挥。组织制度是组织文化的产物，组织制度所具有的规范约束和激励作用等本身就体现了组织文化建设的直接目的和内在要求。这样，组织制度就成为了组织文化的重要载体，组织制定并执行各种办事规程、道德规范和行为准则都反映了组织文化所倡导的价值理念。另一方面，组织制度对组织文化的形成和发展也具有重要影响，有什么样的组织制度也必然会使组织成员表现出相应的处事态度和行为方式，从而营造相应的组织氛围、孕育相应的组织文化。建设交通文化，要求将制度建设作为重点内容，按照以人为本、科学管理的要求，以实现员工价值、规范员工行为为价值取向，着力健全组织内部的管理制度，推进制度创新与制度变革。

物质载体。物质载体是反映交通文化特色内容的重要载体和交通文化先进程度的重要标志。交通文化的物质载体主要包括以下几类：一是交通行业的生产资料，包括基础设施、运输装备及其支持保障系统，如公路、桥梁、车站、港口、航道、航标、车辆和船舶，办公场所、生产车间和服务场所等，这是交通生产力的物质基础，其外形特征、结构特点、技术价值、美学价值、历史价值、民族特色、地域特征、人文内涵及其社会经济意义等，是交通文明的重要标志，也是交通文化的重要特色所在。二是交通行业的形象标识，如各系统、部门和组织的徽标、着装和歌曲等，这也是交通文化的可感知性象征物，充分体现了交通文化的个性和风格。三是交通行业各种组织保障员工基本权益、提升员工综合素养的各种实体手段，如保健、卫生和安全等设施，技术培训、职业教育和文化教育等文化设施，这些也都充分体现了交通文化的个性和风格。建设交通文化，要求将物质载体建设作为重点内容，既要着力保证物质实体的经济社会意义，也要着意丰富物质实体的技术价值、美学价值、历史价值、民族特色、地域特征和人文内涵，着力提升交通行业的外在形象。

五、交通行业的价值体系

交通文化建设坚持社会主义先进文化前进方向，用马克思主义中国化最新成果武装和教育广大干部职工，用中国特色社会主义共同理想凝聚力量，用以爱国主义为核心的民族精神和以改革创新为核心的时代精神鼓舞斗志，用社会主义荣辱观引领风尚。经过长期的探索与实践，交通行业逐步形成了具有鲜明行业特色和时代特征的交通精神文化、制度文化和物质文化，形成了实践证明对于引导交通事业快速发展、科学发展、和谐发展具有重要指导作用的价值体系。

（一）行业使命：发展现代交通，做好“三个服务”

发展现代交通，促进民富国强，是国家和人民赋予交通行业的神圣使命。交通是支撑经济良性发展、促进社会全面进步的基础性产业和服务性行业，是促进经济增长、优化产业布局、改善人民生活、保障国家安全、维护社会稳定的基础条件和重要依托。交通发展的主要任务是发展现代交通业、实现交通现代化，根本目的是促进人民富裕、实现国家强盛。在目前及今后相当长时期内，交通行业围绕履行这一使命，必须把握世界交通发展的总体趋势和我国交通发展的阶段特征，着力调整交通结构、转变发展方式、推进自主创新、完善行业管理，加快推进交通由传统产业向现代服务业转型，努力提高做好“三个服务”（服务国民经济和社会发展全局，服务社会主义新农村建设，服务人民群众安全便捷出行）的能力和水平。

（二）共同愿景：建设一个更安全、更通畅、更便捷、更经济、更可靠、更和谐的现代化公路水路交通运输系统，实现人便于行、货畅其流，让人们享受高品质的运输服务，让经济社会发展更加充满活力，让交通与自然、交通与社会更加和谐。

交通行业致力于建设一个更安全、更通畅、更便捷、更经济、更可靠、更和谐的现代化公路水路交通运输系统，体现了交通行业基于自身使命而对未来交通发展愿望与发展前景的美好憧憬，对未来交通发展目标与发展效果的理想追求，是交通行业重要的价值取向。为实现这一愿景，一代代交通人前赴后继，作出了艰苦卓越的不懈努力，取得了举世瞩目的巨大成就，交通事业各个方面不断地实现了历史性突破和跨越式发展。目前，公路主骨架、水运主通道、港站主枢纽和支持保障系统建设全面推进，高速公路、特大桥梁、长大隧道和专业码头建设快速发展，万车竞发、百舸争流的繁荣景象已经初步形成，货畅其流、人便于行的良好效果已经日益显现，现代化公路水路交通运输系统已经初具规模，更加宏伟的发展目标正在又好又快地大力推进之中，交通发展的美好愿景必将成为现实。

（三）交通精神：艰苦奋斗、勇于创新，不畏风险、默默奉献

交通精神是民族精神和时代精神在交通实践中的生动体现，是对交通行业先进典型精神内核的高度概括，是交通行业广大从业人员共同创造的精神财富，是交通行业履行自身使命、实现共同愿景的强大动力，代表了交通行业广大从业人员的思想意志和精神风貌。交通精神的核心要素是“艰苦奋斗、勇于创新，不畏风险、默默奉献”。

艰苦奋斗是交通行业的优良传统。立足我国建设任务繁重、经济基础薄弱的基本国情，交通行业各条战线广大员工，本着高度的使命感和责任感，始终保持勤俭节约、艰苦朴素、拼搏进取、努力奋斗的优良传统，大力推进我国的现代化交通建设，确保交通发展的质量、效益和效率，创造了无数可圈可点的光辉业绩，涌现了以“一代人要有一代人的作为、一代人要有一代人的贡献、一代人要有一代人的牺牲”的“青岛港精神”，“胸怀祖国、热爱边疆的爱国精神，刻苦钻研、勤奋好学的进取精神，不懈探索、敢于突破的创新精神，恪尽职守、忘我工作的敬业精神，淡泊名利、清正廉洁的自律精神，生命不息、奋斗不止的拼搏精神”这一“刚毅精神”，以及“勇闯新路、改革进取的精神，干字当头、艰苦奋斗的精神，遵纪守法、诚实劳动的精神，领导干部以身作则、吃苦在前、享受在后的精神”这一“华铜海精神”等为代表的彰显艰苦奋斗精神的先进典型。

勇于创新是交通行业的时代追求。锐意进取、勇于创新，是交通行业在长期的改革与发展实践中不断适应新的形势变化和发展要求，有效解决突出矛盾和问题，不断取得重大进展与突破的成功经验。长期以来，交通行业抓住机遇、与时俱进，

注重理念创新、科技创新、体制机制创新和政策创新，为实现交通事业又好又快发展提供不竭动力，涌现了以“报效祖国，服务人民的主人翁精神，立足本职、追求卓越的敬业精神，求真务实、勇攀高峰的科学精神，锲而不舍、勇于拼搏的进取精神，团结协作、淡泊名利的团队精神”这一“起帆精神”，“爱岗敬业、无私奉献的主人翁精神，艰苦奋斗、努力开拓的拼搏精神，与时俱进、争创一流的创新精神，团结协作、互相关爱的团队精神”这一“振超精神”，“恪尽职守、忘我工作的敬业精神，立足岗位、刻苦自励的拼搏精神，敢为人先、勇攀高峰的创新精神，凝心聚力、团结协作的团队精神”这一“孔祥瑞精神”，以及“凝心聚力的和谐意识，拼搏奉献的创业精神，敢为人先的创新精神，追求卓越的创优精神”这一“润阳大桥精神”等为代表的凸显勇于创新精神的先进典型。

不畏风险是交通行业的突出意志。交通建设逢山开路、遇水架桥，车辆行驶于陡峭险峻的群山之间，船舶航行于风急浪高的水面之上，无不存在一定风险，正所谓“行船走马三分险”。长期以来，中国航海者面对风浪惊涛的海洋环境和突如其来的各种困难，总是勇往直前、镇静应对、精诚协作，圆满完成国家和人民交付的各项运输任务，彰显了“乘风破浪、不畏艰险、同舟共济”的“航海精神”。尤其，在发生海上安全事故的情形下，我国海上搜救队伍更是凭藉精湛的技能和过人的胆略，不顾个人安危，及时赶赴现场，全力施行搜救，确保人民生命与财产安全，凸显了“把生的希望送给别人、把死的危险留给自己”的“救捞精神”，是交通行业坚强意志力和大无畏精神的突出体现。

默默奉献是交通行业的真情付出。我国公路水路交通建设、运输和管理大多是在气候恶劣、地形复杂、人烟稀少的特殊条件下展开的，广大交通建设、运输和管理人员，无数的铺路工、养路工和航标工，寒来暑往、经年累月，不顾风吹雨打、不计名利得失，在平凡的岗位上、在艰苦的条件下，恪尽职守、真诚奉献，用宝贵的青春和人生，铺就了无数大道、送去了万家温暖、确保了万家平安，留下了无数可歌可泣的感人事迹，涌现了以“为人民服务到白头”的“小扁担精神”，“爱岗敬业、默默奉献”的“铺路石精神”，“燃烧自己、照亮别人、奉献社会”的“航标灯精神”，“尚法弘德，为民负责，执法为民，服务社会”的“海事精神”，以及“尽职在岗、奉献在船”的“孙彪精神”等为代表的凸显默默奉献精神的先进典型。

（四）职业道德：爱岗敬业、诚实守信、服务群众、奉献社会

交通行业开展职业道德建设，坚持用社会主义荣辱观引领风尚，按照《公民道德建设实施纲要》的要求，大力倡导并努力践行以“爱岗敬业、诚实守信、服务群

众、奉献社会”为主要内容的职业道德，为交通事业又好又快发展提供有力的制度保障。

爱岗敬业是职业道德的基础。爱岗敬业要求从业人员干一行、爱一行、精一行。交通行业为全社会提供交通基础设施和客货运输服务，交通工程建设关乎百年发展大计，客货运输服务涉及广大公众利益，从业人员首先要热爱本职工作、履行岗位职责，要结合岗位需要、立足岗位工作，加强业务学习、注重实践锻炼，不断提高个人综合素质，在工作中恪尽职守、精益求精，为保证工程建设和运输服务质量作出自己应有的贡献。

诚实守信是职业道德的精髓。诚实守信要求从业人员做到诚实、诚恳，讲信义、守信用。交通行业倡导并实践诚实守信的职业道德，要着眼于切实解决交通、运输和管理中群众反映强烈、社会危害严重的突出问题，健全诚信机制，开展诚信教育，强化诚信意识，进一步推进“共铸诚信交通”实践活动，做负责任的行业、负责任的部门、负责任的岗位，努力提高整个行业的公信力和信誉度。

服务群众是职业道德的更高要求。交通行业本身是服务性行业，服务是交通的本质属性，做好服务是交通发展的突出主题。交通行业各部门、各单位广大员工要着力增强服务意识，努力提高做好服务的能力和水平。要继续开展文明行业、文明单位、示范窗口建设活动，大力推行热情服务、周到服务、规范服务，为人民群众提供更加安全、便捷、高效的优质服务。

奉献社会是职业道德的最高境界。交通作为经济社会发展的基础性产业和服务性行业，与社会生产和社会生活的各个方面息息相关，广大从业人员要将奉献社会作为职业道德建设的出发点和归宿，立足各自的本职工作，以宽广的胸襟和坦荡的胸怀，以自己的才华和汗水真情地反哺于人民、回馈于社会，在奉献中实现自我、发展自我。

六、交通文化建设的现实意义

大力推进交通文化建设，是交通行业深入贯彻落实科学发展观，促进交通事业全面发展的重要方面。党的十七大报告指出：深入贯彻落实科学发展观，要按照中国特色社会主义事业总体布局，全面推进经济建设、政治建设、文化建设、社会建设，促进现代化建设各个环节、各个方面相协调；推动社会主义文化大发展大繁荣，要坚持社会主义先进文化前进方向，兴起社会主义文化建设新高潮，提高国家文化软实力。大力推进交通文化建设，就是要确立符合先进文化前进方向和交通事业发展要求，具有鲜明行业特点和时代特征的价值体系，并付诸交通发展实践，提升交通文化软实力，为实现交通又好又快发展提供精神动力、制度保障和物质基础。

建设交通文化有利于确立共同理想，树立共同目标，进一步增强发展现代交通的使命感和责任感。理想就是信念，理想就是旗帜。交通文化建设大力倡导并努力践行建设一个更安全、更通畅、更便捷、更经济、更可靠、更和谐的现代化公路水路交通运输系统，致力促进人民富裕、实现国家强盛，这些核心价值一旦为交通行业各部门、各单位干部职工所接受，就成了广大交通员工共同的理想和信念，成了统一干部职工思想认识的旗帜和标杆，进而增强广大交通员工的使命感和责任感，引领广大交通员工为发展现代交通、促进民富国强而自强不息、奋斗不止。

建设交通文化有利于继承优良传统，弘扬时代精神，进一步提高做好“三个服务”的能力和水平。交通精神是交通行业的灵魂。交通文化建设大力倡导并努力践行以“艰苦奋斗、默默奉献、不畏风险、勇于创新”为核心要素的交通精神，是交通行业继承优良传统、体现时代要求，努力做好“三个服务”的精神追求和强大动力。建设交通文化，弘扬交通精神，就是要宣传先进典型，弘扬浩然正气，以此激发广大交通员工的积极性和创造性，使之成为不断提高做好“三个服务”的能力和水平的强大动力。

建设交通文化有利于凝聚行业力量，提升行业形象，进一步增强构建和谐交通的凝聚力和影响力。交通文化建设按照以人为本的核心要旨，在精神文化、制度文化和物质文化等各个层面，大力倡导并努力践行交通发展的事业追求和社会责任，努力实现好、维护好、发展好用户利益、公众利益、员工利益。这些价值取向，既是一种宣示，更是一种承诺，其所体现的人本主义和人文关怀，有利于改善交通行业的内在氛围、提升交通行业的外在形象，改善行业内外的关系，提高交通行业的凝聚力和影响力，从而提升交通发展的软实力，促进交通事业又好又快发展。

（执笔人：王先进　李春　樊东方　邱曼丽　刘利　张榕榕）

前言

文化，简言之，是观念及观念的表现。所谓观念，包括价值取向、审美情趣和思维方式，即对善与美的判定标准及思考问题的方法论原则。所谓观念的表现包括行为方式（含伦理准则及各种社会体制与各种社会制度）和物质成果两个层面。文化不仅具有民族性、地域性的特点，而且具有时代性、行业性等特点。

文化的功用在于以文化人，在于培育全社会的淑风良气；在于平抑现代技术与市场经济所引起的负面效应；在于促进管理管理规范化、服务人性化、决策民主化、分配公平化，最终实现社会动态和谐与可持续发展。

站是作为运输网络的节点和进行运输交易活动的场所，不仅仅是为社会和公众提供运输服务的场所，而且是现代社会一种重要的文化载体是精神文明的窗口。站文化是社会文化的缩影，是站的价值理念、制度体系、物质文明和行为方式的总和。站文化精髓是体现交通文化魅力，对外彰显站的个性和精神面貌，感化社会意识，约束公众行为；对内形成一种文化力，激发从业者的积极性和创造性。随着我国交通运输业的大发展，时代已赋予公路交通运输站传承民族优秀文化、彰显行业风貌、传播精神文明、教育社会公众的历史责任。加强站文化建设也随之成为我国交通行业乃至全社会的一项共同任务。

站文化建设的起点在于观念更新，在于实现从追求效益和利润的价值观向“服务人民、教育大众”的价值观转变。在于激发从业者“以人为本、奉献爱心、构建和谐”的精神追求，在于培育从业者的责任意识、全局意识、市场意识和绿色意识。

站文化建设的关键在于建章立制；在于确立站的使命和愿景，明确站的战略目标和任务，制定切实可行的文化建设规划；在于建立有文化品味的管理机制与运营机制；在于制定充分体现核心价值理念的管理制度和行为规范。

站文化建设的重点在于设施设备和环境建设，这是站文化建设的宏观标志，也是站文化实现的必要条件。其建设目标在于通过安全、便捷、美观、舒适、文化品味高的基础设施和环境建设，提供高品味的文化和愉悦的感官诱导和视觉感受，为顾客公众提供满意的服务和带来无形的文化影响，同时也彰显交通站文化的魅力。

我国正处在经济社会发展转型期和快速发展期。交通行业不仅出现了经营主体多元化、管理体制多重化、经营方式市场化，公路交通运输站业也出现了从在传统的基础产业和先导行业的基础上逐渐体现出明显的由第三产业向服务增值业特点转化的趋势。基于这一变化趋势，认清国情、转变观念、明确指导思想和目标，建设富有时代性、民族性及行业特色的站文化，揭示站文化的本质与特色、层次与结构、建设的核心内容与基本方法，建立科学的建设评价指标体系与评价制度，建设富有时代性，民族性及行业特色的站文化，已成为我国交通文化建设面临的一些基本问题。

在交通部交通行业文化建设研究工作指导委员会和“交通文化建设研究”课题组的统筹指导下，长安大学张三省副教授带领“站文化研究”课题组根据课题的特点进行了站文化专项研究工作。课题组分赴全国各地做了深入大量的调查研究工作，查阅了大量的相关资料和理论文献，在此基础上完成了《站文化》一书。该书系统讨论了站文化的内涵、历史发展演变、我国现代站文化建设面临的形势与任务，系统介绍了站文化的价值理念、组织架构、物质文明和行为规范等基本问题，站文化建设的内容与方法，以及站文化建设的绩效评估等问题。作者写作整部著作立意明确，针对性强，文图并茂，深入浅出，是一部能满足我国交通文化建设需要的科普通性读物。它的出版将对我国公路交通文化建设，尤其是对公路交通运输站的文化建设具有重要的理论与实践指导意义。

目 录

第一章　站的种类和功能

朋友，您一定乘坐过长途汽车出行，乘汽车的起点和终点叫汽车客运站，途中上落旅客的停车点叫招呼站。您也一定乘坐过火车出行，乘火车的起点和终点及途中上落旅客的地方叫火车站。您也一定驾乘汽车飞驶在宽阔无阻的高速公路上，您驶离高速公路时交纳公路通行费的地方叫公路收费站。这些仅是站的基本形式。在交通运输系统中，站是指运输网络的节点，具有运输服务、运输组织、中转换乘换装、多式联运、装卸储存、信息通讯、辅助服务等基本功能，是为社会和公众提供运输及相关业务和服务的场所。

一、站的类别

交通运输系统按照运输工具可以划分为航空运输、铁路运输、水路运输、公路运输和管道运输。而各种运输方式又是由运输工具、运输线路、运输网络、信息系统、运输站场等构成的。站作为交通运输系统的基本要素，与各种运输方式存在着密不可分的内在联系，离开了站，一切运输活动将难以正常开展。

站的类别可以按照其在运输系统与运输网络中的节点特征、建设规模、交通区位、服务对象、服务特征等进行划分。

按节点特征，站分为航空港、火车站、港口和公路运输站场等。

（一）航空港

航空港是指人们习惯上所说的机场。它是指位于航空运输系统与运输网络中的节点上的，用以保证航空运输和专业飞行作业用的飞机机场及有关建筑物、构筑物和其他设施的总称。其主要任务是完成航空客、货运输业务，保养与维修飞机，保证旅客、货物、邮件正常运送以及飞机安全起降。

航空港一般由飞行区、客货运输服务区和机务维修区三个部分组成。

飞行区是指为保证飞机安全起降的区域，内有跑道、滑行道、停机坪和无线电通信导航系统、目视助航设施及其他保障飞行安全的设施，在航空港内占地面积最大。

客货运输服务区是指为旅客、货主提供地面服务的区域，主体是候机楼，此外还有客机坪、停车场、进出港道路系统等。货运量较大的航空港还专门设有货运站。客机坪附近配有管线加油系统。

机务维修区是指飞机维护修理和航空港正常工作所必需的各种机务设施的区域，区内建有维修厂、维修机库、维修机坪和供水、供电、供热、供冷、下水等设施，以及消防站、急救站、储油库、铁路专用线等。

（二）火车站

火车站是指位于铁路运输系统与运输网络中的节点上，与保证铁路运输和列车运行作业相关的建筑物、构筑物和其他设施的总称。它集中了铁路运输有关的各项技术设备，并参与整个运输过程的各个作业环节，是从事铁路客、货运输业务和列车作业的场所。火车站按作业性质分为客运站、货运站和客货功能兼备的客货运站。根据列车作业的性质可分为编组站、区段站和中间站。

客运站的功能主要是从事旅客运输业务和客车行车与准备作业。根据需要设置若干到发线、站台和客运站房，在大型客运车站还配备有检修和清洗列车等作业的准备场。

货运站的功能主要是从事货物运输业务，包括货物承运、装卸作业和货物列车的到发作业。根据需要设置若干到发线、编组线和货物库场、库房等设施。

客货运站是同时从事客运与货运的火车站。

编组站是铁路运输网络上能办理大宗货物列车解体和编组作业，并设有比较完善调车设备的车站。编组站的主要功能是解编各类货物列车，组织和取送本地区车流，供应列车动力，整备检修机车，完成货车的日常技术保养等。

区段站多设在中等城市和铁路运输网络上牵引区段的分界处，主要功能是办理货物列车的中转作业，进行机车的更换或机车乘务组的换班，以及解体、编组区段列车和摘挂列车。

中间站是为提高铁路区段通过能力，保证行车安全而设的车站。主要功能是列车会让、运行和办理旅客与货物运输业务。

（三）港口

港口是指具有相应设施，提供船舶靠泊、旅客上下船、货物装卸、储存、驳运以及相关服务，并拥有按照一定程序划定明确界限的水域和陆域构成的场所。它通常位于江、河、湖、海沿岸商业贸易活动频繁的城镇或临近地区，是水陆运输的枢纽和旅客与货物的集散地，也是国内外贸易物资转运的联结点和沟通城乡物资交流的场所。

港口的功能主要是货物装卸与转

运、旅客载运。货物或旅客通过各种运输工具转运到船舶或从船舶转运到其他运输工具，实现货物或旅客在空间位置的有效转移，开始或完成水路运输的全过程。

（四）公路运输站场

公路运输站场是以设施、场地及配套设备，为社会和公众提供运输及相关业务和服务的场所。是组织运输生产必不可少的生产要素，是公路运输经营主体与旅客、货主发生运输交易活动的场所，是培育和发展公路运输市场的载体。公路运输站场可根据其社会属性的不同归为三类。第一类是以提供运输服务为目的的站，包括汽车客运站和汽车货运站；第二类是以收取交通规费为目的的站，包括公路收费站、交通规费征稽站；第三类是以交通行政和执法为目的的公路检查站、运政检查站和限超检查站。虽然这些站场的功能不同，但它们有一个共性，都是公路运输网络的重要节点，都是面向社会提供运输服务及相关业务的场所。

1. 汽车客运站

汽车客运站（以下简称客运站），是公益性交通基础设施，是道路旅客运输网络的节点，是道路运输经营者与旅客进行运输交易活动和为旅客提供出行服务的场所，是培育和发展道路运输市场的载体。它的主要功能是为旅客提供优质的运输服务、优美的服务环境、舒适的候车条件及安全、迅速、有序的乘车秩序。

2. 汽车货运站

汽车货运站（以下简称货运站），是指道路运输经营主体与货主发生运输交易活动的场所，它的主要任务是安全、方便、及时地完成货物运输生产任务。

3. 公路收费站

公路收费站是指经省、自治区、直辖市人民政府审查批准的，在部分公路、桥梁、隧道及城市道路区段设置的收取车辆通行费的站点。

公路收费站的收费方式有两种：一种是区段额定通行费。在这些路段上，车辆通过收费站时，需要根据规章缴纳定额的通行费，方能驶出或者驶入高速公路。这种收费方式根据公路等级和车型规定收费标准。

另一种是按照距离计算费用路段。在这些路段上，车辆在进入高速公路时要领取通行卡，离开高速公路以前必须先交卡，后缴费。这种收费方式根据入口和出口的距离确定收费金额。

4. 交通规费征稽站

交通规费征稽站是指政府交通主管部门按照“应征不漏、应免不征”的原则，对单位和个人的汽车养路费进行征收和稽查管理的场所。其目的是通过对公路规费的征稽，为交通基础设施提供资金保障。

5. 路政检查站

路政检查站是指公路路政执法人员通过国家法律法规的授权，依法查处各类路政案件，遏制超限运输的场所。它的目的是为了维护公路路产、路权完好无损，以满足人民群众日益提高的出行需要。

6. 运政检查站

运政检查站是指道路运政执法人员对交通行政案件调查取证、依法处理的场所。它的目的是维护道路运输市场秩序，保护合法经营，打击违法运输，建立统一、开放、竞争、有序的道路运输市场。

7. 限超检查站

超限检查站是指在国道、省道或高速公路上设置的，专门对超限超载车辆进行查处的，固定或临时的站点。对过往的货运车辆实施检查，对超限超载车辆进行重点查处，以保护沿线道路、桥梁。

二、客运站的功能与类别

（一）客运站的功能

客运站的功能主要表现在以下几个方面：

1. 运输服务功能

为旅客提供售票、行包托取、候车、问询、小件寄存、广播通讯、检票、组织旅客上下车等必要的运输服务。为营运车辆安排运营车辆班次和发车时刻，提供车辆停放、检测与维修等与车辆运行安全相关服务。利用现代化、智能化的设施设备，以人为本，以车为本，为旅客和运输经营者提供优质、便捷、高效的运输服务。

2. 旅客运输组织功能

贯彻执行国家及行业主管部门有关法规，进行旅客运输生产，对客流和客运车辆的运行组织，实现公路旅客的合理运输。具体包括：运输生产组织、客流组织、运力组织和运行组织等。

3. 中转、换乘功能

客运站为旅客中转换乘的场所，配备相应的设施设备与服务项目，确保旅客安全、迅速、方便、经济地完成换乘。为旅客和运输经营者提供双向服务，合理组织联运，实行“一次承运，全程服务”。

4. 装卸储运功能

客运站为旅客提供行包的仓储、保管、装卸运输等服务。

5. 信息通讯功能

通过信息传递与交换设备，使全国汽车客运站场形成网络，实现汽车客运站场与水运站场、铁路站场和航空港间的信息互通，资源共享，各种营运信息迅速、及时、准确地传递和交换。

6. 辅助服务功能

为旅客、驾乘人员提供必要的食宿

服务，为车辆提供停放、检测、维修、加油、清洗等服务及安全消防服务。

（二）客运站的类别

汽车客运站的类别，可分别按其建设规模、地理位置、服务对象和业务性质进行分类。

1. 按建设规模分为等级站、简易站和招呼站三类

（1）等级站

指具有一定规模，可按规定分级的客运站。交通部《汽车客运站级别划分与建设要求》（JT／T200－2004）行业标准把客运站分为一级站、二级站、三级站、四级站和五级站五个等级。

（2）简易站

指以停车场为依托具有集散旅客、售票和停发客运班车功能的客运站。

（3）招呼站

指道路沿线（客运班线）设立的旅客上落点。

2. 按地理位置和特点分为枢纽站、口岸站、停靠站和港湾站四类

（1）枢纽站

指可为两种及两种以上交通方式提供旅客运输服务，且旅客在站内能实现自由换乘的客运站。

（2）口岸站

指位于边境口岸城镇的客运站。

（3）停靠站

指为方便城市旅客乘车，在市（城）区设立的具有候车设施和停车位，用于长途客运班车停靠、上下旅客的客运站。

（4）港湾站

指公路旁具有客运站标志、辅道、停车位和候车服务设施等的旅客上落点。

3. 按服务对象分为公用型客运站和自用型客运站两类

（1）公用型客运站

指具有独立法人地位，自主经营，独立核算，全方位为客运经营者和旅客提供站务服务的客运站。

（2）自用型客运站

指隶属于运输企业，主要为自有客车和与本企业有运输协议的经营者提供站务服务的客运站。

4. 根据业务性质分为快速客运站和普通客运站

（1）快速客运站

快速客运站的营运线路主要为快速直达班线，其营运线路长度内至少应有70%的高速公路。

（2）普通客运站

普通客运站的营运线路主要是普通营运班线，其营运线路长度内的高速公路应少于70%。

（三）客运站级别的划分

根据客运站设施和设备配置情况、地理位置和设计年度平均日旅客发送量

(以下简称日发量)等因素，客运站等级划分为五个级别。

1. 一级客运站

设施和设备符合《汽车客运站级别划分与建设要求》（JT／T200－2004）中规定的一级客运站必备各项，且具备下列条件之一者：

（1）日发量在10000人次以上的客运站。

（2）省、自治区、直辖市及其所辖市、自治州(盟)人民政府和地区行政公署所在地，如无10000人次以上的客运站，可选取一个日发量在5000人次以上具有代表性的客运站。

（3）位于国家级旅游区或一类边境口岸，日发量在3000人次以上的客运站。

2. 二级客运站

设施和设备符合《汽车客运站级别划分与建设要求》（JT／T200－2004）中规定的二级客运站必备各项，且具备下列条件之一者：

（1）日发量在5000人次以上，不足10000人次的客运站。

（2）县以上或相当于县人民政府所在地，如无5000人次以上的客运站，可选取一个日发量在3000人次以上具有代表性的客运站。

（3）位于省级旅游区或二类边境口岸，日发量在2000人次以上的客运站。

3. 三级客运站

设施和设备符合《汽车客运站级别划分与建设要求》（JT／T200－2004）中规定的三级客运站必备各项，日发量在2000人次以上，不足5000人次的客运站。

4. 四级客运站

设施和设备符合《汽车客运站级别划分与建设要求》（JT／T200－2004）中规定四级客运站必备各项，日发量在300人次以上，不足2000人次的客运站。

5. 五级客运站

设施和设备符合《汽车客运站级别划分与建设要求》（JT／T200－2004）中规定的五级客运站必备各项，日发送量在300人次以下的客运站。

三、 货运站的功能与类别

（一）货运站的功能

货运站的功能主要有以下几个方面。

1. 运输服务功能

包括货物受理、仓储、保管、盘点、出库入库、装卸搬运等。利用智能化、现代化的设施设备，为车辆、货物和运输经营者提供优质、便捷、高效的运输服务。

2. 运输组织功能

贯彻执行国家及行业主管部门有关法规，进行货物运输生产，对货流和货运车辆的运行组织，实现公路货物的合理运输。具体包括：货物运输生产组织、货流组织、运力组织、运行组织等。

3. 中转换装功能

货运站为货物中转和因储运需要而进行的换装提供方便。配备相应的场站设施，确保货物(含集装箱)安全、快捷、经济地完成换装作业。同时承担运输代理，为货主和车主提供双向服务，合理组织联运，实行“一次承运，全程服务”。

4. 装卸储存功能

货运站为货主提供仓储、保管、包装服务。代理货主销售、运输所仓储的货物。为货物的集、疏、运进行各种装卸搬运作业。

5. 多式联运和运输代理功能

货运站除从事道路货物运输外，还应与其他运输方式实行联合运输，以充分发挥各种运输方式的特点和优势，逐步完善综合运输体系。货运站通过信息中心和自身的信息系统，与铁路运输、水运和空运等行业与部门建立密切的货物联运关系，协调开展联合运输业务。

运输代理功能是指货运站为其服务区域内的各有关单位或个体，代办各种货物运输业务，为物主和车主提供双向服务，选择最佳运输线路，合理组织多式联运，达到方便货主，提高企业经济效益和社会效益的目的。

6. 信息通讯功能

通过信息传递与交换，使全国汽车货运站场形成网络，实现汽车货运站场与水运站场、铁路站场和航空港间的信息互通，资源共享；各种营运信息迅速、及时、准确地传递和交换；面向社会提供货源、运力、货流信息和车、货配载及通讯服务。

7. 综合物流服务功能

为适应道路货物运输市场个性化、多样化需求，作为物流服务据点的货运站场，除了具备储存保管等传统功能外，还应具备综合物流服务功能。包括：拣选、配货、检验、分类等作业，多品种、小批量、多批次收货配送等，以及附加标签、包装等业务。

8. 辅助服务功能

辅助服务主要包括：为货主和驾乘人员提供食、宿、娱乐、购物等服务。代货主办理报关、报检、保险等业务及提供商情等信息服务。为营运车辆提供停放、检测和维修服务。

（二）货运站的类别

汽车货运站按照其业务功能分为公路汽车货运站、汽车零担货运站和公路集装箱中转站三类。

1. 公路汽车货运站

是汽车货物运输的集散枢纽，是

办理货物运输业务，进行货物装卸、中转、仓储保管的营业处所和作业场所。

2. 汽车零担货运站

是指零担货物的集散和办理零担货物的受理、仓储、运输、中转、装卸、交付等的营业处所和作业场所。

3. 公路集装箱中转站

是指具有集装箱的中转运输与门到门运输和集装箱货物的拆箱、装箱、仓储和接取、送达、装卸、堆存等功能的营业处所和作业场所。

（三）货运站等级的划分

1. 汽车货运站

依据年换算货物吞吐量可将货运站划分为四个级别。换算货物吞吐量指把各类货物换算为普通货物吞吐量后所得到的吞吐量计算值。

（1）一级站

指设施和设备符合《汽车货运站（场）级别划分和建设要求》（JT／T 402－1999）中规定一级站的必备各项，且年换算货物吞吐量600×10^6kg及以上的货运站。

（2）二级站

指设施和设备符合《汽车货运站（场）级别划分和建设要求》（JT／T 402－1999）中规定二级站的必备各项，且年换算货物吞吐量300×10^6kg～600×10^6kg的货运站。

（3）三级站

指设施和设备符合《汽车货运站（场）级别划分和建设要求》（JT／T 402－1999）中规定三级站的必备各项，且年换算货物吞吐量150×10^6kg～300×10^6kg的货运站。

（4）四级站

指设施和设备符合《汽车货运站（场）级别划分和建设要求》（JT／T 402－1999）中规定四级站的必备各项，且年换算货物吞吐量不足150×10^6kg的货运站。

2. 零担货运站

根据零担货运站年工作量，即零担货运站年货物吞吐量，将零担站划分为一、二、三级。货物吞吐量指设计年度内发出和到达的零担货物的数量，包括到达、中转和始发量的总和。

（1）一级站

指设施和设备符合《汽车零担货运站站级与建设要求》（JT／T3134－88）中规定的一级站必备各项，且年货物吞吐量在60×10^6kg以上的零担货运站。

（2）二级站

指设施和设备符合《汽车零担货运站站级与建设要求》（JT／T3134－88）中规定的二级站必备各项，且年货物吞吐量在20×10^6kg以上，但不足60×10^6kg的零担货运站。

(3) 三级站

指设施和设备符合《汽车零担货运站站级与建设要求》(JT/T3134-88)中规定的三级站必备各项，且年货物吞吐量在20×10^6kg以下的零担货运站。

3. 公路集装箱货运站

依据公路集装箱中转站（也称公路集装箱货运站）设计的年箱运组织量和年箱堆存量，可将集装箱中转站划分为一、二、三级。年箱运组织量指设计年度内，通过货运站集疏运的集装箱（kg）总量；年堆存量指设计年度内，通过中转站堆存的集装箱（kg）总量。

(1) 一级站

指设施和设备符合《集装箱公路中转站站级划分、设备配备及建设要求》(GB/T12419-2005)中规定的一级站必备各项，且具备下列条件之一者：

① 位于沿海地区，年箱运组织量在30×10^6kg以上或年箱堆存量在9×10^6kg以上的集装箱中转站。

② 位于内陆地区，年箱运组织量在20×10^6kg以上或年箱堆存量在6×10^6kg以上的集装箱中转站。

(2) 二级站

指设施和设备符合《集装箱公路中转站站级划分、设备配备及建设要求》(GB/T12419-2005)中规定的二级站必备各项，且具备下列条件之一者：

① 位于沿海地区，年箱运组织量在16×10^6kg~30×10^6kg或年箱堆存量在6.5×10^6kg~9×10^6kg的集装箱中转站。

② 位于内陆地区年箱运组织量在10×10^6kg~20×10^6kg或年箱堆存量在4×10^6kg~6×10^6kg的集装箱中转站。

(3) 三级站

指设施和设备符合《集装箱公路中转站站级划分、设备配备及建设要求》(GB/T12419-2005)中规定的三级站必备各项，且具备下列条件之一者：

① 位于沿海地区，年箱运组织量在6×10^6kg~16×10^6kg或年箱堆存量在3×10^6kg~6.5×10^6kg的集装箱中转站。

② 位于内陆地区，年箱运组织量在4×10^6kg~10×10^6kg或年箱堆存量在2.5×10^6kg~4×10^6kg的集装箱中转站。

第二章　站文化的内涵

站文化是客观存在的，与站同始同终，并随着经济社会发展和人民生活水平的提高而不断发展。站文化的与时俱进和日益繁荣是构建和谐交通行业，改善公众出行环境，坚持社会主义先进文化前进方向的必然要求。

一、站文化的概念与功能

站文化虽然还不像交通文化那样已经得到普遍认知，但其作为交通文化的重要组成部分，随着我国公路交通事业的发展，已经进入公众的视野，成为全社会关注的焦点。

（一）站文化的概念

站作为交通行业的窗口，其主要功能就是为社会和公众提供优质的运输及其相关服务，站文化建设是站的运营和发展的先决条件。站文化的内涵应包括以下内容:

1. 站文化是社会文化的缩影，是对民族文化和历史文化的传承，它通过将站这一物质形态展现给社会，被公众所认知和感受，进而形成以社会公众为主体的一种审美情趣

众所周知，广义的社会文化是指人类在社会发展过程中所创造的物质财富和精神财富的总和。社会文化是一种历史现象，在不同历史时期和政治环境中呈现出不同的面貌，并随社会物质生产方式的发展而发展，随社会制度的变革而改变。社会文化发展具有历史连续性，新文化的产生不可能完全脱离旧文化，它的形成往往经过一个长期的、选择的过程。社会文化具有民族性，表现在民族的语言、风俗习惯、思维方式、心理结构、行为模式等方面。不同社会、地区的文化自成体系，各具特色，又与其他文化相互渗透、相互影响，呈现出融合、同化和冲突等现象。站文化作为社会文化的一个重要组成部分，应该与社会文化相适应，继承中国传统文化的精华，汲取世界优秀文明成果，反映时代进步潮流。

2. 站文化是交通文化魅力的体现，它可以通过站的物质文明和从业者的形象、行为、礼仪塑造等精神面貌，感化社会公众，促进社会和谐

交通文化是指交通行业在长期发展实践中逐步形成并不断积累的，可以体现行业价值理念的各种精神文化、制度文化和物质文化，是交通事业发展的重要成果，是行业文明程度的重要标志。站文化是交通文化的重要组成部分，优秀的站文化还可以是交通文化的拓展和升华，站优质的服务、优美的环境、优良的秩序无不代表着整个交通行业的形象，渗透着交通文化的魅力。

3. 站文化也是对优秀地域文化和交通文化的传承，它通过站的主体建筑物及其附着物，投影社会文明程度，塑造交通形象，感化社会意识，引导公众行为

站文化是站的灵魂和精神风貌的表现形式。为了适应经济社会和交通事业发展的新环境和新任务的要求，需要全力打造和谐站文化，提高服务效能，营造良好氛围。站的环境和服务水平是精神风貌和工作态度的集中展示，是面向社会、面向公众的一个“窗口”。所以，站应以传承优秀的地域文化和交通文化，构建和谐站文化为宗旨，以“服务管理规范化、服务过程程序化、服务质量标准化”为目标，深入开展窗口形象建设，改善站的环境，提升站的服务水平，擦亮对外“窗口”，使公众在站内能品味到一种丰厚的文化底蕴，受到健康、优秀、积极向上的文化熏陶。

4. 站文化是站无形的“精神财富”，对外彰显站的个性和精神面貌，对内形成一种文化力

站文化本质上是站在长期的创业和市场竞争中逐渐形成的一种精神财富，这种精神财富的形成需要长期探索和经验积累，而且这种精神财富具有很强的“个性”特征。通过这种“个性”突出站的特色，展现站的精神风貌，为实现站的社会效益和经济效益服务。

站文化是站的一切经营活动的思想核心和理论基点，它作为一种文化力，可以给站这一“窗口”带来丰富的精神财富和资源。一个优秀的站文化氛围形成后，它带来的是群体的智慧、协作的精神和新鲜的活力，能够激发从业者的士气，充分发掘站的潜能，为站的创新和发展提供源源不断的精神动力。

5. 站文化是一个文化继承和不断创新的过程，是站时代精神的反映，更是站服务理念的提炼和总结

继承是站文化建设的根基，创新是站文化建设的灵魂。站文化必须强调继承，从传统文化中汲取有益的营养，才能拥有生命根基。同时还应该赋予站文化新的时代内涵，不断创新站文化的内容，丰富站文化的表现形式，才能反映时代精神，体现时代发展方向，使站永葆青春活力。

站文化在继承优良传统的基础上，应该着眼于未来发展和需要，适应构建和谐交通、实现交通事业又好又快发展的需要，用发展的观点和创新的思维对原有的服务理念进行提炼和总结，提出更高的服务标准，更好地为旅客服务。

综上所述，站文化是社会文化的缩影，是站的价值理念、制度体系、物质文明和行为方式的总和，体现交通文化魅力。对外彰显站的个性和精神面貌，感化社会意识，约束公众行为；对内形成一种文化力，激发从业者的积极性和创造性。

建设站文化是实现站的服务水平与时俱进的需要。随着经济社会和人们生活水平的不断提高，对服务的需要层次也将逐渐提高，需求内容日趋多样化。为了满足人民群众日益增长的服务需求，实现站服务水平的与时俱进，就必须注重站文化建设。建设站文化是打造服务品牌的需要。良好的品牌是站的形象的集中体现，是站的服务质量的代表，具有易接受、易传播的特点，同时，优秀的站文化品牌能够提高站的知名度和美誉度，增强市场竞争力。由此可见，研究和建设站文化是一项势在必行且任重而道远的任务。

（二）站文化的功能

站文化不仅具备了传统管理的基本功能，而且还具有很多传统管理不能替代的功能。这些功能和作用主要表现为：

1. 传播文明，感化公众

站是面向社会为公众提供运输及相关业务和服务的场所，是传播社会主义精神文明的窗口。站文化的传播功能，是指通过站的形象、环境容貌、设施设备、服务礼仪、服务行为、服务品牌和文化网络等传播社会文明，感化公众与从业者，进而使公众自我约束出行行为，使从业者爱岗敬业，实现感化人、教育人的目的。同时，通过站的服务过程，从业者与公众的交往，把站的经营理念、站的精神、站的形象和优良作风传播到整个社会，对全社会的精神文明建设产生积极的影响和促进作用。

文化具有渗透力和影响力。站文化的建立，站形象的树立，除了对站自身产生很大影响外，还会不断地向周围其他企业传播和辐射，对社会公众、对本地区乃至国内外组织产生一定的影响。站文化的传播功能是通过物质（站的形象、站的环境等）、行为（服务、宣传等）的影响和精神的传递，将站的价值观念、站的精神、道德标准向外界传播。先进的站文化不但对站自身的经营和发展起到积极的推动作用，有利于树立站良好的社会形象，还可以通过站与社会的交流，对整个社会文化产生一定的影响。

对公众的感化作用体现在站及其附着物对公众的熏陶感染上，使公众在不知不觉中受到教育。例如，在客运站候车厅等醒目位置设置“公民道德规范”、“八荣八耻”等标语牌，让旅客耳濡目染，无形之中接受熏陶。在站外站内设置统一有序的指示信息与标志，站务人员的微笑服务、个性化服务、零距离服务、延伸服务等，既方便了旅客，又使公众在文明服务中得到情的感化、文明的渗透，从中受到教育和感化，心灵受到洗礼，真正实现“以文化人”。再如，在客运站，站务人员主动上前为旅客提拿行李、扶老携幼，照顾残疾，会让旅客感到亲人般的温暖。旅客候车时，站务人员推着服务车为旅客倒上一杯芳香的茶水；旅客吃带皮核的食物时，礼貌地递上一个放皮核的纸袋，这会让旅客感到家一般的温暖。

对从业者的化人育人功能。站文化的形成和发展，是站主体把自己内在的精神性的因素，由一种抽象的思维活动、精神活动，转化为一种客观存在的过程。这种客观存在的形式是多种多样的，包括站的外观建筑、站的环境、硬件设施、服务、典型事迹等等。同时，鼓励从业者追求个人价值的实现和全面发展。从业者通过学习，改变了自我，提高了素质。站开展的各种培训和文化娱乐活动使从业者在精神、工作、生活各方面都得到了提高。站文化通过其强势文化的辐射、熏陶使从业者受到了潜移默化的教育和影响，进而满足从业者的精神需求，实现从业者个人理想与价值，使社会成员追求与向往站这一职业。

2. 凝聚激励，转化绩效

站文化对站的生存与发展之所以关系重大，一个重要的原因就是它的凝聚力和向心力。站文化的凝聚功能，是指当一种价值观被站的从业者共同认可后，它就会成为一种“黏合剂”，把全体从业者团结起来，从而产生一种巨大的向心力和凝聚力。

站文化实际上是站全体从业者共同创造的群体意识，它所包含的价值观、站的精神、站的目标、道德规范、行为准则等内容，代表着从业者的理想、希望和要求，与从业者的命运和前途休戚相关。站文化像一根纽带，把从业者个人追求和站的追求紧紧地联系在一起，将从业者个体力量聚合成团队的整体力量。

一般来讲，站文化的凝聚功能主要体现在三个方面。一是，具有团结从业者的作用，把从业者个人目标和站的目标统一起来，让价值观、站的目标成为全体从业者认可，并奉行的人生信条和奋斗目标，从而减少相互摩擦和内耗。二是，激励从业者努力工作，不断开拓，创造新的工作方式，达到更好的效果。三是，融合作用。

由此可见，站文化可以产生向心力和凝聚力，把从业者团结、融合在一起。从业者由此能产生认同感，乐于参加站的各项活动，充分发挥自己的聪明才智，为了实现共同的目标和理想，为了共同的事业而奋斗拼搏、开拓进取，为站的发展做出自己的贡献。

站文化的激励功能，就是站文化激发从业者干劲与潜在能力的作用。具体来说，站文化能够满足从业者的精神需要，调动从业者的精神力量，使他们产生归属感、自尊感和成就感，从而充分发挥他们的潜力。从业者对站文化的理解和认同程度越高，对站文化就越容易产生共鸣，站文化的激励功能就具有了持久性、整体性和全员性的特点，使每个从业者从内心深处自觉地产生为站的发展而努力拼搏的信念。

站文化和组织文化一样都强调以人为中心的管理方法。优秀的站文化就是要创造一种人人受重视、受尊重的文化氛围，这种良好的文化氛围更容易产生有效的激励机制，使每个从业者所作出的贡献及时得到其他人的推崇和领导的赞赏与奖励，由此激励更多的从业者为实现自我价值和共同价值而勇于奉献，不断进取。

站文化的激励功能首先表现在重视每个从业者的自身价值上，激发起从业者的主人翁意识，调动从业者的工作热情。其次表现在为从业者创造良好的激励环境上，使从业者能尽力工作。从业者在站里能够得到公平和温暖的感受。第三是站文化的激励功能更多的侧重于奖励功能的发挥，特别是精神奖励，可以刺激从业者智力效应的发挥。第四是站的精神和站的形象对从业者也有着极大的鼓舞作用，特别是站文化建设取得成功，在社会上产生影响时，从业者会产生强烈的荣誉感和自豪感，他们会加倍努力，用自己的实际行动去维护站的荣誉和形象。

站文化的转化绩效功能是指优秀的站文化可以转化为站的运营绩效，提高站的经济效益，促进站的持续发展。美国学者菲利浦·R·哈里斯对文化的管理功能进行了比较全面的分析，认为文化通过管理活动可以增加企业的经营业绩。良好的站文化体现出一种优质的管理，具体表现为领导层的先进管理理念，从业者的科学行为方式，内部规范的管理制度等，从而实现站运作的最高效率，最大限度地降低经营成本，实现经营效益的最大化。而且，健康的站文化会给人以认同感，特别在人的行为和价值方面作用巨大，可以改进从业者对站的忠诚及效率，站一旦拥有了效率，其经营业绩也就会随之提高。

对于客运站来说，站文化转化绩效作用可以表现在员工规范的“仪容、仪表、仪态”以及文明的服务，舒适、优质的候车环境中，这些都会给旅客留有深刻的印象，使旅客在下一次的旅行过程中首选本客运站，而且通过旅客的传播作用，还会为客运站带来更多的客源，这自然会提高客运站的经济效益。

3. 导向约束，务实求新

站文化对站内部个体和整体的价值取向与行为方式起导向、约束作用，并通过价值观的内化来实现。

（1）站文化的导向功能

站文化的导向功能体现在引导从业者个人的价值取向与站的整体价值取向逐步融合统一的过程中。这种导向功能具体体现在三个方面。

一是，站文化对站的经营哲学与价值观念有导向功能。经营哲学决定了企业经营的思维方式和处理问题的一般原则，指导企业决策和经营活动。站的价值观念规定了站的价值取向，可以引导从业者形成共识，培养共同的价值理念和奋斗目标，引导领导者和从业者为共同的价值目标去努力。

二是，站文化对站的目标有导向功能。站的目标代表着站的发展方向，没有正确的目标就容易迷失方向。优秀的站文化会从实际出发，以科学的态度去制定站的发展目标，从业者可以在这一目标的指导下从事职责范围内的各种生产经营活动。

三是，站文化是站规章制度的总纲，既是制定制度的导向，也是制度实施的保证。

（2）站文化的约束功能

站文化的约束功能是指通过制度文化和道德规范约束所有的从业者，按照价值观的指导进行自我管理和控制。站文化为站内每一个从业者提供了一个特定的文化氛围，对每个从业者的思想、心理和行为形成约束和规范力量。站文化的约束功能表现在三个方面：

一是，规章制度的约束。它是由一套科学、系统、严密、结合自身管理特点的系统文件组成的体系，是支撑站管理的重要因素，是每位从业者、每项工作都严格有序进行的保障，是以站文化的实质为指导所形成的规定和规则。这些规定和规则都会对从业者产生影响，使从业者自觉地按照这些要求来规范自己的行为。

二是，道德规范的约束。道德规范是从伦理关系的角度来约束站内各级从业者的行为。如果人们违背了道德规范的要求，就会受到舆论的谴责，心理上会感到内疚。例如，同仁堂药店“济世养生、精益求精、童叟无欺、一视同仁”的道德规范约束着全体员工必须严格按工艺规程操作，严格质量管理，严格执行纪律。

三是，自我约束。就是在制度文化中没有规定的行为、语言、形象、方法，在“自觉”中的下意识的自我约束。在站文化建设过程中，产生的文化渗透和潜移默化的激励作用，在从业者中形成判断标准和行为规范和自觉意识，这种比较稳定的、无形的精神力量，可以促使站形成优良的风气，对于站内各级从业者都是一种无形的约束力量。当站内个别从业者的思想、行为与这种约定俗成的方式不协调或不一致时，就会感受到压力，使他自觉调整自己的思想行为，与大多数人趋同，以达到与站整体风尚相和谐。

(3) 站文化的务实功能与求新功能

站文化的务实功能是指通过站的价值理念的确立，最大限度地发挥每个从业者的才能和潜能，使所有从业者的才能朝着有利于实现站的愿景和目标的方向发展。

站文化的求新功能是指站的价值理念、物质文明、组织架构和行为规范始终要适应社会环境和市场环境，以站的社会责任为宗旨，鼓励从业者创新服务方式与内容。

4. 铸造品牌，促进发展

站文化建设的主要目的之一就是实施品牌服务，促进站的发展。站通过把服务项目、服务标准、服务承诺等方面内容量化，使运输服务有形化、产品化，让站的服务价值为公众所感知。并保持服务品牌长远的竞争优势，确立站的服务差异化优势。铸造服务品牌主要包括以下内容。

一是，注重服务质量。服务质量包括服务项目、服务标准、服务方式、服务承诺等诸多方面，共同构成了服务质量的评价标准。站的服务质量构成了服务品牌的核心，正如产品质量对于产品品牌的意义一样，必须把服务内容具体化、标准化、规范化，来获得稳定的服务质量。

二是，选择服务模式。服务模式包括品牌的运营模式和管理模式。服务模式与服务反应速度、服务规模共同构成服务品牌的三大核心竞争点。通过服务模式可以稳定服务质量和持续经营能力，使站不会因组织机构变革、服务人员岗位调整、流失等因素而影响到服务质量，而品牌就是一种优质的、稳定的服务质量标志。同时，也有利于保证站的服务战略的实现。

三是，服务技术。服务的技术含量是决定服务品牌的关键要素之一，同时通过不断创新服务技术可使站获得持续竞争优势。

四是，服务成本。无限制地提升服务质量而不计服务成本，对站的运营无益，也会导致服务价格的攀升，也违背了站的愿景，结果会与预期背道而驰。

五是，服务信誉。诚信是品牌不容缺失的关键因素之一，是站持续发展的根本。

（三）站文化的特性

1. 社会性

站文化的社会性是指每一个站都处于社会之中，社会文化无时无刻不对站发生重要的影响。站文化也是一种组织文化，作为社会文化的一部分，站文化不可避免地会受到社会文化的影响。

站文化是一种社会文化现象，每个民族有每个民族的文化，每个企业有每个企业的文化，同样站也有自己的文化。站文化虽有自己独特的个性，但仍属于社会大文化背景下的子文化，处于绝对的从属地位。与社会文化相脱离的站文化不可能生存，与社会文化背道而驰的站文化必然遭到取缔。

现代经济活动是个开放系统，经济活动已远远超出了单纯的经济领域，而与社会文化交织在一起。可以说企业间竞争的胜败在很大程度上取决于文化的较量，而文化既包括科学技术、教育在内的智力因素，也包括理想、信念、价值观、伦理道德在内的种种精神力量，还包括社会文化作用于经济活动的力量。作为给经济发展以精神动力和智力支持的文化建设事业，应大力宣传和培育进取意识、团队意识、创新意识，为建设知识经济时代思想体系做出建设性的努力。

2. 民族性

站文化的民族性体现在站文化自然而然地吸收民族文化和地域文化的精髓，具有明显的民族特色，任何站文化都受到民族文化和地域文化的影响，不可能孤立出来，这就是站文化的民族性。

站文化的发展还需要继续从中国传统文化中汲取营养，在扬弃中找到推进站文化进步的强大动力。

3. 融合性

站文化的融合性，是指在世界市场、发达的交通以及大众传播媒介迅速普及的大环境下，不同地区、不同民族的站文化都呈相互开放、相互交流、相互学习的发展趋势，通过融合不同的站文化，实现优势互补，合作双赢。

4. 人本性

站文化的人本性表现在两个方面：一是从业者是站文化创造的主体，也是站文化的承载者和实践者，站必须以人为中心，尊重、相信、依靠每一位从业者，只有这样才能充分发挥他们的积极性和创造性。二是公众是站的客体，是站的服务对象。所以在站文化中应充分重视人，体现“以人为本”的思想。

美国管理学家德鲁克认为：“人是企业最大的资本。”美国管理学者托·沃森说：“一个企业成败的关键，在于它能否激励从业者的力量和才智。”由此可见，以人为本是站文化最重要的特征。以前我们在谈到企业文化建设中的“以人为本”时，通常理解为理解人、尊重人、关心人、信任人等，而这都是为了调动人的积极性来搞好工作。从科学发展观的角度来看，站文化建设中的“以人为本”还应该拓展为理解人、尊重人、关心人、信任人、发展人。发展人的根本意义就在于使人的价值得到实现，使每个人的个性得到全面健康的发展，人的潜能得到充分的发挥和释放，在站文化中真正体现人本的特征。

客运站作为一个公益性的基础设施，是为公众提供服务的，所以，必须充分体现“以人为本”的思想，为旅客营造一个清洁卫生、人文舒适的候车环境，给老、弱、病、残、孕和带小孩的旅客提供更加方便的服务，设置绿色通道和重点旅客候车室，使得旅客在客运站能充分体会到家的温暖。

5. 实践性

站文化的实践性是指站文化不同于一般的文化，不仅仅是对站的建设和发展进行总结或研究，也反过来指导站的实践，并运用于实践中。

当前，许多站过分追求站文化的理论拔高、形象设计、制造声势，而没有把重点放在站的真正需要和生产实践上。例如，现在有些站在站文化的实践中往往是理论脱离实际，形式优于内容，策划重于实践等。这些都是与站文化的实践性要求相对立的。而这种站文化实际上是一种病态文化，是一种不可能长久的，无生命力的文化。所以，我们应该强调站文化的实践性特征。

6. 传承性

站文化的传承性是指站文化传统的继承性。表现在这个传统是经过不断地探索积累和较长时间的发展所形成具有生命力的站文化。传统一经形成，就会薪火相传，成为稳定的文化传统。

站文化在成长过程中，对内生文化的创新和外来文化的合理吸纳、积淀，形成了自己的文化传统。站文化传统的形成一般是通过站深层次的文化整合来实现的。一般来说，站文化的形成需要一个较长的时间过程，一旦形成就会不断地延续下去。优秀的站文化传统具有传承性。随着时间的推移，社会和站不断向前发展，站文化的内容也会随着时代的变迁而不断地改变，被赋予新的内涵。但核心传统文化是不容易改变的，特别是非常优秀的站文化传统仍然能支撑站的发展。这既是站全体从业者共同拥有的精神财富，更是从业者行为的规范和法则。

7. 系统性

站文化的系统性是指站文化是由相互联系、相互作用的诸要素组成的，是一个具有特定功能的整体。

站文化是从系统观点出发，多角度、多层次，对站进行整体的、全方位的研究，从站群体的观念文化、组织行为文化、物质文化等方面全方位展开，揭示站内部各个子系统、各个组成要素之间的有机构成及其运行机制。

8. 时代性

站文化和所有文化一样，都在历史演进和传承过程中不断发展不断变化，不断在新的时代精神和文化文明中汲取营养，与时代文化大背景大环境相融合。随着我国经济繁荣、社会进步，新时期社会发展进程还将不断促进站文化的发展，使之更加充满活力。

9. 行业属性

站文化具有鲜明的行业特征，它紧紧围绕着站的建设、发展与服务的主题。交通这个充满活力的行业也给站文化以丰沃的土壤和鲜活的生命力。站文化与站的生存发展同生死、共发展。其次，站文化的形成与实践的主体是站的从业者，从业者的切身利益与站的盈利程度息息相关。因此，站文化要在与社会发展目标相同的情况下为站的目标服务才能使站立足于社会。

二、站文化的作用和意义

（一）站文化的作用

站文化不仅标志着站的文明程度，更是人类社会文明发展的具体体现，同时也是站实现社会效益和经济效益统一的重要保证，对整个站的运营和发展起着十分重要的作用。站文化重要作用主要体现在以下几方面。

1. 站文化已经成为影响站可持续发展的关键因素

站文化是站的灵魂，体现站的核心价值理念，指导着站的各种活动。优秀的站文化必将促进站的发展，反之，将不利于站的发展。

2. 站文化是站贯彻实施各种规章制度和经营战略的重要思想保障

站文化作为一种价值理念，能使从业者自觉执行站的规章制度，贯彻站的经营战略。从现实情况来看，制度落实及经营战略的顺利执行，都依赖于优秀的站文化。

3. 站文化是站竞争力和经营活力的内在动力

优秀的站文化可以激励从业者的工作激情，成为提高站的竞争力和活力的重要因素。

4. 站文化是从业者行为规范的内在约束

站文化可以以制度和规范的形式成为站运营和管理中非常重要的约束力量，构成了对从业者职业道德行为的基本要求。使每个从业者都能够按照站机构管理和运行规范约束自我，推动站在运营和管理等综合实力方面的发展。

由此可见，对站文化进行系统的研究是十分必要和十分迫切的。站文化研究的宗旨在于形成行业内的纲领性文件，为国内站文化建设提供理论指导和参考方案。站文化研究也是经济社会发展的需要，建立易于接受、易于传播，具有民族特色、地域特色、交通特色、站场特色的站文化及其结构体系，是交通行业全面落实科学发展观、构建和谐社会、坚持“三个服务”、实现交通事业又好又快发展的客观需要，是实现交通事业健康有序发展的内在要求，是强化“以人为本、以‘文’化人”的重要保证，是改善公众出行环境的先决条件。

（二）站文化的影响力

站文化是交通文化的重要组成部分，具有鲜明的交通行业特色。站文化的影响力可以划分为对内影响和对外影响两部分。对内影响是指站文化对站及其从业者的影响力，对外的影响是指站文化对社会和公众的影响力。

1. 站文化的社会影响力

（1）站文化有示范作用和规范意义

站文化是社会文明和文化进步的窗口，是贯彻落实社会主义文化建设总方针的一个重要方面，站文化建设必将对交通行业文化建设产生积极的影响。

优秀的站文化可以通过从业者和社会公众传播给周围其他的企业，对社会公众、对本地区乃至国内外组织产生一定的影响。同时，通过将包括站的环境、站的形象、站的服务、经营理念、精神理念和道德标准在内的站文化传给外界，对其他行业文化建设与公民道德建设有重要的示范作用和规范意义。

（2）站文化有利于感化和约束社会公众

站作为公益性的交通基础设施，最主要的目的就是为社会公众提供优质的服务，站优美的环境、优质的服务、优良的秩序，都会使社会公众在站中得到情的感化、文明的渗透，使社会公众从中受到教育和感化，从而自觉地约束自己的行为。

2. 站文化对内的影响力

（1）站文化有利于站形成凝聚向上积极奋进的精神

站的精神是站在生产、经营中形成的，代表广大职工的心愿并能激发其干劲的一种无形的力量，它是站文化的升华。优秀的站文化可以展现出全体从业者的主人翁姿态和团结拼搏、爱岗敬业、无私奉献的精神境界。

（2）站文化有利于站的价值观的确立

站的价值观是全体从业者在长期的生产经营过程中形成的评价事物与行为的共同标准，是从业者的自觉意识。站文化的重要内容是其价值观念，它外化为站的形象，内化为站的凝聚力。站要生存，提供的服务必须有竞争力，从业者必须有向心力，运营管理必须有应变力。要达到这个目的，就需要建设优秀的站文化作为支撑，使全体从业者形成共同遵守的行为规范和价值取向。

（3）站文化有利于提高从业者的素质

站文化实际上是以人为主体，以提高从业者的素质为中心内容，是站的软件系统。优秀的站文化，有利于站内部形成开拓创新、锐意进取的良好氛围，不断增强从业者队伍的凝聚力和战斗力，实现从业者的自身价值。在这种环境中，站文化能够作为一种“必需”渗透到从业者内心，使从业者产生较强的上进心和责任感，同时，站文化又通过教育培训、正确引导等措施来提高从业者自身的素质，使从业者真正明白站追求的价值标准，自觉维护站的利益，更加积极地投入到工作中。

（4）站文化有利于树立站的品牌

站的品牌是依靠站长期的经营、积累、维护，并不断促进和提升而形成的，从业者头脑中的品牌意识的形成离不开站文化沃土的培植。通过站文化的耳濡目染，在从业者思想上逐步树立起站的品牌意识。通过从业者品牌意识的强化，反过来作用于站生产、经营的各个环节。品牌既是站文化的一部分，也为树立站形象、充实站文化提供了一个舞台。

（5）站文化有利于塑造站的形象

站的形象是通过外部特征和经营实力表现出来的，并被公众认同的站的总体印象。由外部特征表现出来的站的形象称表层形象，如工作环境、服务环境、硬件设施等，这些都给人以直观的感觉，容易形成印象。通过经营实力表现出来的形象称为深层形象，它是站内部要素的集中体现，如从业者素质、生产经营能力、管理水平、资本实力、服务质量等。

良好的形象是站在市场的立足点，有了良好的形象，可以赢得信誉，赢得社会的认同和信任。站文化作为一种无形的行为准则，规范着站的经营制度，约束着从业者的行为，是站管理中不可缺少的手段。受这种氛围的熏陶和影响，从业者就会自觉地融入到站中去，把站形象当作自己的一部分、当作自己的生命一样去维护。

（6）站文化有利于提高站的竞争力

竞争力是企业在激烈的市场竞争中立于不败之地的基本条件，对于任何一个企业来说，没有竞争力就无法生存下去。因此，要提高站的竞争力，就需要加强站文化建设。一个站要建设符合自身特点的文化体系，就应当重视提高从业者的思想境界，陶冶从业者的情操，形成共同的价值观。

（7）站文化有利于站的可持续发展

站文化是生生不息的，它是站可持续发展的支柱。站文化的本质体现在其核心价值观上，站的可持续发展关键是它所追求的核心价值观和信奉的价值理念。从业者通过接受、判断、提炼和再反思，得以认同和推崇，就能使站的核心价值观和价值理念在适应技术与社会环境变化的前提下得以继承和延续。

三、站文化的构成要素

关于企业文化的要素，美国哈佛大

学狄尔·甘乃迪教授认为，构成企业文化的五大要素是：

（1）企业环境，这是塑造企业文化总目标的外部条件。

（2）价值观，这是企业基本的观念及信念，是构成企业文化的核心。

（3）英雄模范，这是企业文化的人格化，是企业从业者行为模仿效法的具体典范。

（4）典礼和仪式，这是企业文化的外在表现，是企业文化在生产经营活动中例行事务的行为规则。

（5）文化网络，这是企业先进的价值观和英雄意识沟通、传递的渠道。

对于站文化的构成要素，可以归纳为四个要素，即：价值理念、物质文明、组织机制与制度体系、行为规范。

（一）价值理念

站的价值理念主要是指站的领导者和从业者共同信守的价值观、理念系统、时代精神等。价值理念是站文化的核心和灵魂，是站文化的源泉。

1. 价值观

站的价值观，是指站在追求经营成功的过程中，为了实现社会效益和经济效益的统一所推崇的基本信念和奉行的目标，是一个长期形成的较全面的价值观念体系，它表现为一种较稳定的心理定式和文化积淀。

这里所说的“价值”，是一种主观的、可选择的关系范畴。一事物是否具有价值，不仅取决于它对什么人有意义，而且还取决于是谁在做判断。不同的人可能做出完全不同的判断。比如，有些企业认为：“企业的价值在于致富”、“企业的价值在于利润”、“企业的价值在于服务”、“企业的价值在于育人”。那么这些企业的价值观分别可称为“致富价值观”、“利润价值观”、“服务价值观”、“育人价值观”。对于具有交通行业特色的站而言，它最大的特征就是服务性，通过优质的服务使公众在享受高水平服务的同时受到教育和感化，使从业者的自我价值得以实现。所以，我们可以把站的价值观定位为“服务价值观”和“育人价值观”。

价值观是站文化的核心，它为站的生存和发展提供基本的方向和行动指南，为从业者形成共同的行为准则奠定基础。

2. 理念系统

站的理念系统是站在经营管理实践中形成的意识形态的总和，体现了站文化的核心内容，是站全体从业者的精神支柱和行为指南，是指导建立、实施各项管理制度、方针、措施的理论基础，是开展各项经营管理工作的基本准则。主要包括服务理念、质量理念、管理理念、经营理念、安全理念、创新理念、人才理念等。

3. 时代精神

站的时代精神是站在长期生产经营活动中形成的精神风貌和优良品格，是激励站奋发图强、振兴强大的精神动力。它是由领导者积极倡导，经过长期精心培育，全体从业者自觉实践而形成的。代表着从业者的信念，是激发站的活力，推动站的经营规范化和信念化的团体主导意识，体现了站的价值取向，是站价值观的外化。

站的时代精神体现了站的经营风格和追求目标，反映了站的行为准则和精神风貌，集中了领导者和从业者智慧与意愿，是广大从业者的精神支柱。有了时代精神，站就有了强大的凝聚力、向心力，就有了战胜困难的精神动力。因此，必须强化引导从业者树立对精神理念的正确意向，让人从中把握时代的脉搏，感受时代赋予站的勃勃生机。

（二）物质文明

物质文明是指由站从业者创造的服务和各种物质设施等构成的器物文化，它是以物质形态为主要研究对象的表层文化。

1. 站的环境

站的环境是指与站的生产活动相关的建筑物、场地、配套设施、服务设备、资源条件、功能设置的总和。站的环境是站生存与发展的最基本的条件，也是站进行正常的生产经营活动所必要的、不可缺少的条件。站的环境是影响站的生存和发展的重要因素。

（1）站的生产环境

站的生产环境的优劣，直接影响着从业者的工作效率和情绪，如果一个站重视人的情绪和需求，注重对人的激励，那么就非常注意优化站的生产环境，为从业者提供良好的工作环境，就会不断改善站从业者的居住、休息、娱乐等条件和服务设施，使从业者有一种归属感。因此，优秀的站特别注重为从业者创造优美的工作生活环境，并把它作为站文化建设的重要内容，作为调动从业者积极性的重要手段。

（2）客运站的乘车环境

乘车环境是客运站所特有的。客运站作为旅客集散的场所，是为旅客提供服务的，同时也代表着一座城市的窗口形象。清洁卫生、人文舒适的乘车环境将会给旅客带来美的享受、情的感化，同时也体现了“以人为本”的服务理念。

2. 站的容貌

站的容貌是站文化的表征，是体现站个性化的标志。它包括站的名称、站的标识和站的空间结构、布局等。

（1）站的名称

站的名称不仅是一个称呼，一个符号，而且体现了站在社会公众心目中的形象，能够通过站的名称来树立站的形象，开拓市场。

（2）站的标识

站的标识是一种反映站文化的人工制作物，可以制作成蕴含某种服务理念的造型。比如张家口汽车客运总站2004年在国家工商总局注册了“心”形标志，又请专业策划公司对总站进行了整体CI策划，确定了水蓝色为总站的企业基本色，象征总站像大海一样的宽广和博大，张开双臂、迎送天南海北的旅客。

（3）站的布局

站的布局是指站的内外空间设计，包括站容站貌、内部的装饰。其中，站容站貌应该充分体现行业特色、民族特色、区域特色。站房设计应坚持以人为本，满足适用、经济、安全、美观、卫生、环保、节能的要求。客运站候车厅、售票厅、行包托运处等功能分区应安排合理，有机地联系在一起，方便旅客使用并有利于管理。

3. 站的形象

站的形象是站文化的外显形态，是经营哲学、价值观、精神、道德等的外在表现，是现代社会站“文化资本积累”的价值体现，是站文化的重要组成部分。站的形象的具体涵义是指社会公众和站从业者对站的整体印象和评价。主要包括以下几个方面。

站的场地、站房的自然环境与人工环境。

站的产品——服务的质量、安全、效率，尤其是质量给顾客留下的整体印象与联想。

从业者的价值观、精神风貌、职业道德、服务态度、文化水平、仪表装束等言行举止给外界的整体印象。

站的宗旨、理念和目标，给站从业者和社会公众留下的印象。

站的经营、服务等策略方式给社会公众留下的印象。

站通过公共关系活动在公众心目中或社会上树立起来的形象。

站的集体福利和不断改善的物质文化生活给从业者和社会公众留下的印象。

站在社会公德和公益事业方面的作为给从业者和社会公众留下的印象等。

由于站的形象包含的内容很多，具有丰富的内涵和外延，是一个复杂的系统，因而其具有以下几个方面的基本特征。

（1）客观性和主观性

一方面，站的形象是站这一物质实体的表现，是站一切活动在社会面前的展示，是客观真实的，具有客观性的特征。良好的形象是有客观标准的，它由站良好的经营管理实效、良好的精神、良好的从业者素质、良好的领导作风、良好的制度、良好的服务以及整洁的生产经营环境等客观要素组成。这些组成要素都是客观存在的，反映了站的状况，是人们能够直接感知的，是不以人的主观意志为转移的。

另一方面，站的形象是社会公众对站的印象和评价，它又具有主观性特征。作为社会公众对站的印象和评价，站的形象并不只是客观存在的状况本身，而是与人们的主观意志、情感、价值观等主观因素密切相关的，具有强烈的主观色彩。

（2）稳定性和动态性

站的形象一旦形成，一般不会轻易改变，具有相对的稳定性。稳定性首先产生于站的形象所具有的客观物质基础，客观存在的物质基础，如站的建筑物、设施设备、从业者队伍等，这些要素在短时期内不会有很大的变化。其次，人们往往都具有共同的思维定势。站的形象是站及其从业者服务行为的结果，而行为又可能发生变化，但是由于人们的思维定势，这种变化不会马上改变人们心目中已存在的形象。

同是，站的形象又具有动态性或可变性的特征。虽然站的形象具有稳定性，但并不是固定不变的，随着时间的推移、空间的变化、站及其从业者行为的改变以及政治、经济、环境的变迁，会处于动态的变化之中。正是这种动态的可变性，促使从业者努力维护良好的站的形象。

4. 站的设施设备

站的设施设备是站形成物质文化的保证，自动化、机械化、网络化的设施设备决定着站物质文化的发展水平和站的服务质量。随着经济社会的发展，设施设备对站文化的影响作用越来越大，这就需要站不断地加强科技投入，进行设施设备的更新，引进智能化、现代化的设施设备，满足旅客需求，超越旅客期望。如：配置现代化的电子显示屏全天候向旅客发布最新客运信息。配置电子监控系统对站内外重点部位实施24小时在线监控。微机售票、安检仪、触摸屏、电子播音等让旅客的旅途更加快捷、安全、便利。宽敞明亮的候车大厅、整洁舒适的候车座椅，为旅客营造温馨、舒适的候车环境。

（三）组织机制与制度体系

站的组织机制是指站系统内运行过程中行为主体之间相互作用的过程和方式，对于站文化的形成和发展，对于站文化功能和作用的发挥，具有重要的意义。

站的制度体系也是站文化的重要组成部分，是站在进行生产经营管理过程中所制定的一系列规范和准则。

1. 组织机制

站文化是一种特殊的组织文化。一定的站文化是在一定的民族文化氛围中形成的，但是它又不同于民族文化（大文化），站文化属于一种既带有民族特点又带有交通行业特点的组织文化。每个站都有自己特殊的环境和传统，都会形成具有自己特色的组织文化。正是这种各具特色的组织文化，构成了站与站之间的本质区别。因此，站的组织机制作为站文化的重要组成部分，具有非常特殊的意义。

在站文化建设中，站是联系社会文化和站文化的载体。它反映生活文化的基本性质，反映其具有共性的内容。同时，它有着独特的生成过程，它根据自身环境，在遵循社会文化普遍要求条件下，在吸收、容纳和改造社会文化的基础上，通过对其内部成员进行文化整合和长期积累，就形成一种个性化的站文化。社会文化对站文化的影响和站文化对社会文化的反作用，都是通过组织这一中介来完成的。

2. 制度体系

制度体系是站为了维护生产、工作和生活秩序而制定、颁布执行的书面的规划、程序、条例及法度的总和。

从站文化建设的角度看，必须把制度建设纳入到站文化的范围内，使之成为文化管理的一个组成部分。同时，站在进行站文化建设的过程中会产生一定的文化成果，如质量文化、经营文化、市场文化等等。这些成果也需要以制度的方式巩固下来，这就使站的制度建设成为站文化建设不可缺少的组成部分。

站的制度是站及其从业者共同的行为规范，也是站协调从业者的力量，实现站的目标的基本手段。制度作为站生产经营实践经验的总结，它既是站的价值观、道德规范、经营哲学的反映，也是站管理民主化、科学化程度的体现，是构成站文化的一个重要内容。

（四）行为规范

站文化要求站建立一套指导和约束站全体从业者行为的规范，促进站生产经营活动更加有序、高效地运行，把价值观落实到具体的行为中。

1. 服务礼仪

站的服务礼仪是指站从业者在生产经营活动中所共同遵守的礼节、仪式，即，在自己的工作岗位上必须严格遵守的行为规范。

规范性是服务礼仪的本质特点，就是明确规定从业者应该怎么做，不应该怎么做。怎么做是对的，怎么做是错的。对此，服务礼仪都有明确的规定。

仪式是指站有系统、有计划的日常例行事务。它是站的价值观的一种载体，通过它可以向从业者宣传站的价值观、宣传站的服务宗旨，从而用一种潜移默化的形式把站文化融入从业者心中。具体的文化仪式多种多样，如发车仪式、表彰活动、聚会娱乐活动、启动仪式等。

例如，张家口客运总站成立了“发车礼仪班组”。每一班车发车时，10名着装整齐的站务员会用标准的军礼为旅客送行，这种特殊的礼仪方式使旅客出行

图2-1 张家口客运总站“发车礼仪班组”送行仪式

倍感亲切和温馨。如图2-1所示，“发车礼仪班组”在为旅客送行。

2. 服务行为

服务行为是站行为的重要方面，是提高站知名度的重要法宝。任何一个站要在市场竞争中取胜，一方面要赢得从业者的心，另一方面必须赢得旅客的心。以优质高效的服务活动和服务行为不断地赢得旅客的心，是站一切活动的出发点和归宿，也是竞争制胜的主要原因。

3. 服务品牌

站的服务品牌代表着站的形象，品牌标志着竞争地位，品牌反映了站的核心竞争力。在市场竞争日益激烈的条件下，实施品牌兴站，创建服务品牌，对于站的可持续发展具有战略意义，所以站必须重视对服务品牌的培育和塑造。

美国哈佛大学阿伦·肯尼迪和特雷斯·迪尔认为：“公司文化由价值观、神话、英雄和象征凝聚而成，这些价值观、神话、英雄和象征对公司的从业者有重大的意义，即树立榜样，典型引导。”在他们看来，没有英雄人物的企业文化是不完备的文化，是难以传播和传递的文化。对于站文化来说也是如此的，服务品牌可以通过模范人物来塑造。

模范人物是站的中坚力量，他们

的行为在整个站的行为中占有重要的地位。模范人物使站的价值观人格化。站的价值观要转化为从业者的行为规范，必须通过树立英雄、学习模范才能做到。站的模范人物可以是站的领导者，或是站评比出的劳模，也可以是普通从业者，他们大都是从实践中涌现出来的，只要他们在各自的岗位上做出了突出的成绩和贡献，在平凡的岗位上做出了不平凡的事迹就能成为站的模范。他们激励其他从业者奋发向上，也促进站的绩效的提高。

4. 文化网络

站文化网络是由在站内部有意建立或自然形成的、广泛的、正式与非正式的、公开与非公开的信息传输和沟通渠道构成的，是站的价值观和英雄轶事的载体，是传播站文化的通道。站文化网络的活动主要是通过多层面沟通，用暗示、参与、示范、引导和渗透等“软”的形式与方法来进行的。它的活动方式没有固定的模式，其活动特点是无形的团队精神的感化、文化微妙性的暗示和非正式规划的约束等。

对站来说，无论规模大小，组织结构是否健全，事实上都存在着一定的文化网络。文化网络本身是一个矛盾的统一体，它内部各种问题的存在和发展是不以人的意志为转移的。对管理者而言，必须学会扬长避短，使文化网络发挥其积极的作用。站文化网络在站文化建设中的具体功效，可以从以下几个方面来理解。

一是站文化网络的传递功能。正式的网络主要是传播管理者的决策信息和主流文化信息，通过网络将站的发展使命、战略、价值观等文化内容渗透到站的经营管理文件、制度、政策和各种管理命令之中，通过自上而下的传递方式，渗透、传播给基层。如果站的正式渠道流畅，文化信息下传到各个部门和环节中去就会产生较好的效果，反之，就必然会通过非正式网络传递。当然，非正式网络的文化信息具有随意性，传播中的信息修改较大，信息损失较明显，这就需要管理者充分重视，并积极地加以引导。

二是站文化网络的疏通功能。正式网络使从业者采取正式的方式获得上层的信息，也是上层领导及时获得下属的正式反应。非正式群体组织的存在，其自然意义就是为人们提供一种自由宣泄情感的场所，是从业者表达自己真实想法和实际感受的心理依赖处，应该允许他们在非正式渠道对站的有关决策、管理问题进行探讨和质疑。而非正式文化网络从一定意义上来说，是为站注入活力的通道。一方面可以缓解人们产生对抗情绪。另一方面，有领导艺术的管理者也会借助于非正式网络，来传播站的文化主张，并搜集从业者的真实思想状况。

由此可以看出，构建积极的良性的文化网络，可以增进站上下级之间、从业者之间的思想交流和感情联系，有利于形成站从业者群体的共同的价值观，调动和发挥站从业者的积极性与合作精神。

四、站文化的结构体系

构建站文化结构体系的基础是传统的成熟的企业文化理论，作为被公认的文化结构具有很强的说服力和可信度。站文化的结构包括价值理念、物质文明、组织架构和行为规范的文化内涵。这四个层面实质上反映的是人们对站文化在思想认识上的一种感受和接受认同的方式，每一层面又由诸多的文化要素组成。站文化结构体系如图2-2所示。

站的价值理念是一种更深层次的文化现象，在整个站文化体系中，它处于核心的地位。包括核心价值观、价值理念、时代精神。它是形成站的组织架构、物质文明、行为规范的基础和原则。

站的物质文明为站文化的其他层面提供物质基础，是站文化的外在表现和载体。它由站的形象、环境和站容站貌、设施设备构成。这是人们可以直接感受到的，通过站的物质文明，人们就能了解到站的精髓。

站的组织架构主要包括组织机制、制度体系。主要是指政府交通行业主管部门及站自身指导站进行规划、设计、建设、运营、管理所采取的组织措施。

行为规范由服务礼仪、服务行为、服务品牌、文化网络构成。它是站的精神风貌、优质品格的动态体现，也是站的价值理念的折射。

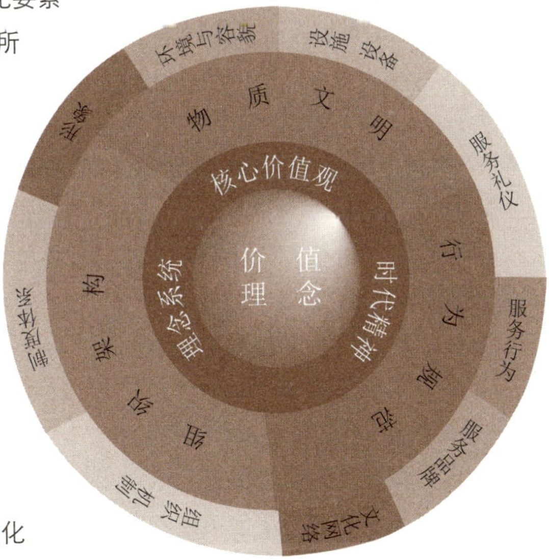

图2-2 站文化结构体系示意图

第三章 站文化发展的历史回顾

长期以来，中国传统史学中并没有单独确立交通史的地位。正如有的学者所指出的："司马迁那号称百科全书式的巨著《史记》，以及班固的《汉书》，都有记载社会文化生活的专篇——《书》和《志》，交通非但没有单独成篇，各类史志书中所涉及的相关内容也不多。刘向父子所编撰的中国第一部目录学著作《七略》，其中也没有交通这一类目。两晋时司马彪所撰的《续汉书》创设了《舆服志》，有了记载车辆的内容，与交通史有密切关系。可惜志书的根本用意是在阐明礼制，虽然罗列了不少车的名目，却反映不出交通运输的真实面貌。不仅是秦汉时期，整个中国古代的文化体系中，始终没有交通的独立地位。这从清代一万卷的大类书《古今图书集成》的分类中就可看出。"在正史的结构中，只有《舆服志》、《车服志》等涉及交通等级制度，而"舆服"、"车服"制度勾画的"交通史"，是片断的、不完整的。

从有限的历史资料的整理和分析中，基本可以看到站的历史演变以及站文化的历史传承过程。

一、站的历史演变过程

驿站在我国古代运输中有着重要的地位和作用。在通讯手段十分原始的情况下，驿站担负着各种政治、经济、文化、军事等方面信息的传递任务。先秦至今，随着社会历史的变革，站这一提供陆上交通服务的场所也经历了相当漫长的历史发展过程。从古代的驿站到现代化的站，站的形式不断地发生变化，适应着不同时代交通服务的需求。我国历史上各朝代驿站虽形式有别，名称有异，但是组织的严密，等级的分明，手续的完备是相近的。封建统治者依靠这些驿站维持信息采集、指令发布与反馈。由于当时历史条件的限制，科学技术发展水平的局限，其速度与数量与今无法相比，但就其组织的严密程度，运输信息系统的覆盖面来说，已经达到相当高的水平。是现代文明的基础。以下主要介绍各个时期站的类别名称、功能扩展、组织布设、建筑环

各历史时期站的名称及功能汇总表

表 3－1

历史阶段		名称	功能	备注
先秦时期	春秋	马日置	供传递政府文书的人中途更换马匹或休息、住宿	这是我国最早的，有明确记载的站
		馆		专为国家的贵宾设置
		寄寓		为普通百姓和商旅而设
		施舍		
	战国	传舍	给宾客设置的馆舍	分传舍、幸舍、代舍三等
秦汉时期		亭	供旅客住宿，保安、民事诉讼	设于城内和城厢的亭称为都亭，城门的亭称为门亭
		邮	传送文书的机关	
		驿	是一种传达消息的设置	
		传	为政府官吏或负有特殊使命、有特殊身份的人提供车乘	亦即车辆场或车坊
隋唐时期		馆舍	既兼管地方治安也提供游人止宿和信息传递	
宋元时期	宋	馆舍	为公出的官吏和驿使提供食宿，提供马驼舟车	站赤根据各地不同的情况，分别设有马站、轿站、步站、牛站、驴站和水站等，其中马站、牛站和驴站是配置车辆的
	元	站赤		
明清时期	明	急递铺	传递文书的机关	
		会同馆	专供外国使臣、各族首领和外地官员赴京所住宿的馆舍	会同馆又分南北二馆
		水马驿	为公出的官员和驿使提供食宿及交通工具	
		递运所	专门负责交通运输	
	清	驿站	供传递政府文书的人中途更换马匹或休息、住宿	或称站，或称塘，或称台，或称所，或称铺。塘，又有军塘、营塘之分
近代		长途汽车公司	运输服务	
现代		汽车客运站	组织旅客运输，兼具运输服务、运输组织、中转换乘、多式联运、信息通讯、辅助服务等功能	
		汽车货运站	组织货物运输、中转和装卸储运、中介代理、通信信息、辅助服务功能	
		路政执法站	查处各类路政案件，遏制超限运输	
		公路征稽站	对单位和个人的汽车养路费进行征收和稽查管理	
		高速公路收费站	收取车辆通行费E	

境、运营管理等方面内容。

（一）站的名称及功能在不同历史时期的变化

随着历史的演进，驿站名称不断变化，其社会功能也不断扩展。由单纯的过往行驿、旅宿、地域性治安、行政检查监督、军事控制、邮传等功能的地方性行政组织或民间组织，向多种功能复合并兼备提供交通工具和餐食集市等配套建设的综合性行业机构发展，其发展演变过程如表3-1所示。

（二）站的组织布设在不同历史时期的变化

1. 先秦时期

据记载，东周每隔10里（古代五家为邻，五邻为里。现长度单位，1里等于150丈，合500米。）、30里和50里的距离，都设有不同规模的馆舍，只是10里之庐因路程较短而只备饮食，30里之宿和50里之市才设置供行人住宿的路室和候馆，《周礼》有“凡田野之道，十里有庐，庐有饮食。三十里有宿，宿有路室，路室有委。五十里有市，市有候馆，候馆有积”的记载。

2. 两汉时期

西汉时，全国共有亭近3万个。关于亭的设置数量，《汉书·百官志》里有以下描述：民稠则不足十里便设，民稀则可逾十里而设。城市里的亭相比乡村中的就要多一些。比如，长安城方60里，南北各15里，有12个城门，设120个亭长。洛阳有24条街道，每街设一亭，在12个城门亦各设一亭，计有36亭，可见亭的设置和人口密度有直接关系。邮的设置比亭更密，是“五里一邮，邮人居间，相去二里半”。这“五里一邮”当然也仅仅是原则上的数目，实际上是根据环境和社会的需要有所增减的。不过，“邮人居间，相去二里半”。则分明是说邮人居住的邮舍前后负责二里半距离内的辖区，即五里方圆内的中心地点。汉代的驿每30里设一处。《续汉书·舆服志》载：“驿马三十里一置，卒皆赤帻绛鞲云。”传与驿同设一地，亦30里一置。

3. 唐朝时期

唐朝在各水陆要道上，广设驿馆，每30里一驿，构成了以京都长安为中心，遍布于全国的驿路系统，条条大路通向长安。据记载，唐代共有陆路驿所约1300处，水路驿所260处，水陆相兼的驿所近90处，总数达1600多处。陆驿备有驿马，每驿有马8～75匹不等，视驿之等级而定。每道的驿站可分六等，另外还有传马，速度较驿马为慢，还备有驿驴，供没有急务者乘用。水驿有驿船，每驿2～4只，数量亦视水驿事务之繁简而定。水陆相兼之驿，则可能既有驿马又有驿船。

4. 宋元时期

宋元时期，站赤的数量各省规定不

太统一。甘肃省仅有马站6处，而经济发达的浙江地区则有各种站赤262处。急递铺较站赤设立稍晚，在元太宗时已有站赤，到元世祖（忽必烈）时才开始设立急递铺。各铺之间距离不尽相同，大约最近者10里，最远者有25里。

5. 明朝时期

明代，根据各地的交通条件、人口分布设立了会同馆、水马驿、急递铺和递运所。会同馆有南北二馆，北京设立六所，统称为北馆，南京设立三所，成为南馆。二馆共设大使一人总辖馆务，副使一名分管南馆。凡外地各王府差遣官员和西北各国使臣、云贵等处土官头人，都在北馆安置。朝鲜、日本、越南等国进贡使臣都在南馆安置。馆内备有马、驴、行李铺盖、生活用品什物等供给来宾。北馆的馆夫达300名左右，南馆则有100名左右，专造饭食，可见当时会同馆的规模也是相当大的。

水马驿包括水驿和马驿。水驿在交通要冲设船10只至20只，稍偏僻的地方则设船7只或5只，每船配备船夫10人。马驿一般每隔60～80里设置一处，交通要冲备马80匹、60匹或30匹不等。其他非要冲地的行旅必经之路也设有马驿，配马20匹、10匹或5匹不等。马驿中的马匹分为上、中、下三等，马身悬挂着小牌，写明等级。水驿的船只则无等级的区别。

急递铺每10里设一铺，每铺设铺司一人，铺兵10人，或仅有4～5人。铺兵乃选择附近居住的少壮男子充任。每铺均设日晷，分一昼夜为一百刻，送文书者每三刻须行一铺，即一个铺丁传递文书时昼夜需行300里。公文到铺，即不分昼夜继续传送。铺兵亦随身携带簿籍，用包袱或夹板包裹文书，鸣铃而行。

6. 当代社会

在城市内部及周边布局的诸多站点，经过相关部门深入调研和科学分析，多部门协同规划，不仅应适应国民经济、社会发展的需求和满足可持续发展，还应符合城市总体规划，并与土地利用规划、交通发展规划等相协调，与公路线路的布局、公路运输组织方式、信息化水平等相互协调。总体上来说现代站的布设是比较严谨的。

(三)不同历史时期站的建筑外观及风格

1. 秦汉时期

亭作为基础性公共设施，在秦汉时期，其建筑风格已经形成。亭的建筑是因地制宜的，北方用砖石土木修建，南方则多以木、竹为主。边疆地区亭的结构虽然简陋，但很坚牢。不过，大多数亭因为规模小、地处僻乡，相对很简陋。但正因为这些特点，亭又容易普及起来，成为具有站点功能和特点的早期建筑之一。位于绍兴的汉代驿亭，是现

图3-1 汉代驿亭图

存最早的驿亭遗址。图3-1为绍兴的汉代驿亭，可以看到青砖青瓦，飞檐石基，庄严肃穆，古色古香。

2. 隋唐时期

随着时代更替，到了隋唐时期，经济军事空前发展，这时的驿馆就发展起来，而且不论其建筑规模还是社会功能都发生了变化。

唐代的驿馆不仅有供人止宿的厅、室，有的还有宽敞的庭院、花园、水榭和阁楼。各厅、室的陈设也不相同，根据过路官员的品位决定他住在什么样的厅室内。总体说来，唐建筑结构简单，朴实无华，雄伟气派。造型特征一般是斗拱硕大、屋脊有简单而粗犷的鸱吻、屋檐高挑、屋瓦呈青黑色、柱子较粗、色调单一。据记载，河南阌乡县西南，位于桃林寨与蒲城之间的盘豆驿就是隋唐时期的驿馆。驿楼高耸，雕梁画栋，驿外水白波清，白鹭群集。凭轩远望，夕阳下耕人犹在劳作，天尽头雁阵渐没于云际。晚唐诗人韦庄行至此，挥毫写道：

极目晴川展画屏，地从桃塞接蒲城。滩头鹭占清波立，原上人侵落照耕。去雁数行天际没，孤云一点净中生。凭轩尽日不回首，楚水吴山无限情。

——《题盘豆驿水馆后轩》

从这首诗，可以看到唐代的驿站建筑是比较豪华秀丽的。

3. 宋元时期

宋元时期，随着商业经济的迅猛发展，经济交流对交通和站点要求更高，驿站的社会作用也不断增强，在经济、社会、军事方面承担着相应的职能，国家也更加重视其建设和发展。

据史籍记载，宋代地方修建馆驿所耗人力、物力是巨大的。北宋仁宗嘉祐六年（1061年），凤翔府知府修建凤鸣驿，“用夫三万六千，木以根记，竹以竿记，瓦、甓、坯钉各以枚记、以石计者，二十一万四千七百二十有八”。馆驿修建耗资巨大，其规模自然也非常宏大富丽。嘉祐六年，苏轼为凤翔府从事，至数日，谒客于凤鸣驿，“视客之所居，与其凡所资用，如官府，如庙观，如数世富人之宅，四方之至者，如归其家，皆乐而忘去。将去，既驾，虽马亦其帛而嘶”。宋代馆驿不仅建造规模宏大，而且内外还栽植花木，以美化环境。如田锡《叠嶂楼赋》云：“驿梅江柳，动游宦之芳怀。风观露台，起高明之逸意。”为了扩大馆驿的影响，馆驿修成以后，还请名人撰记。如苏轼撰《凤鸣驿记》，毛开撰《和风驿记》等。

因馆驿宽敞华丽，有时被移作行宫或官廨。宋代曾在驿路上修建馆驿，在州县和其他路段设置公使库或令寺院，用以接待宾客。另外，在道路上还置有亭舍供过往人员歇息。宋代馆驿中物品供应十分丰备。馆驿中，有炉、灯、榻、乐器、供帐等陈设，有为住客提供的油、烛、柴、炭、酒、肉等物品。还设有仓场储备钱、粮、草等物，支给过往官兵人等，官员和士兵等差出以及马匹经过驿馆，可以凭证支取钱、粮、草料。

4. 明清时期

明清时期，虽然是我国封建社会的晚期，但在晚清以前总体上仍保持着比较强盛统一的局面，沿袭历代的邮传馆驿制度，并在相应的方面更趋完善。

明清时期的建筑达到了中国传统

图3-2 建于明洪武八年（1375年）的高邮盂城驿站

图3-3 明弘治十四年驿府（孟城驿驿丞宅 书房一角）

建筑的又一个高峰，呈现出形体简练、细节繁琐的形象。受其影响，驿站建筑呈现出拘束但稳重严谨的风格，建筑形式精练。由于制砖技术的提高，墙体基本都以砖包砌。门坎十分宽敞，门上雕花精致，无论花草鸟兽都栩栩如生，驿内布设更为考究。详见图3-2、图3-3。

5. 近代

近代受外来侵略的影响，我国的建筑掺杂了很多外来文化元素，并在包括邮政、交通、建筑等诸多领域表现出兼容并包、中西合璧的现象。

近代站的建筑也呈现出许多新的面貌和特点，多为砖、土结构的平房，外形看上去比较中规中矩，结构简单。站内布设出现现代的某些功能，如设有供旅客候车的长椅、问询处、扩音机、灯光指示牌、墙上的标语等等。站房之外有供停车的场地。如图3-4、图3-5、图3-6所示。

（四）站的组织管理形式在不同历史时期的变化

我国较早时期即出现有具备站功能的政府和民间设置，可以认为这些即站的雏形，但其社会功能相对比较单一、组织管理模式主要参照国家礼制，具有强烈的官办特点和官僚气息，后来随着经济社会发展，为了不断满足商业、文化、社会需求，逐步具备了一些能提供旅宿、集贸交易、娱乐等活动的新的组

图3-4 沪太公司上海站

图3-5 锡沪长途汽车公司上海站

图3-6 锡沪长途汽车公司上海站候车室

织管理形式。

1. 先秦时期

管理馆舍和负责接待的官员，官职各有不同，对不同身份和等级的宾客，也有不同的接待方法。一般情况下，在国宾到来时，关防的报告要迅速送达国君，国君派人到路上迎接，并由专职官员为向导，还要派人去检查来宾将要经过的道路以防范坏人的骚扰。下榻于宾馆后，准备丰盛的宴席，备好客人的车马等等，尽量使人感到舒适满意，宾至如归。有的地方由于管理得不好，贵客临门没有好的馆驿招待，甚至“国无寄寓，县无施舍”，是要被人耻笑为“弃先王之法制者”。周定王派遣单襄公聘于宋，途经陈国时，发现陈地道路闭塞，荒泽遍野，川无舟梁，路无馆舍，认为“陈侯不有大咎，国必亡”。

2. 秦汉时期

秦法律称主亭吏为亭长。亭是设在村镇中供旅客住宿的馆舍，由亭长主管。汉代的亭长多以服过兵役的人担任，除了管理馆舍，供行人食宿外，还有两种职务，其一是“禁捕盗贼”即治安保卫工作，其二是处理民事诉讼，并要提供处理各种纠纷的场所。这两种职务表明汉代的亭长是地方政权的基层官员，亭不仅是旅客食宿的地方，还起到基层权力机关的作用。

邮的应用不限于郡县各级行政机构间的普通文书传递，而且向朝廷上封事或奏疏等，也都可以利用邮。在边境地区，传送书信的人是燧长或燧卒；在内地，传书者为邮人，即政府委派的吏卒。汉代对邮的重视与亭一样，每州郡都设置专职的督郡，监督检查邮的工作。督邮是有实权的官员，需经常到辖区内的邮巡行检查。

驿所用的交通工具以马为最多，很少用车。驿有驿卒，担任劳务和警戒，遇有驿使因病或其他原因不能继续前进时，驿卒有责任代驿使传递书信。

在汉代还出现了早期的私人驿站，包括私人旅舍和私驿。私人旅舍专为营利而设，方便路上行人。而私驿则都是有权势的人自设自用的。私人旅舍后来不断发展，私驿则仅是暂时的现象。

汉代的传，其制度与驿相类似，都是在一定的距离内供给交通工具，以利行旅的方便和加快速度。不同的是驿供马，而传供车。根据汉代的法律，到传舍使用车辆的过往官员，必须持有木制的传信，经查验后方可给与车辆。

3. 隋唐时期

一县之驿，由县令监理；一州之驿，由州府的兵曹掌管；一道之驿，于节度使下设置馆驿巡官四人、判官一人来治理。全国之驿，属于兵部的驾部郎中员外郎主管。隋唐时期官方设置驿站的目的是传递军事消息，所以在管理系统上隶属于兵部。

在驿中停留住宿者，根据其品阶和勋爵，待遇有所区别。下级官员对上级官员必须实行礼让。表现出严格的等级观念和制度。根据唐代的法律，除过路官吏外，有资格乘用驿马和止宿驿馆者，一般都叫做驿使。唐律对驿使有很严苛的规定，从规定可以看到唐代的驿馆具有完全意义上行政和军事的职能，只对达官贵人提供旅行便利，一般百姓出门旅行，则必须住宿在沿途的私人旅舍了。

驿中的马匹只免费供驿使乘骑，驿使还可以免费食宿，其他一切住宿官员均需向驿馆交纳费用。所以交通要道上的馆驿，是当地政府财政收入颇丰的机构之一，驿中均设专职人员记录收支账目。

4. 宋元时期

宋代的馆驿基本上承袭隋唐时期的规模和制度，只是在商品流通领域更为扩大的形势下，私人旅店迅速发展起来。随着交通工具的改进和人口的增加，驿的数量逐渐减少，两驿之间的距离则相应增加了。邮、亭的职能已经完全被驿、传所代替，驿传也日趋合一，继续为因公出差的官吏和驿使提供食宿，并继续为驿使提供马驼舟车，但已失去隋唐时期兼管地方治安的职权和义务。

元帝国幅员辽阔，水陆交通皆设置有邮驿，为了强化对不同民族军事统治的需要，元朝政府努力恢复和发展邮驿制度，加强了对驿站和邮政的管理。

站赤除了供给驿传外，还供给膳食住宿。

元代的邮政之所称为“急递铺”。急递铺中每铺设兵丁5人，这些铺丁必须是身体健壮、善于行走者。他们腰束革带，悬铃持枪，挟雨衣，带文书，昼夜兼行。人们夜间看到路上手持火炬急行的人，往往是传送文书的铺丁。铜铃的用处很大，每逢道路狭窄时，听到这种特制的铃声传来，无论是坐车骑马的商旅还是负载器物的行人，都要赶快躲靠在路的旁边，让悬铃的铺丁先通过。到达某一铺所时，该铺的铺丁听到铃声必须赶紧出门迎候，接过文书后再立刻传下去，不得耽误。

5. 明清时期

明代时驿站成为了一个比较固定的称谓，是站发展脉络上比较重要的一个时期，标明了后来站发展的方向，代表了包括邮递、交通等发展的基本现状。

6. 近代

近代因为工业发展，早期汽车和公路、铁路交通逐渐发展起来，一些汽车公司、电车公司的成立，使较发达的运输工具、较成熟的运营路线和公司管理模式结合起来，促进了站的跨越发展，给站带来翻天覆地的革命性变化。这些变化还体现在包括制度、服务在内的文化范畴。

为吸引市民坐车，保证旅客安全，汽车公司制定了不少规则，明确规定员工的操作规范与要求，以此促进服务质量的提高。比如：英商电车公司有《全体司机、售票及其他员工守则》，法商电车电灯公司也制定了《司机工作守则》、《售票人员工作守则》等，对员工的工作职责、操作规范和注意事项做了具体规定。

二、站文化的源流及其演变

文化是一个传承和发展的过程，在时间的长河里经历着起源、演化、变迁的不同发展阶段，在不同的社会背景和地域又形成不同的文化类型，呈现各自不同的特点。文化都是在一定的历史背景下变迁发展，从而具有时代和地域特色。同时，文化又在历史传承的过程中积累演化并确立了发展的脉络和方向，从而形成一个相对稳定的文化传统。站文化同样经历了萌芽、发展和盛衰与新生的过程。

（一）萌芽与雏形

有关站的记载资料最早是从商周时期开始的。我国古代交通初具规模，中原各国陆路交通纵横交错，沿途设立了“驲置”，即驿站，这是我国有记载的最早出现的站。随着历史的变迁，又逐渐出现馆舍（分为馆和寄寓、施舍）、传舍、亭、邮、驿、传等。

既然出现了站的实体，那么其中必然也伴随产生了顺应当时社会的站的文化。从《周礼》“凡田野之道，十里有庐，庐有饮食。三十里有宿，宿有路室，路室有委。五十里有市，市有候馆，候馆有积。”的记载中足以看出，站的设立是井然有序的，规模细化，功能各异。总之还是为过往路人提供中途的休息和餐饮。“国无寄寓，县无施舍”，则是被人耻笑的“弃先王之法制者”。周定王派遣单襄公聘于宋，途经陈国时，发现陈地道路闭塞，荒泽遍野，川无舟梁，路无馆舍，认为“陈侯不有大咎，国必亡”。

这个时期站已基本具备了“道路运输节点”以及为人、车提供简单“服务”的功能，并体现了“窗口”这一文化功能。

（二）定型与发展

秦王朝建立以后，修筑了以咸阳为中心、辐射全国、延伸边陲的多条秦大道，各秦大道上自然不能离开补充给养、提供休息和道路修葺的驿站。

汉代的“站”，功能有了更详细的划分。亭是供旅客止宿的地方；邮是传送文书的机关；驿也是一种传达消息的设置，其作用和邮相似；传是供政府官吏或负有特殊使命、特殊身份的人因公乘车的设置，相当于现时车辆场或车坊。这些“站”政治色彩浓烈，有严格的国家管制措施。“站”除了提供路人止宿，还有治安保卫的作用，是基层的权力机关。“站”内负责人是地方政权的基层统治者，他们的职责除了对“站”的驻守之外，还要对过往人员盘查和监视。那时候的“站”除了提供路人中转，还负有国家安全的使命，制度比较严明。现代执法站和检查站的功能初显。管理和安全也成为此时站的新文化内涵。

（三）繁荣与衰微

唐代社会经济空前繁荣，“经济的发展必然带动运输的进步。这介时期的站，除了在制度方面更加的完善和严格之外，还兼具政治和军事功能。站的“窗口”和“流动”文化也在当时得以的推进，只是，等级划分更加严苛，管理更加严格，“强调等级特权，主张同罪异罚”。由于馆驿是宾客休息停留的地方，所以也是地方行政的一个门面。因此，历朝地方官都十分重视馆驿的建设，往往为之挥霍重金，争奇斗胜，宋代更是如此。据史籍记载，宋代地方修建馆驿所耗人力、物力非常巨大，不仅建筑奢华，而且陈设齐全，物资丰富，为了方便行人，宋代馆驿亭舍及驿路之上还为过往行人提供驿程地图。宋代政府还采取了一些措施解决一般旅客的食宿问题。

明代以后驿站和邮递事业更为发

达，制度也更为完备。

至清光绪三十四年时（1908年），受西方工业经济和侵略的影响，大部分驿站开始废弃或拆撤。

（四）转型与新生

19～20世纪之交，正是晚清政府统治的最后一二十年，也是中国社会由两千多年的封建形态向近代社会迈进的转型时期。中国的一些先进分子发起组建了长途汽车公司。站的转型与新生也由此时开始。

1. 较为完备的制度文化

为吸引市民坐车，保证旅客安全，电车公司制定了不少规则，明确规定员工的操作规范与要求，以此促进服务质量的提高。

英商电车公司有《全体司机、售票及其他员工守则》，公司全体员工人手一册，上班必须随身携带。该《守则》规定全体员工必须上班准时，制服整洁，礼貌待客，在行车中发售客票，及时预报站名，不准闲谈，严禁抽烟，爱护公物，不许赌博等等。为便于实施，有些工作要求订得十分具体、细致。比如对于无轨电车司机的要求："在接近路边、弄堂口仓库门口，当心有些东西突然冒出来"。"不得与其他车辆赛跑，宁愿降速让他们过去"。在售票员的工作规程中要求："对旅客要保持礼貌，售票时应'请'当先，收钱时应说'谢谢'。"

英商电车公司还制定了奖罚制度，规定正常到勤、无迟到早退、制服整洁、无票务过失，服务正常，无病事假的司机和售票员方可得奖。

法商电车电灯公司也制定了《司机工作守则》、《售票人员工作守则》等，对员工的工作职责、操作规范和注意事项做了具体规定。如有旅客投诉，轻则暂停工作，重则开除。而且还有专门人员进行检查、监督。如站务人员的职责之一是"检查驾驶员与售票员是否整洁，纽扣与铜牌是否擦亮"。稽查员也要"随时查视驾驶员与售票员是否制服整洁"。

> 在任何情况下，检查员、售票员和驾驶员都应当以礼待人，不得发生争吵。除非为了执行公司的规定，对一些无理的要求，不能让步，但也要防止大声喧哗，即使受到挑衅，也禁止辱骂或动手打人。
>
> ——《法商电车电灯公司章程》

2. 相对文明的行为文化

有了严明的规章制度，再加上宣传得当，吸烟、吐痰的行为基本禁绝，让座之举也不足为奇，如果有谁在车上吸烟、吐痰，必会招来众人鄙夷的眼光和群起指责。

3. 比较统一的视觉文化

锡沪公司的员工上班时间一律穿着公司统一式样的制服，夏季司机着黄色卡其服，戴平顶帽，站务人员着白色哔叽制服。冬季又是另一套行头，司机为黑色呢制服，站务人员为藏青呢制服（见图3-7）。

图3-7 锡沪公司员工制服

（五）站文化的历史积淀

（1）古代政府对交通基础设施建设已有相当的重视程度，以人口密度和环境需要为依据在全国上下广设驿站，为我国现今站场布局规划起到基础性的参考作用。

（2）古代法律中对驿站的规定和对驿长的约束给现今法律提供参考，严明的管理制度和严格的考核体系仍可借鉴。

（3）国宾过往会有专人迎宾、导向，并且保证沿途的治安，下榻后还置备宴席和车马，使客人宾至如归。“过客相逢应止宿，旅途到此便为家。”直至今日，这些迎宾的礼仪仍被我们所采纳，只不过那时显贵的待遇，在当今的社会主义国家里人人都有可能享受。

（4）古驿站除了提供休息和交通工具之外，往往还有旅馆供游人住宿、商铺供路人购买所需物品、当铺置换钱财等功能，为路人提供了行途之便。这些商贸集市功能基本上都被我们继承并发展下来，提供住宿的功能至今仍有借鉴的价值。

（5）古驿站的建筑考究、布设精致、注重环境美化等方面都值得我们进一步学习借鉴。

（六）现代站文化成果展示

1. 价值理念

（1）“发展交通事业、感化公众意识、成就从业者”的核心价值观。在其指导下的还包括：安全观、质量观、效益观、修身观、服务观、管理观、创新观、人才观、技术观、环境观和美学观等。如邯郸交通运输集团所属站以“服务公众，感化公众意识，成就从业者”为站核心价值观，将公众的认可和社会的支持作为站发展的基础，将满足公众需求作为站运营的出发点，将创造最大的社会价值作为站经营的目的，让站在参与社会主义和谐文化建设方面履行自己的职责，发挥自己的重要作用。

（2）为公众服务，关注弱势群体，贫富和谐相处，共享公共资源。一些车站向残疾人提供轮椅，并设置特殊高度的专用电话和饮水机（见图3-8），在停车场专门划分出轮椅停车位（见图3-9）。还有一些站在重要通道处设有指示视觉障碍者通行的盲道

图3-8 特殊高度的饮水器和电话

图3-9 为轮椅者设置的停车位

（见图3-10）。有更多的站对老、弱、病、残、孕和军人提供专用候车室（见图3-11），实行优先购票、优先上车服务。提供免费饮用水、常用药品、针线包手机充电站等便民服务等（见图3-12，图3-13）。

图3-10 用于指示视觉障碍者通行的盲道

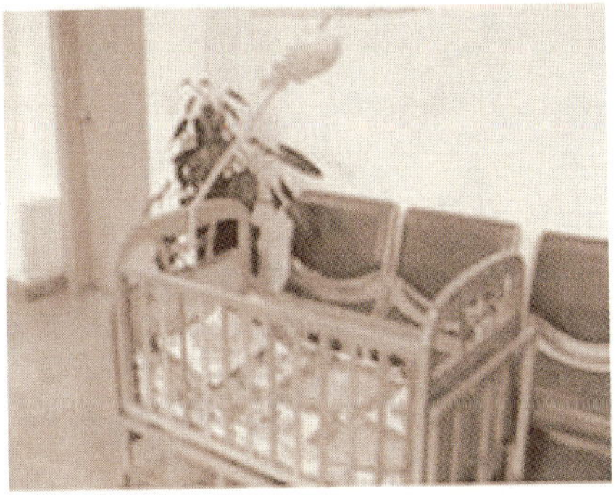

图3-11 沈阳车站重点旅客候车室婴儿床

（3）重视人才、爱护人才、合理开发人才、使用人才、留住人才、提升人才。实现人的发展即社会人、站务人的全面发展。如邯郸交通运输集团所属车站以“能干事的都是人才”作为站人才观，尽可能的给员工创造展示自我的

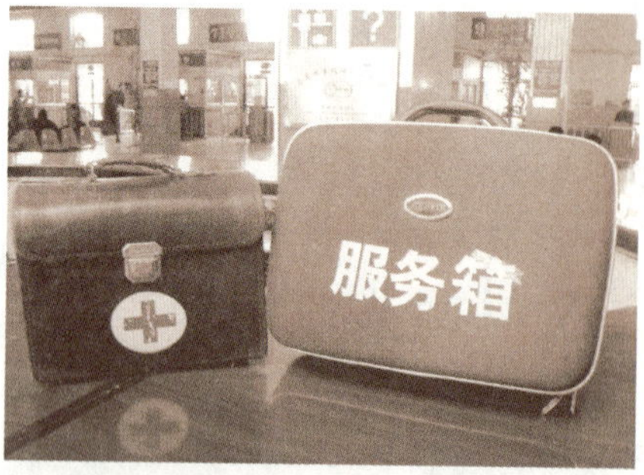

图3-12 车站候车厅提供的便民服务箱和医药箱

图3-13 手机充电站

平台，让员工和车站共同进步。保定客运中心站实施人才战略，提倡自我管理和人性化管理，建立员工培训、考核机制，设立员工培训基金，激发员工的工作热情和进取精神。

（4）社会效益和经济效益并重，实现人的价值。

（5）构建和谐交通环境、和谐车站环境。

（6）适应社会与市场发展需要，组织运转顺畅，有效的计划、组织、指挥、激励、协调和控制机制。

（7）建立良好的社会环境，通过树立公众形象，塑造站品牌等方式，间接带动经济效益的增长。

（8）不断学习与创新，与时俱进，实现科学的可持续发展。

（9）企业效益与服务环境双赢。

（10）安全第一。

2. 行为规范

（1）得体的服务礼仪。各个站都积极开展礼仪培训（见图3-14），规定员工行为规范，对不同岗位的员工进行相应的礼仪要求，以规范、标准的服务礼仪迎接每一位到站旅客。

（2）专业的服务行为。见图3-15和图3-16。

（3）个性的服务品牌。如沧运集团的“亲情旅程”服务品牌，就是把旅客当亲人，增加驾乘人员和旅客之间的亲和力；就是为旅客热情服务，对旅客充满真情，让旅客感受温情和满足；让

图3-14 保定客运中心站站务人员礼仪培训

快乐旅程享受贴心的亲情服务。中心含义就是要做到以人为本，要做到以旅客的满意作为衡量工作成效的主要标准。

保定客运中心站在全国率先成立“郭娜陆地航空班”（见图3-17），推行航空式标准、零距离服务，为旅客提供迎宾、导乘、问询、广播等百项便民服务，体现精心、细心、诚心，让旅客感受到温馨和便利。

“情满旅途”品牌是由青岛交运集团创建的服务名牌，形成了交运以“情”为核心的品牌文化。作为全国道路运输业第一个注册商标，“情满旅途”连续多年获得“全国用户满意服

图3-15 专业的服务行为

图3-16 专业的服务行为

图3-17 保定客运中心站“郭娜陆地航空班”

务”荣誉称号，被评为青岛市名牌和山东省著名商标，2003年作为唯一的服务名牌名列“改革开放二十年感动青岛的十件大事”第五位。

3. 组织构架

（1）完备的管理体制与组织机制。

（2）完善的法律、法规及标准。

（3）中央政府交通主管部门宏观调控，各级政府运政管理机构细化各项政策条文和实施细则，负责监督、指导、督促和规范道路运输站场的建设与管理活动，并处理各种投诉和行为纠纷。

（4）区域性道路运输枢纽由国家统一规划，地区性、局部性道路运输站场由各省统一规划，国家协调发展。多渠道筹资、多家经营道路运输站场。

（5）产权有独资、合资、合作、股份制等多种形式。主体分国家、国有企业、集团企业和私人企业。鼓励企业和个人投资建设。

（6）公平、竞争、有序的运输市场。

（7）各种交通方式衔接紧密，换乘距离短。

（8）选址科学，布局合理。

4. 物质文明

（1）统一的CIS识别系统：理念识别系统MI（Mind Identity）、站的行为识别系统BI（Behavior Identity）和站的视觉识别系统VI（Visual Identity）。如张运集团张家口汽车总站对MI、BI、VI进行了详尽的设计与严格的规范（见图3-18至图3-23）。

（2）舒适、方便、快捷的乘车环境和服务设施，赏心悦目的室内办公环境，干净、整洁的从业人员居住、休息、娱乐环境和设施（见图3-24至图3-28）。

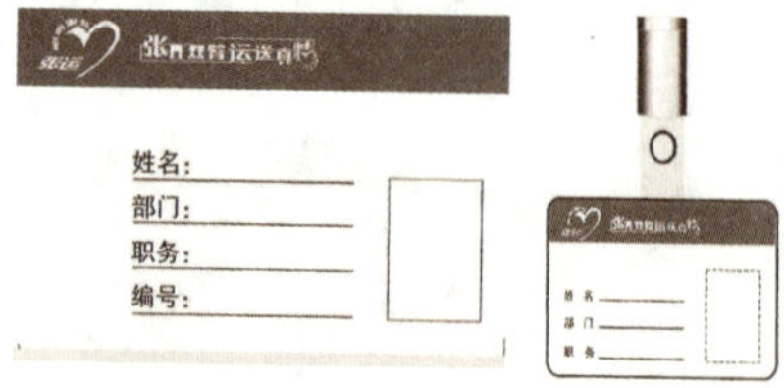

图3-18 胸卡

图3-19 车辆出入证

图3-20 指示牌

图3-21 车辆

图3-22 指示导向

图3-23 服装

图3-24 美国纽约中央车站秩序井然

图3-25 苏州南站员工办公室

图3-26 河北保定客运中心站售票员办公区

图3-27 保定客运中心站职工书画展

图3-28 保定客运中心站职工活动之家

（3）保护生态与环境，注重美化绿化环境，促进人与自然的和谐统一。图3-29所示生态环保型车站——海珠汽车客运站，图3-30所示湖南常德汽车总站，就是生态环保型车站的典范。

（4）主体建筑注重传统与现代的结合。现代站建筑大部分外观都比较宏伟、功能健全、建筑风格则趋于多元，注重节能环保，注重便捷服务和信息优化建设，注重给人以视觉和情感上美的体验。比如上海长途汽车客运总站（见图3-31），银色的金属板外墙在阳光下熠熠生辉。柏林中央车站的站体大量使用太阳能电池板（见图3-32）。

图3-29 海珠汽车客运站

图3-30 湖南常德汽车总站候车厅

图3-31 上海长途汽车客运总站外景

图3-32 德国柏林中央车站

图3-33 监控系统

（5）高科技、人性化的设施设备，智能化管理。电子显示屏全天向旅客发布最新客运信息，电子监控系统对站内外重点部位进行24小时在线监控，安检仪、触摸屏、电子播音让旅客的旅途更加安全、快捷、便利。售票、检票、结算、行包托运形成微机联网，实现了运调、办公智能化管理。宽敞明亮的候车大厅、整洁舒适的候车座椅，为旅客营造温馨、舒适的候车环境（见图3-33至3-36）。

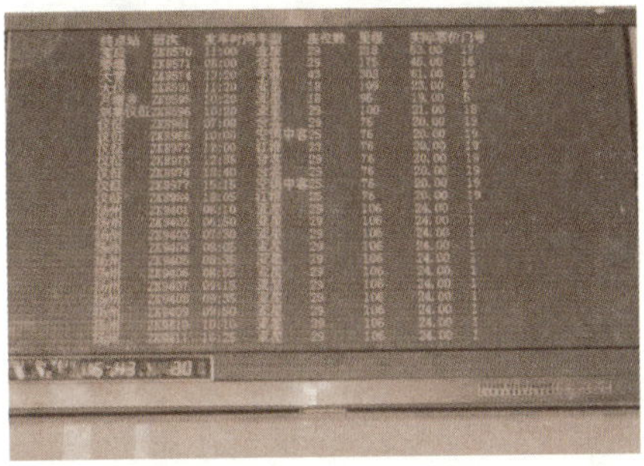

图3-34 电子显示屏

图3-35 韩国首尔火车站形成智能调度、检售票一体化系统

图3-36 杭州西站自动售票机

三、古驿站掠影

中国古代驿站的建筑式样很多，图3-37、图3-38为现存的两种。

（一）深青驿

深青是南国侨乡厦门市一个最古老的村庄，村头那座始建于元朝的古驿站就是历史的见证。

图3-37 古驿站

图3-38 古驿站

据说百年前，背井离乡的台胞要回乡谒祖，邻里的乡亲就一早来到村头那座古驿站上候着，这个习俗延续到今。古驿站始建于元代，据《遗址碑廊记》记载，始设于宋的深青驿，元初开建，方圆八百丈。明洪武14年（1381年）重建，明清屡屡修缮，成为福建省现存的一座古代驿站（见图3-39）。

图3-39 宋元时期的深青古驿站

（二）盂城驿

盂城驿位于江苏省高邮市南门外馆驿巷13号，明洪武八年（1375年）设立，是京杭大运河旁一处重要的水马驿站。

据记载，当时整个驿站有正厅、后厅各5间，库房3间，廊房14间，马房20间，前鼓楼3间，照壁楼1座，驿丞宅1所……。鼎盛时期有厅房100多间，另有驿马65匹，驿船18条，马夫、水夫200多名。

盂城驿承接了高邮的秦亭、汉舍、唐馆、宋站、元赤的邮驿风范，显示了邮驿发祥地之一的魅力。秦始皇统一中国前，就曾在此“筑高台置邮亭”，高邮由此而得名。西汉时期，在由京师长安通往淮泗而达长江的主干驿道上，高邮亭承担繁重的邮传任务。

唐代李吉甫在高邮修筑平津堰，就住在作为驿站的高邮候馆。宋代高邮修筑城墙，在商贸发达的北门外都酒务街设迎华驿，这是史载高邮最早的驿站。北宋至和二年，王安石来高邮在驿馆会见当地贤士王令等人。宋代在高邮城西南设高沙馆。元代有高邮驿，地处繁华的西门外，至正年间，改名秦淮驿，后又名秦邮驿。明代嘉靖三十六年（1557年）古驿毁于倭火，几成废墟。而后盂城驿得以重光，明隆庆二年（1568）知州赵来亨重建盂城驿，实现了古代临政者“上对得起祖宗，下有惠于后人”的夙愿。

盂城驿的驻节堂明末被毁，遗址位于清中期重建的皇华厅的后面，是驿丞、高邮州官接待各方使节、迎接四路宾客的地方。这是被专家认定为“原汁原味”的明代盂城驿的建筑物。如今，驻节堂内外“过客相逢应止宿，征途到此便为家”和“梅寄春风劳驿使，葭怀秋水托鸿邮”的抱联，是当年驻节堂主人心声和邮传责任的见证。邮驿驿丞，九品，驿站是兵部车驾司管理，垂直领导。高邮驿站的头儿配备较为规范，即使清代后来不设驿丞，州署仍专派一名从九品吏目管理，直到它寿终正寝。图3-40是孟城驿内景况。

图3-40 孟城驿驿内一角

（三）鸡鸣驿

鸡鸣驿，又名鸡鸣山驿，中国现存最大的古驿站遗迹。

1. 鸡鸣驿的历史沿革

1219年成吉思汗率兵西征，在通往西域的大道上开辟了很多驿路，设置“站赤”，即驿站。鸡鸣驿始建于元代，至今已有约700年的历史。鸡鸣驿在明、清两代，一直是北京通往西北的重要中转站，明永乐十八年（1420年）鸡鸣驿扩建为定货府进京师的第一大站。

在鸡鸣驿城东北角，随意捡一小石头敲击城墙、就能听到类似小鸡的“咕咕”叫声，这可能就是鸡鸣驿名字的来历。据史书记载，清代康熙年间，在驿丞主管下有驿卒158人，城内守兵43人，长夫5人，驿马82匹，年支马料44石，年支饷银3287两。可以想像，当时每日马铃声声，飞尘滚滚，身穿邮服、腰挂“火印木牌”的驿卒，乘骑传递，风风火火，昼夜不停。

直到1913年北洋政府宣布“裁汰驿站，开办邮政”，鸡鸣驿这个古驿站才从历史的舞台上退出。

2. 鸡鸣驿遗存

城内设有驿丞署（见图3-41）、把总署、公馆院、马号、戏台（见图3-42）、店铺（见图3-43）等，还有8座寺庙即永宁寺、龙神庙、白衣观音庙、财神庙、关帝庙、普渡寺、泰山行宫、城隍庙。其中永宁寺是驿城中最早的建筑，距今已800多年。驿城寺庙内明清时期遗留下的壁画（见图3-44）至今色彩鲜艳，人物栩栩如生。从寺庙的规模和布局可以看出当时鸡鸣驿三教皈依的社会思潮。由于鸡鸣驿地处交通要

图3-41 驿丞署后宅门楼

道，在担负军、民驿站的同时，商业也逐渐繁荣起来。据驿城内碑刻记载，该驿仅当铺就有6家之多，同时还有商号9家，油铺4家及茶馆、车马店等。

驿城内的贺家大院，即当年的驿城署，也是整个驿城规格最高的古建筑，为砖木结构的五进连环院，东山墙下为通道。每座院落有正房三间、耳房两间，均建在台阶之上。出廊、房角和前墙砖码头上都雕有各种图案，别具一格，古色古香。大门前有玉石狮子一对，威严庄重。清光绪二十六年（1900年），八国联军侵占北京城。农历七月，慈禧及光绪皇帝仓惶逃往西安，途中曾在鸡鸣驿贺二少家住了一天。

图3-42 祭祀戏台

图3-43 当铺遗址

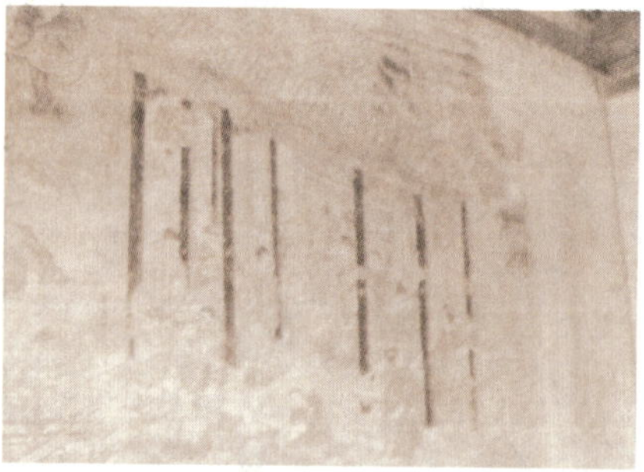

图3-44 永宁寺壁画

鸡鸣驿现存驿城近似正方形，边长460米到486米不等，高11米，周长近两公里。城墙除西城墙中部有段塌陷外，其余均整齐地矗立着，棱角分明，不歪不斜。它的城门（见图3-45），拱洞高耸，宽厚的大门洞开，门上镶的铁板、铁钉依然牢牢紧钉在门上。城内的佛、道教寺庙和驿站其他建筑，不少仍保存完好。

图3-45 鸡鸣驿城楼

3. 鸡鸣驿的历史意义

鸡鸣驿是国内现存规模最大、功能最齐全、保存最完整的一座古代驿站。

历经岁月风霜，今天的鸡鸣驿城中，历史建筑二级残损以上的占到70%以上。鸡鸣驿承担军驿、民驿两种功能，对我国的军事、政治、经济、通信等方面都起过极其重要的作用，其特殊的战略位置使之独驿成城。其规模、功能、建筑和设置都对后世产生了深远影响，尤其是其功能齐全、可以说在古代驿站中占居独一无二的地位，成为研究和了解站文化一个重要窗口，有些先进的设计观念和文化理念直到今天还被沿用。

（四）古罗马驿站

考古学家在意大利诺伊斯市一个正在修建的公共停车场地下意外发现了一处2000年前的古罗马驿站遗址，这个古老的驿站包括战车服务处，餐馆和带有供暖系统的旅馆。见图3-46和图3-47。

这个设施齐备的古代驿站建筑说明古罗马帝国时期的市民出行时，可以在比较舒适的休息场所落脚。历史学家认为，在从北部海岸到意大利南部的罗马之路(Roman Long Road)上，每隔30公里就有一个类似的驿站。

从现已发现的遗迹来看，在古罗马时代，战车或者是马车的驾驶者在很远的地方就能看到这些醒目的建筑，就像今天驾车出游的人们会找旅馆停下歇息一样。战车或马车一到驿站，驾驶者们会去享用各种各样的美食，而马车会被放置在专用的“停车场”，有人去给马喂饲料和水。

图3-46 古罗马驿站遗址

考古学家还发现了许多动物骨骼，这说明他们当时的饭菜中包括大量的肉食，其中有鸡肉、猪肉等等。除此之外

图3-47 古罗马驿站遗址

还有面包、米饭和餐后甜点，点心是用芝麻和杏仁烘烤成的蛋糕。许多装葡萄酒罐子的碎片和打碎的盘子，也说明当时此处的贸易往来一定非常繁荣。

饱食一顿的旅行者们也可以在旅馆过夜。在建筑的底部有一个以木材为燃料的炉子，热空气可以通到客房的烟囱里，客房的墙体是用中空的砖砌成的，热气会使整个墙体变热。这套取暖系统是非常节能有效的，因为在古罗马时期，诺伊斯周围的森林资源并不富裕。除了这种行之有效的取暖系统之外，这个建筑的屋顶是用暗灰色的板岩制成的，可以很好地吸收太阳光的热量，类似今天的太阳能板的原理。

维也纳大学的历史学家马丁说："这次发现揭示出了古罗马不为人知的另一面，同时也告诉我们，这个古老的城市同今天的城市在很多地方有着惊人的相似之处。"

"条条大路通罗马"是西方古老的谚语。而考古学家们发现的罗马之路比其他的路途更有其独到之处。这条路在修建的时候曾被挖得很深，底部铺上碎石来保持路面干燥。这条路的绝大部分在395年罗马帝国灭亡之后仍然被人们继续使用了一千多年。

诺伊斯市本是打算在此处建一个公共停车场，目前，他们已经放弃了这个计划，并打算在此建一座公园，让更多的人们看到这处古老的罗马驿站。

第四章　站的发展环境与趋势

在经济和科技飞速发展的今天，贸易往来、信息交流以及人员和物资流动的迅猛增长，都对建设现代化交通提出了更高更新的要求。当今社会物质文明和精神文明高度发达，人们希望日常出行能在保障安全的同时满足舒适、便捷、高效要求，并享受适度的文化品位。

一、道路运输业发展环境与趋势

（一）道路运输业的发展环境

随着经济全球化和国际市场一体化进程的加速，特别是我国加入世界贸易组织（WTO）后，交通运输行业与其他行业一样面临着新的机遇与挑战。

中国道路交通运输市场已经逐步融入国际运输市场。随着我国对外开放领域全面扩大，开放速度不断加快，经济社会的发展环境必将呈现出许多新的特点，并直接影响甚至决定交通运输业的发展。交通运输业全面对外开放，与国外交通运输系统全面对接，交通运输业的经营管理体制将与国际通行规则接轨；交通运输的发展要与资源和环境相协调，与区域经济发展相协调，与各种交通方式相协调，实现科学发展；统筹城乡交通发展，实施城乡交通一体化战略；供给总量的扩张与质量的提升是未来运输市场主要矛盾，决定了交通运输业的发展重心将由过去的总量扩张为主转向总量扩张与结构调整、协调发展并重，解决交通运输对我国经济增长的“瓶颈”制约问题等，都是交通运输业面临的挑战。因此交通运输市场竞争更加激烈，交通运输企业将面临重组的压力。

当前，根据可持续发展战略和我国构建和谐社会、小康社会、资源节约型和环境友好型社会的要求，来分析研究运输业的发展环境与趋势，探讨世界经济全球化、区域经济多元化和城乡交通一体化条件下运输结构与形态的变化、国民价值意识与社会形态的变化、科技发展与应用环境的变化等课题，对交通运输市场的宏观决策和运输业的经营决策具有重要意义。

1. 经济全球化为交通运输业的发展带来了前所未有的机遇与挑战

经济全球化是社会生产过程其及产品的国际整合，是市场贸易规则的国际整合，是国际资本在全球范围内有序流动。它不仅会给道路运输业带来巨大的难以想象和难以预计的经济效益，而且使人们能够更便捷、更经济地到达世界的每一个角落。我国的交通运输业必将随之面临很大的需求压力。客观要求道路运输业在满足经济社会发展基本需求的基础上，要向建立安全、高效、经济、协调、绿色的交通运输系统的方向发展，实现资源、环境、交通的和谐统一。运输行业必须主动调整经营战略与发展战略，实施规模化、集约化、公司化经营，和科学化、网络化、智能化、信息化管理，以提高企业的实力和市场竞争力。这些新要求对交通运输业既是挑战，更是机遇。

2. 国民经济持续快速增长，经济总量不断扩大，使运输需求持续旺盛，对交通供给能力、布局、结构提出新的要求

近年来，我国社会经济一直保持较快的发展速度。区域经济和社会经济快速发展必然引发持续旺盛的运输需求，这不仅对道路运输供给能力、布局、结构提出新的要求，而且必然使道路交通面临新的环境和挑战。为防止区域经济和社会发展中出现新的“瓶颈”，运输决策要高度重视道路运输发展的服务性、通畅性、动态性特点，从强化主动性、预见性、前瞻性出发，实施城乡交通一体化战略，建立适应性强、快捷便利、安全高效的“区域大交通”系统，在保持适度建设规模的前提下，确保道路交通持续、稳定、协调、快速发展。

3. 区域经济特色日益突出，增长模式和方式转变，对综合交通运输体系的规划、建设和发展提出了新的要求

区域经济多元化的发展，增长格局及结构的变化，对道路运输系统的空间布局和结构重组必将产生重大影响。区域经济增长的差异性，决定了区域内部的运输需求之间的差异，区域经济增长过程中产业结构的变化与调整必然影响道路运输业的空间布局和结构重组。区域产业结构的调整和转化对道路运输供给产生不同需求，省际和区域间产品运输需求将快速增长。为了满足这些运输需求，道路运输业的供给应考量运力的空间布局和结构的调整，特别是运力供给的类别结构，以满足区域经济增长和产业结构变动产生的运输需求。面对经济增长方式和增长模式的转变，道路运输业应改变以资源破坏和环境污染为代价的粗放型发展模式，在保持适当发展速度的同时，确保道路运输与经济社会、资源和环境的可持续协调发展。

4. 产业转移、产业升级对道路运输业提出新的要求和任务

改革开放以来，国际产业向我国转移，对我国的产业结构调整和经济增长都产生了极其深远的影响。在美、日、欧经济增长乏力的情况下，我国将成为国际资本流动和产业转移的主要流入地。随着西部大开发战略的深入实施，特别是国家鼓励东部企业到西部投资政策的实施，西部地区不仅要承接国际产业的转移，而且也要承接国内产业的转移。 面对经济相对落后，运输基础设施建设与供给能力明显落后于发达国家的现实及与未来经济社会发展环境的强大反差，道路运输业的发展必须抓住国内外产业转移和产业结构调整战略的契机与机遇，深入研究和分析客流、货流特征和变化规律，在加大交通基础设施建设投入力度的同时，加快道路运输业的发展，主动适应与满足经济社会发展对道路运输的需要。同时，要根据经济社会需求和可持续发展的要求，优化道路运输结构，推进道路交通技术进步，提高道路运输现代化水平。

5. 国民价值意识的改变促使以“快捷、舒适、安全、经济”为主要特征的客货运输迅速崛起

假日经济、旅游经济和现代物流的发展，使道路运输结构发生了很大的变化。运输经营者不得不设法改善服务环境，提高服务质量，降低运销成本，以提升企业和经济效益。国民休闲时间的增加和多样化出行需求，要求道路客运经营者必须改进经营管理模式，提高公共服务能力。综合物流及其技术的发展，货物小批量多批次及时配送的旺盛需求，迫切要求货运经营者调整营销策略，接受物流和仓储生产理念，发展即时生产方式，改变配送方法等。节省旅行时间，缩短货物在途时间，是未来社会的必然要求。国民对“行”的品质要求与日提升，以“快捷、舒适、安全、经济”为主要特征的客货运输系统是交通运输发展的必然趋势。因此，进一步增强道路运输的供给能力，提高运输效率和服务质量，以更好地适应经济社会的持续快速发展和经济区域化带来的挑战。

6. 城市化进程加快、土地资源稀缺、人口老龄化和国民环保意识的增强，要求交通运输业在规模扩张的同时，必须保持城市交通与城间交通、农村交通的协调发展

城市化是市场经济环境下的经济社会发展的必然趋势。城市化发展必然对交通运输产生旺盛的需求，使城市交通运输量和城际间交通运输量迅猛增长，人口和物资流动必将加剧。要满足这种环境需求，一方面要求政府调整运输管理的组织架构，以有利于运输资源的合理配置和优化组合，使有限的资源发挥最大的效率。另一方面要求道路运输业在加快建设城市与城际快速运输通道的同时，注重城市交通运输与城际交通运输、城乡交通运输的综合协调与系统规划，以促进城乡和区域经济的协调发展，实现可持续发展的目标。国民保护生态与环境意识的增强，使运输业成本加大；人口老龄化，要求提供无障碍的出行环境；交通设施用地愈来愈多，使得本就紧张的用地更为紧张。因此，未来道路运输业的发展，必须在整合道路运输资源的前提下，建立和完善多模式、多线路、多通道的运输体系，加强包括土地利用、交通运输规划、运输需求管理等在内的宏观调控，处理好城市规划、交通运输与土地利用和环境保护之间的关系，才能实现道路运输业的发展与经济社会和谐统一。

7. 科学技术迅猛发展，必将促进交通运输结构的优化与产业升级

高新技术产业的飞速发展，加快了运输产业的技术创新进程。计算机信息管理系统（MIS）、全球定位技术（GPS）、移动通信技术（MCS）、电子数据交换技术（EDI）等高新技术和科技成果在运输设施建设与经营管理中的广泛应用，促进交通运输系统结构的优化与产业升级。我国对外开放政策和市场经济体制改革的进一步深化，为交通运输领域的体制改革与发展提供充分的市场化制度环境。政府职能的转变和完善的宏观经济调控政策体系的建立，为交通运输业的发展提供了更广阔的空间。对外开放领域全面扩大与加速，国外现代大型运输企业集团将进军中国的交通运输市场，使交通运输业的竞争更激烈，国内的交通运输业将面临改制与重组的双重压力。这给交通运输业发展带来前所未有的机遇和挑战，不仅要求交通运输企业的经营管理体制必须与国际通行规则接轨，而且要求交通运输业加快服务创新、技术创新、组织创新、管理创新和制度创新步伐。

8. 发展交通运输必须统筹协调交通与社会经济、城市与农村、区域之间、交通与资源及交通与自然环境的和谐发展

按照全面、协调、可持续发展的要求，在交通规划、设计、建设、运营和管理各个环节，必须正确处理交通与经济发展、交通与社会发展、交通与人的全面发展的关系，统筹城乡交通、基础设施改善与运输发展、道路交通与其他运输方式和交通运输规模、结构与服务质量等的协调发展，充分考虑土地资源占用、能源和原材料消耗、各种废弃物排放等对自然生态环境带来的不利影响，建立和完善交通运输可持续发展的长效机制。

9. 全面建设小康社会和社会主义新农村战略要求加快城乡交通一体化进程

解决“三农”问题，实现城乡经济

协调发展，缩小城乡差距，是建设小康社会的必然要求。发展农村交通运输，促进城乡交通一体化，解决农民出行难、运货难问题，促进农村经济社会全面发展，是交通运输业的重要任务。随着农村公路建设的快速推进和农村运输网络的延伸，城乡交通一体化成为大趋势。统筹城乡交通协调发展，使农村老百姓能够享受到与城市居民相同或相近的出行服务，使城市居民度假休闲有好的去处，是实现社会公平的需要。突破城乡二元分割的体制性障碍，实行“公司化经营，公交化运行”的运作模式，客观要求统筹规划配置城乡客运资源、统一实施管理，使农村客运网络与城市公交网络有效衔接起来，做到“农村班车进城，公交客车下乡”，形成城乡交通资源共享、相互衔接、布局合理、方便快捷、畅通有序的运输网络，促进城乡交通运输协调发展。因此，通过交通运输企业重组和资源整合，逐步理顺城乡交通管理体制，为促进城乡经济协调发展创造条件，已成为大势所趋。

10. 以人为本，全面、协调、可持续的发展，对运输安全保障、交通事故预防等提出了更高要求

建设和谐社会需要以人为本，关注人的生命、健康和权益，注重提高人民的生活水平，促进经济社会协调可持续发展，这就必然要求道路运输在服务区域经济发展的同时，主动自觉地研究和解决拓展就业渠道、增加国民收入、健全公共服务、保护生态与环境、节约资源与降低能源消耗等与社会全面发展、持续发展密切相关的问题。建立健全各种突发事件的交通应急反应机制，提高交通部门应对包括安全事故、自然灾害、突发疫病、恐怖袭击等影响公众安全的突发事件的反应处理能力。

（二）道路运输业的发展趋势

未来道路运输业总的发展趋势是：产业技术电子化、服务设施网络化、经营管理信息化、车辆装备专用化、生产经营集约化、服务质量规范化，以运输服务开发为龙头，以提高经济效益为目标，以崭新的服务方式和内容，满足运输市场的多元化需求，提高运输企业的经济利益。

1. 基础设施建设向规模和质量并重发展，追求全寿命周期成本最低

交通基础设施和运输基础设施的建设，不仅要扩大规模，更要重视质量，力求规模和质量并重。基础设施建设要坚持人与自然相和谐，树立尊重自然、保护环境的理念；坚持可持续发展，树立节约资源的理念；坚持质量第一，树立让公众满意的理念；坚持合理选用标准指标，树立设计创作的理念；坚持系统论的思想，树立全寿命周期成本的理念。

2. 道路运输布局向均衡化方向调整

道路运输是实现人和物位移的主要手段，道路运输产业布局和运输线路布局，会直接影响到社会生活的方方面面。未来经济社会的发展高度依赖于地区之间、区域之间的联系，因此，调整道路运输产业布局和运输线路布局，建立主动适应国民经济的发展，并与工业布局、农业布局和人口分布相适应的道路运输网络系统，对于提高运输能力，降低运输成本，节约客货在途时间等具有重大意义。

3. 城乡交通向一体化方向发展，超长道路客货运输向有序、安全方向发展

统筹城乡经济发展，推进城乡经济一体化的战略实施，客观要求城乡交通一体化，构筑城乡交通与经济结构的和谐、城乡交通与外部环境的和谐、城乡交通与公众需求的和谐，实现全社会共享现代交通成果。超长道路客货运输是新时期道路交通行业服务创新和组织创新的内容之一，也是交通主管部门适应我国劳务产业发展，提高道路运输供给能力，丰富供给方式，提升运输服务、管理、组织化水平，促进交通产业升级，引领道路运输市场健康、有序发展的重大举措。其巨大和潜在市场需求，是道路运输业拓展服务领域，寻求新发展的切入点。

4. 运输结构向合理化方向调整，动力结构向专门化和大、中、小并举方向发展

道路运输结构调整是适应经济全球化和经济社会发展的需要。结构调整的政策取向，是由政府宏观调控向政府宏观调控与市场机制相结合，向合理化方向调整。结构调整的企业取向，是由传统的经验管理向科学管理与市场机制相结合，追求经济利益与社会效益最大化。

运输能力的供给必须以运输市场需求为导向，以服务于公众，满足不同层次公众需求为宗旨。为适应不同层次公众的需求，客运运力供给要大、中、小并举，普通、豪华、卧铺齐上，以大容量、舒适化、卧铺化、豪华化为基本特征的运力供给是未来道路运输市场基本取向；货运运力供给要以节能型、大容量、专用化、厢式化供给为主导，实现道路货运企业服务设施网络化，产业技术电子化，经营管理信息化，车辆装备专用化，生产经营集约化，服务质量规范化。

5. 运输服务向规范化、优质化、人性化方向发展

运输服务质量是道路运输业赖以生存和发展的基础。随着国民生活水平的提高和运输质量的升级，公众对道路运输业提出了更高要求，不仅要“走得了”、“运得了”，更要“走得舒适”、“运得好”、“运得快”，运输服务由常规服务向规范化、优质化、人性化方向发展。

6. 城市公交向大容量、快捷化、城乡一体化方向发展

城市公共交通是城市功能的重要组成部分，是城市发展的先导。发展城市公共交通的目的在于提高道路资源的利用率，从而减少交通拥堵，降低居民出行时间，节约出行费用和客货在途时间，同时兼顾运营成本。因此，坚持公交优先原则，发展大容量、快捷化、城乡一体化的城乡交通系统，促进城乡交通一体化，是城市公共交通发展的方向。

7. 交通科技向高新技术方向发展

技术创新是科技转化为生产力的主要源泉，是实现“科教兴国”和“科技兴交”的重要内容。要提高交通基础设施建设和运输装备的技术含量和整体水平，交通科技必然由传统技术向高新技术方向发展。道路运输要主动应用现代科技成果，以运输服务开发为龙头，以节能降耗和提高经济效益为目标，以崭新的服务方式和内容满足运输市场的需求，提高运输企业和全社会的经济效益。

8. 交通安全向预防为主方向发展

交通安全是道路运输业的生命线，“安全第一、预防为主”是保障交通安全的核心。建立完善的交通应急机制和预案，使交通安全事故由事后处理为主转变为防范为主是未来道路交通发展的主流。

9. 资源利用向节约型方向发展

资源相对短缺要求我国道路运输业的发展必须走资源节约型可持续发展的道路。道路运输业的发展对土地和能源等资源的依赖性很大，而我国资源缺乏，交通运输对资源的利用必须向资源节约型方向发展。

10. 环境保护向预防为主发展

保护环境是我国的一项基本方针政策，交通运输工具是造成空气污染的主要源头之一。为此，道路运输业的建设与发展，必须保护环境与生态，交通环境应由治理为主向预防为主的方向发展。

二、站的发展环境与趋势

（一）站的发展环境

1. 国家政策大力支持

改革开放以来，我国每年投资近40亿元人民币进行站的建设，再加上企业投资，每年建站总投资达到上百亿元。尤其是近几年，国家大力发展道路运输业，出台了一系列建站的优惠政策，尤其对农村客运站点的建设给予了大量资金补助。

2. 道路干线网络进一步完善

截至2006年低，我国拥有公路总

里程346万公里，其中高速公路4.6万公里，一级公路4.5万公里，二级公路26.3万公里。农村公路总里程已达30.26万公里，60.39%的建制村实现了通沥青、水泥路。基本形成由国道主干线与国家重点公路构成的全国骨架公路网，由一般省干线公路构成的区域干线公路网，由县乡公路构成的农村公路网。

3. 完善和创新便民服务措施

继续完善运输网络，逐步实现高速公路长途客运网络化、中途客运直达化、短途客运公交化、出租车客运规范化。加快农村客运网络化和城乡客运一体化进程，有效衔接和优化城乡客运网络。不断提高城市交通的便捷程度，开展特大城市公路客运枢纽换乘系统规划建设试点。不断提高信息服务水平，充分发挥全国公路气象预报预警系统、公路水路信息服务系统和动态交通信息导航系统的作用，为公众提供及时、准确、高效的出行信息，提高交通公共服务的有效性和针对性。进一步完善交通应急保障机制，继续提高在雨、雪、雾等恶劣天气条件下快速疏导滞留旅客的能力。

4. 统筹城乡运输发展，实现一体化

2007年10月29日，主题为“和谐交通、科学发展、民生服务”的全国中心城市交通改革与发展研讨会第二十四次会议上，交通部副部长黄先耀提出：要稳步推进中心城市城乡客运一体化。党的十七大重申要“统筹城乡发展、区域发展”。随着农村公路建设的加快推进和农村客运网络的延伸，城乡交通一体化成为大势所趋。统筹城乡交通协调发展，使农村老百姓能够享受到与城市居民相同和相近的出行服务。各中心城市必须整合交通资源，建立和完善城乡交通体系，确保城乡客运的有效衔接和一体化发展。

5. 道路运输对铁路客流的分流

人们对出行不断有更新更高的要求。随着公路等级质量的提高，以及道路运输车辆的舒适化和安全化，越来越多的人出行的首选是乘坐长途汽车而不再是火车，尤其短途火车客流逐步转移到汽车客运客流，对于汽车客运站的组织运营和服务必然有更高的要求。

6. 社会服务水平的提高

整个服务行业的进一步规范，服务质量不断提高，推动运输站场必须自觉提高自身服务水平。

7. 公司化，集团化经营

国家推进公司化经营进程为国有企业带来巨大发展空间和市场潜力，有益于逐步实现运输站场企业化集团化经营。

（二）站的发展趋势

新时期站的发展应体现“五性”和

"五化"。

1."五性"的内涵

"五性"即，要体现功能性、系统性、先进性、文化性和经济性。功能性，要求站的功能更加完备和健全，能够满足更多不同旅客的需求。系统性，要求站在管理运行上目标明确。先进性，要求站的发展要能体现社会进步和科学技术的发展。文化性，要求站注重自身文化的继承和发扬，"以文化人"。经济性，要求站在做好服务的同时也提高自身经济效益，为站积累资金支持。

2."五化"的内容

(1)布局合理化。经过更为精准的预测分析及可行性研究，未来站点布局将更加合理，汽车客运站与铁路、民航、公交、出租有效衔接，为更多的出行旅客服

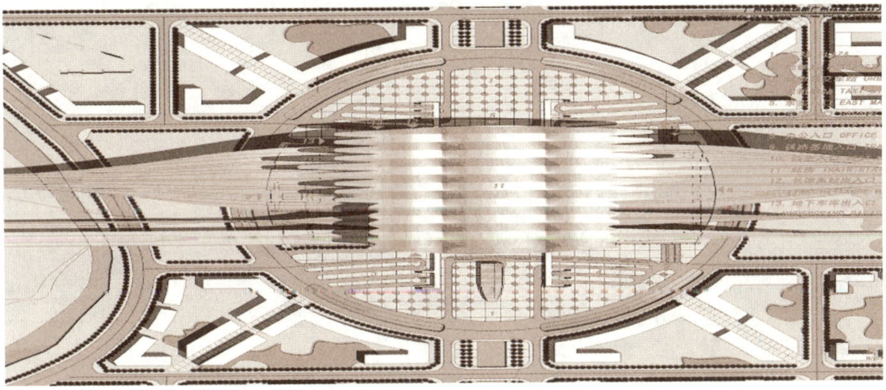

图4-1 某枢纽站内部布局以及与其他运输方式的衔接示意图

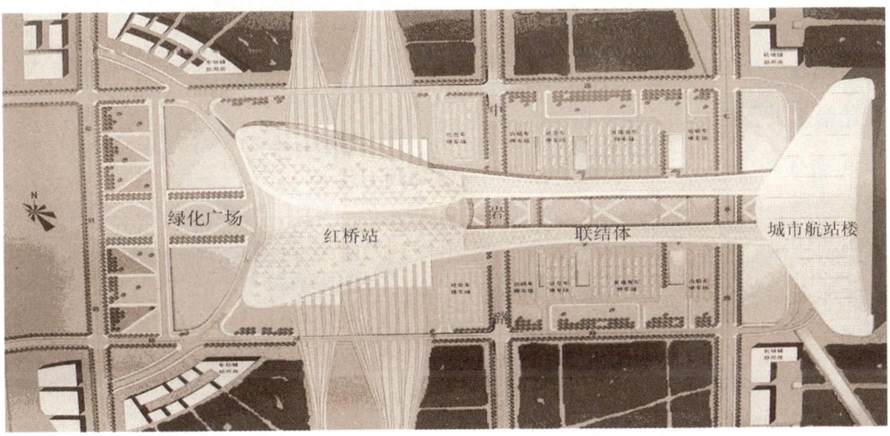

图4-2 某枢纽站整体布局示意图

务（见图4-1，图4-2）。

（2）规模“集”、“散”化。国家大力发展国家公路运输枢纽建设，这些枢纽包含若干的分散于各处的站点，即“散”，这些站点将由枢纽管理中心统一调度管理，即“集”。

（3）管理智能化。高新技术在整个交通运输业的普及应用的同时，站场管理也更加的智能高效（见图4-3）。

（4）制度规范化。未来站相关的制度、法规将根据实际情况修订完善，使其更加规范，可操作性强。

（5）服务最优化。服务行业整体服务水平不断提高，站提供的服务行为也将更加专业、优质。

图4-3 某站内部设施

除此之外，未来的站不仅要为城市交通带来更多的便利，也要成为城市的重要景观和标志性建筑。站的建筑风格、外形、色调应体现城市风貌和历史沿袭的特点。比如古往今来大家对苏州这个城市的印象就是青砖白墙、清雅恬淡的江南水乡，依据这个特点建成的站必然让旅客在过往时就能感受江南水乡的美景（见图4-4）。而在西藏这个有

图4-4 苏州火车站

着浓厚民族风情的地区，与宏伟的布达拉宫隔河相望的拉萨站，整个车站内外装修采用白、红、黄三种藏式建筑装饰风格，车站设计为两层，既渗透着藏族传统建筑文化的元素，又体现着现代化建筑的风格（见图4-5，图4-6）。

图4-5 拉萨火车站

图4-6 拉萨火车站站房内部空间及色调布局

三、站文化建设的环境

（一）社会环境

（1）现今世界文化逐渐相融相通，我们在继承优秀传统文化的同时，也汲取了很多国外的优秀文化成果，两者相互碰撞，相互融合，呈现出多元化、国际化特点。文化发展也体现了社会的进步，各种文化息息相通。

（2）党的十六大以来，以胡锦涛同志为总书记的党中央坚持解放思想、实事求是、与时俱进的思想路线，在科学判断国际国内形势，全面把握当今世界文化发展趋势和深刻分析我国基本国情与战略任务的基础上，就如何发展社会主义先进文化问题提出了一系列新观点新论断，要求必须不断深化对文化地位和作用、发展方向、发展动力、发展思路、发展格局以及发展目的的认识。

（3）十六届六中全会《关于构建社会主义和谐社会若干重大问题的决定》指出：建设和谐文化，是构建社会主义和谐社会的重要任务；社会主义核心价值体系是建设和谐文化的根本；必须牢牢把握社会主义先进文化的前进方向。

（4）党的十七大报告明确指出"推动社会主义文化大发展大繁荣。建设社会主义核心价值体系，增强社会主义意识形态的吸引力和凝聚力。建设和谐文化，培育文明风尚。弘扬中华文化，建设中华民族共有精神家园。推进文化创新，增强文化发展活力。"

这些都给站文化的发展指引了前进的方向。

（二）行业环境

交通部部长李盛霖在集中学习六中全会精神的会议中强调：交通行业开展文化建设，要将交通文化与和谐文化结合起来，要落实和谐文化的要求，体现和谐文化的精神。要通过交通文化建设来增强交通行业的凝聚力，提升交通行业的影响力，促进交通事业又快又好发展。

交通文化是交通文明的组成部分，是人类文明在交通领域的重要体现。改革开放以来交通运输发展的各个领域，不断地孕育了新的思想和新的理念，创造了颇具现代意识和行业特色的交通文化，为交通事业快速发展做出了重要贡献。21世纪前20年，将是我国全面建设小康社会实现交通新的跨越式发展的重要时期，交通行业主管部门按照提高执政能力和构建和谐社会的要求，充分发挥组织和领导作用，进一步推进交通行业各部门、各单位的文化建设。这对于交通行业树立共同目标、弘扬行业精神、强化团队意识，增强交通发展的责任感和使命感，激发交通员工的积极性和创造性，提高交通行业的凝聚力和战斗力，促进交通事业持续快速健康发展具有重要的意义。

为加强交通文化建设，提高交通职工素质，增强交通行业的凝聚力和影响力，树立交通行业良好社会形象，促进交通事业又快又好发展，根据《全国交通行业“十一五”时期精神文明建设工作指导意见》，交通部制定了《交通文化建设实施纲要》。纲要指出：①交通文化建设是社会主义文化建设的重要组成部分。进入新世纪，适应全面建设小康社会的新形势，加快交通现代化建设步伐，必须加强交通文化建设，努力构建具有鲜明时代特征和行业特色的交通文化体系。②加强交通文化建设，有利于形成和发展先进的交通文化体系，满足交通职工日益增长的精神文化需要，是深入贯彻“三个代表”重要思想的内在要求。有利于树立和强化以人为本理念，是全面落实科学发展观的重要举措。有利于形成良好的职业道德和行业风尚，是实践社会主义荣辱观的重要保证；有利于强化团队意识，提高交通行业的凝聚力和战斗力，是推进建设和谐行业的文化支撑。有利于弘扬行业精神，激发干部职工的积极性和创造性，是推动建设创新型行业的强大精神动力。有利于树立共同价值理念和目标，增强广大交通职工的使命感和责任感，是实现交通事业又快又好发展的重要基础。

四、站文化的发展趋势

当今时代，文化越来越成为民族凝聚力和创造力的重要源泉，同时也成为了各行各业发展的动力与精神支持，成为行业间实力竞争的重要因素。站文化的发展对站综合实力的提高，及未来发展方向都有着巨大的指导作用。

（一）价值理念的发展

1. 顾客至上的理念

党的十七大提出：“科学发展观，第一要义是发展，核心是以人为本，基本要求是全面协调可持续，根本方法是统筹兼顾。”坚持科学的发展观，必须以人为本，全心全意为人民服务。站务人员坚持顾客至上的理念，必然不会再将顾客分为三六九等。突破人性误区，一视同仁地服务每一位顾客。为顾客考虑，最大化认同顾客价值、满足顾客需求。

2. 植入服务价值观

服务价值观是站务工作人员永远的追求，让顾客满意更是永远的心愿。每一位站务人员都把服务作为职责和习惯，对工作的热忱，对顾客热情和尊重的同时，内心获得愉悦的情感体验。

3. 推进文化创新，创新推进发展

“人生最终的价值在于觉醒和思考的能力，而不只在于生存。”亚里士多德的这句名言给我们的启示就是服务中要打破墨守陈规的观念，在对顾客进行服务的时候，不断打破常规，富有创意，才能将顾客吸引。坚持改进服务行为，从小处做起，根据顾客需求，不断调整服务模式，本着便捷、高效的原则，让顾客感受到更好的服务。

4. 充分体现“重视人、尊重人”的人本思想

慧眼识才、诚信聚才、精心育才、仁义爱才、雅量容才、巧妙用才、宽厚待才。这样，人才就可以得到全面发展，能力得以充分发挥。

（二）服务行为的改善

1. 服务更加规范化、专业化、优质化、人性化

站务人员服务顾客的价值观和行动，使身心合一，在服务中享受乐趣，并创造出愉快的工作气氛，营造轻松而愉悦的文化氛围，在为旅客服务时散发出站的服务文化气息。

2. 从业者形象、行为和礼仪塑造得更加得体

每一个服务的语言、表情、动作都传递出真诚，传递出对顾客的尊重，使顾客感受到站的温馨与亲情。

（三）组织架构的完善

（1）管理体制和组织机制更加完善，加强安全应急体系建设。

（2）人员结构更加合理化，推进各个层次人才队伍建设。

（3）市场竞争更加公平、有序，与公交、出租、地铁等运输方式有效衔接。

（4）投资主体、市场主体、产权结构多样化。

（四）物质文明的提升

（1）注重品牌效应，提升品牌形象。品牌具有群众传播功能，是经济社会中站价值的延续，意味着站的定位、服务理念、经营模式、消费人群和利润回报。现代品牌已经超越了区别的功能，成为企业形象和文化的象征。消费者从形象和文化中感受到消费该品牌产品或服务带来的心理上的价值利益。因此，品牌最持久的含义是其价值、文化、精神和个性，构成了现代品牌的实质。提高站的品牌效应无疑对站的形象及服务理念是一个很好的对外宣传。各个站将继续完善属于自己的个性的品牌名称、标志、标准色、标准字、以及响亮的标语口号，并由相关部门指导，逐渐形成区域或全国统一的CIS识别系统。

（2）正确处理站自身发展与资源节约和环境保护的关系。不断更新设施设备，推动科技进步，提高信息化、智能化管理水平，坚持“安全、环保、舒适、和谐”，保护环境、节约资源，加强能源资源节约和生态环境保护，增强可持续发展的能力。

（3）站的建筑外观根据城市性质的不同，各具风格，更具现代文化气息，或者中西合璧或者传承历史或者引领未来，成为城市的一个亮丽风景，对外宣传的窗口。站务人员工作环境宽敞明亮、智能舒适，站房服务设施更加智能人本。

（4）加大农村站点基础设施建设，更加完善城乡客运一体化进程，让更多的农民朋友在家门口可以坐上舒适的客车。

第五章　站的价值理念

价值理念是指在长期的社会生产过程中形成的，为行为主体所认同，并在实践中所奉行的、共有的评价事物价值的观点。站的价值理念是指在一定的社会背景下，交通行业在长期的生产管理等活动中形成的，被行业主管部门和全体站从业者所信奉的、共有的评价事物价值的观点。

从宏观上来看，站要实现其社会价值和服务功能，就必须有正确的价值理念作为指导。从微观上来看，站的生存、发展、壮大，在激烈的竞争中树立的品牌，就必须要有一种先进的价值理念作导向。树立共同的站的价值理念，把站从业者的积极性、智慧和创造力最大限度地调动起来，使从业者与站同呼吸、共命运，使站充满生机和活力，产生巨大的凝聚力和竞争力，实现积极的社会效益和良好的经济效益。

站的价值理念是站文化的核心和灵魂。一个伟大的民族有优秀的民族价值理念；一个有作为的人必然有一种非凡的人格价值理念；一个优秀的站则必须确立一种卓越的、超群的价值理念。

一、站的核心价值观

（一）站的价值观

价值观是指导人的行为的一系列基本准则和信条。古希腊哲学家亚里士多德这样认为：“价值观是通过人们日常的习惯、技能和行为反映出来的人类的品行和美德。”

不同历史时期的人会具有不同的价值观，这是价值观的时代性。同一历史时期不同社会阶层的人往往具有不同的价值观，这是价值观的阶级性。

站的价值观是站在追求经营成功的过程中，为了实现社会效益和经济效益的统一所推崇的基本信念，它是一个长期形成的较为全面的价值观念体系，它表现为一种较稳定的心理定式和文化积淀。也是指导站的规划、设计、建设、管理、运营等行为的一系列基本准则。

站的价值观是以政府交通主管部门决策层的价值观为基础，以站的领导者和从业者价值观为主导而形成的群体价值观念。站的价值观不是先天就有的，也不是政策文件所规定的，而是在站发展的过程中逐步确立的。它需要实践、总结、逐渐明晰，需要宣传，才能使人们在内心深处真正树立起来。价值观的形成需要遵循一定的规则。例如，能够最大限度地调动人的积极性，实现国家、社会、站、从业者利益的统一；实现社会效益和经济效益的统一；实现短期效益与长远效益的统一；实现局部利益与整体利益的统一；实现物质文明与精神文明的统一。

价值观是在一定的社会背景基础上产生的，也会随着社会背景的变化而变化，历史条件不同，人们的需要和利益不同，价值观也会不一样。专业领域内的价值观是其文化的核心，它决定和影响着站存在的意义和目的，各项规章制度的价值和作用，人的各种行为和站利益的关系，又为站的生存和发展提供基本的方向和行动指南，以使从业者形成共同的行为准则。

图5-1 价值观的表现形式示意图

站的价值观表现形式如图5-1所示。

1. 服务观

站的产品就是服务，服务质量的好坏直接关系着社会公众对站的认知感觉，关系着站的发展力、活动力、竞争力和市场占有率。

2. 质量观

人们日效益增强的时间观念和服务期待要求站不断提升服务质量，满足多元化的服务需要。

3. 安全观

交通运输生产安全是全面建设小康社会、统筹社会经济全面、协调、健康发展的重要内容，是实施交通跨越式发展的有机组成部分，是政府履行管理工作的基本职能，也是交通运输行业生存发展的基本要求。加强安全运营管理，对于保障国家和人民财产安全，保障社会安定及服务对象和从业者的人身安全，提高站的效益意义重大。

4. 环境观

站是社会的有机组成部分，社会环境和生产环境息息相关，重视站的环境，重视站与周边环境的相关性对于实现社会可持续发展，促进环境友好，构建和谐等均有重要意义。

5. 效益观

站的经营主体发生了改变，发挥积极的社会效益，创造良好的经济效益，实现从业者的价值，这些都是站追求的最终目标。

6. 管理观

一套适合站发展的特色管理方法能够有效提高从业者的工作效率，从而大幅度提高站的工作效率。

7. 创新观

物质世界时刻处于发展与变化之中，这就要求站主体不断顺应时代要求，更新自己的思想观念、思维方式、管理方式和服务方式。

8. 人才观

任何性质站的发展离不开新鲜血液，尤其是交通行业这样一个人从业人员知识水平不高的系统更要注重对人才的培养和吸收。

9. 技术观

作为公共场合，容易引起人们的关注，在站的建筑设计和选材上采用先进的工艺与材料对于向社会传播新技术、新理念能够起到很好的宣传和推广作用。

10. 修身观

站系统从业者数量大，受教育水平普遍还不是很高，通过建立“以站为校”的学习机制，提高从业者素质，熏陶入站人员情操。

11. 美学观

站是对外交流的承担者，尤其是客运站起到窗口形象的作用，建筑、设施、布局的设计在节约的基础上要兼顾视觉上的美感和感觉上的舒适。

（二）站的核心价值观

1. 核心价值观

核心价值观也称为“关键信念”，它是一个社会组织或行业所拥护和信奉的永恒信条。著名美国管理学大师柯林斯和波勒斯简洁地把核心价值观解释为：“组织的精神和持久的原则——是一套不需要外部调整的永恒指导原则”。

核心价值观是解决组织或行业及其成员在发展过程中如何处理内外矛盾的一系列准则，是组织或行业表明其生存和发展的主张。核心价值观的作用最集中体现在：当组织或行业及其成员在发展过程中面临矛盾，处于两难选择时，支持最终选择的便是核心价值观。核心价值观，决定了组织或行业对于好与坏、对与错等一般问题的判断。

站的核心价值观解决的是站内部问题的一系列准则和主张。从核心价值观的主体和目的出发，站的核心价值观是解决行业管理部门及站在运营和发展过程中内外矛盾的一系列准则。

2. 站的核心价值观

站的核心价值观是站的主导价值意识，它是站在规划、设计、建设和运行管理活动中共同遵守的，被全体从业者和社会公众认同的，具有交通行业特色的价值观念。核心价值观是站生存的根本，是根据站的社会环境及方针政策、行业发展战略与实际状况、站的实际情况提炼出来的。

站的核心价值观始终以贯彻国家大政方针和交通行业价值观为准则，以适应时代需要为目的，以体现站的属性为特色。其核心价值观概括起来是：以人为本、奉献爱心、构建和谐。

以人为本与和谐的理念既是治国方针也是交通行业的指导思想。以人为本的站的核心价值观能够指导其他一切价值观，并且为其他价值观的实现提供思想指导和实施依据，是包容性和指导性最强的价值观。和谐包括交通与社会的和谐、人与自然的和谐、人与人的和谐等各个方面。

3. 核心价值观的作用

在日趋激烈的市场竞争中，品牌经营越来越受到重视。进行CIS设计、举办各类活动等等，各行各业可谓解数尽使，试图以此受众青睐，打造竞争新优势，这些做法对提升品牌形象都有不容忽视的作用，却都忽视了一个最根本的问题，这就是核心价值观的塑造。如果把品牌比作人的容貌气质的话，那么它只是各种要素综合的外在的表现。体制架构是骨骼，运行机制是经络，人才队伍是血肉，而文化，特别是核心价值观则是精神魂魄。没有核心价值观的品牌经营，会失掉灵魂。

核心价值观是站品牌长盛不衰的根基，站的持续、协调、健康发展离不开核心价值理念，持久的创造激情和动力也来自核心价值观。

美国兰德公司的专家们花了20年的时间，跟踪了500家世界大公司后发现，百年不衰的企业有一个共同特点，即他们不再以追求利润为唯一的目标，而是有超越利润的社会目标。具体地说，他们都遵循三条共同的原则：

（1）人的价值高于物的价值。

（2）共同价值高于个人价值。

（3）社会价值高于利润价值。

从中可见，具有超越于利润的社会目标，或者说具有超越于现实目的的价值追求的企业的核心价值观，奠定了企业百年长青的基业，使企业持续、永恒发展。

站的核心价值观既不能被混淆于特定企业文化或经营管理中的价值观，也不可以向财务收益和短期目标妥协。站的核心价值观深深根植社会背景，行业环境和站的生产场所，它是持久地引领站进行一切生产活动的指导性原则。

4. 站的核心价值观的源泉

站的核心价值观源于社会核心价值

观。从站的属性来看，它是社会的有机组成部分，是公益性基础设施。这种属性决定了站必须承担社会责任的职责。所以站的核心价值观要以社会核心价值观为基础，满足社会需要，为经济社会发展提供必要的后勤保障。

一个社会的核心价值体系总是要集中地表达一定的基本价值理念，并把它作为自己的旗帜。社会主义核心价值体系中包含着三个核心价值理念，这就是“人本”、“公忠”、“和谐”。这些是中国优秀传统文化和时代精神的凝结，体现着社会主义中国的国家意志和全体中国人民的意志。它与西方以个人主义和基督教为思想文化基础的“自由”、“平等”、“博爱”形成鲜明的对照，具有本质的不同。

中国传统文化的基本精神，从本质上看，就是中华民族的民族精神，民族精神也是一个民族不断前进的文化动力。刚健有为，和谐与中庸，崇德利用，天人协调是中国传统文化的基本精神所在。它大致上可以概括为四个相互联系的方面：理性精神、自由精神、求实精神、应变精神。中国传统文化还具有发展的观点，自强不息和好学不倦的精神。中国传统文化的精神也就是人文主义精神。它表现为：不把人从人际关系中孤立出来，也不是把人与自然对立起来，不追求纯自然的知识体系，在价值论上反功利主义，致力于做人。站文化价值观，植根于中华民族的传统文化土壤之中，与传统文化中优秀的民族精神一脉相承。

站的核心价值除了与中国优秀传统文化和民族精神存在必然联系之外，更与时代精神密切相关。民族精神是一个民族赖以生存和发展的精神支柱，时代精神是时代发展的潮流和方向。黑格尔认为：时代精神是每一个时代特有的普遍精神实质，是一种超脱个人的共同的集体意识。体现着时代精神的英雄们主宰着生活在那个时代的人们的视野，当他们完成了自己的使命，新的英雄再用新的更合乎时代发展的精神占领他们的宝座。时代精神是一个时代的人们在文明创建活动中体现出来的精神风貌和优良品格，是激励一个民族奋发图强、振兴祖国的强大精神动力，构成同时代精神文明建设的重要内容。根据一个国家、一个民族时代精神的内涵以及它在经济、政治、文化等建设活动中所发挥出来作用的大小，可以透视其国民的理性程度与成熟水平，因而成为衡量其文明进步的重要标准。

我国的时代精神从宏观上来看，体现在党的治国方针、指导思想和发展政策之中。江泽民同志“三个代表”的重要思想，站在时代的高度，深刻阐明了新的历史条件下建党治国的战略思路，充分体现了中国共产党与时俱进的时代精神。构建社会主义和谐社会、“八荣八耻”的荣辱观是顺应时代发展潮流的时代精神。从微观上来讲，体现在时代人物的特征上。敬业奉献，在自己的工作岗位上做出了不平凡的成绩。具有强烈的社会责任感，勇于承担历史使命。艰苦奋斗，自尊自信，自强不息。乐于助人，无私奉献等等构成了时代精神的内涵。秉承民族文化优良传统的同时，站文化的价值观、精神理念之核心，一定要富有时代感，体现与时俱进的时代特征。这是历史发展的必然，是站文化核心价值观必备的精神要素。

5. 核心价值观的塑造

政府交通主管部门首先要明确指导思想，并紧密结合行业特性和时代要求，遵循历史经验和客观规律，凝练出具体指导思想和工作法，并以此为核心，凝聚队伍，指导实践，推进管理创新，强化基础建设，形成特色鲜明的站的核心价值观，使理念成为从业者的内在动力和自觉行动。

如何将管理部门的指导思想贯彻到站内部，并形成站的核心价值观，需要通过有效的组织机制作保障。首先，提炼站的核心价值观是最基础的工作。其次，组织各种理念学习培训和多样性的活动是深化思想认知、改善工作态度、融入组织和从业者行为，推进核心价值观落地的有效方法。核心价值观的塑造，既是一个盘点站文化底蕴的过程，更是一个诊断站文化现状的过程；既是一个普及文化知识的过程，更是一个统一站文化理念的过程；既是一个推进站文化理念确立的过程，更是一个推动站文化建设创新的过程。

独具特色的站的核心价值体系，为推进和谐站环境，促进站又好又快发展提供强有力的文化支撑和精神支柱。

二、站的理念系统

理念属于思想范畴，具有方法论的意义，但不是具体的方法，它是思想过程和方法过程的基石，也是概念化了的指导思想。比如服务理念、经营理念、企业理念、办学理念、设计理念、教育理念、管理理念、教学理念等。

理念系统是由多种理念构成的集合。从站的整个寿命周期来看，建设前期及建设过程中，政府行为占据主要地位，站建成投产后，政府主要承担着监督与指导管理的职责；而在站运营过程中，生产经营行为主体具有一定的自主性和创新性。综上所述，根据站发展的不同阶段，占主导地位的行为主体和职责主体不同，各自的理念有所差异。从宏观上来解释，站的理念系统就是与站相关的全部行为主体的价值理念的总和。其中，站的理念系统的构成内容大致相同，只是不同行为主体的目标和任务有所差异。下面将在理念系统构成框架的基础上，分析站在不同阶段、不同

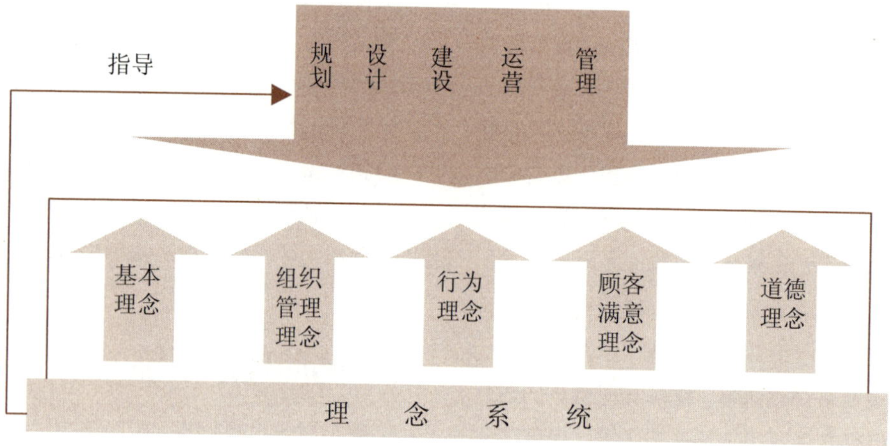

图5-2 站的理念系统结构示意图

行为主体的价值理念。经过梳理和总结，构建站的价值理念系统结构如图5-2所示。

（一）规划理念

规划是站发展过程的第一环节，也是对站发展起到全局性战略指导的最为关键环节，是后续的建设与运营管理的基础。进行站的规划过程中，交通主管部门始终需要站在全局的高度，把握规划理念的科学性、合理性与超前性。规划的编制单位务必站在理论联系实际和广泛调研基础上，使得规划的具体理念满足经济社会和时代发展的需要。规划理念的结构框架如图5-3所示。

1. 基本理念

（1）前瞻性理念

规划要有超前思维，敢于借鉴发达国家的先进理念，一次规划，分期实施，突破体制性障碍，从政府层面思考站的建设与发展规划。

（2）系统性理念

以构建国家综合运输系统为基本出发点与切入点，考量站的建设与发展规划、建设内容和建设方案，满足多层次、多元化的运输需求。

（3）大交通理念

以构建公、铁、水、航、管、信“大交通系统”架构为基础，考量站的布局规划，实现交通事业的跨跃发展。

2. 具体理念

（1）以人为本，以车为本，构建和谐交通理念

服务公众，服务车辆，构建公平、公正、平等、安全的服务环境，使不同阶层民众在站内和谐相处，共享公用资源。强调弱势优先，创建无障碍环境，充分体现人性关怀，满足不同层次公众

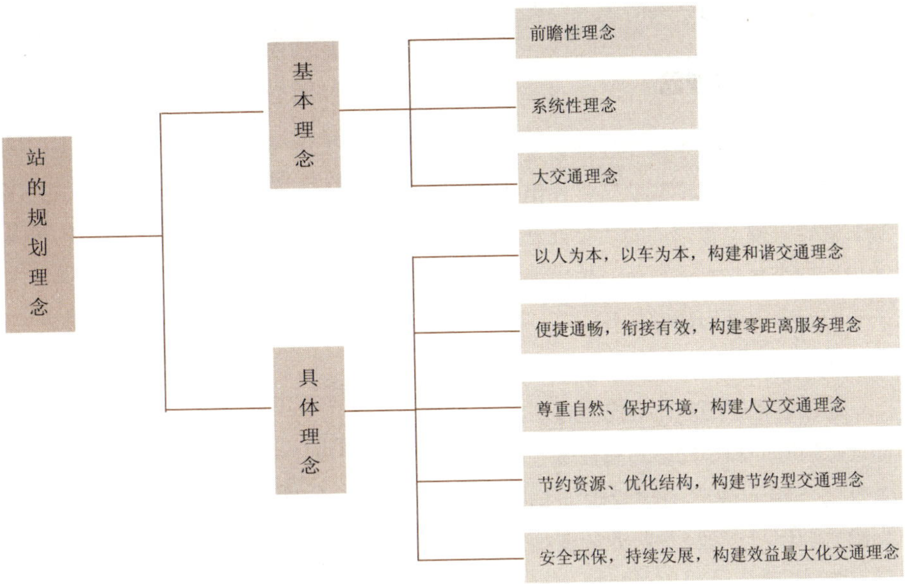

图5-3 站的规划理念构成示意图

的需求。

（2）便捷通畅，衔接有序，构建零距离换乘理念

推行公铁站场合一、公水站场合一、公航站场合一、公管站场合一、道路客运和城市公交站场（含地铁）合一、交通信息系统合一的理念，实现旅客零距离换乘，货物零距离换装，多种运输方式联合运输。充分考虑与城市对外交通和城市公共交通的衔接，实现“人便于行、货畅其流”和“便捷通畅、衔接有效、设施完备、布局合理”。

（3）尊重自然、保护环境，构建人文交通理念

站的规划要服从城市规划与发展理念，坚持人与自然环境的和谐，人工环境与自然环境的和谐，实现环境友好。坚持保护历史文化、民族文化、地域文化和文物古迹，实现与城市人文环境有机融合。

（4）节约资源、优化结构，构建节约型交通理念

合理利用土地、能源等稀缺资源，实现有限资源利用最大最优化。合理使用建设资金，实现有限资金产出最大化。

（5）安全环保，持续发展，构建效益最大化交通理念

坚持安全至上，预防为主，针对不可抗力和突发事件规划相应的应急处理系统和紧急情况处置系统。坚持可持续发展，追求项目寿命周期成本最低和追

求社会效益最大化。

（二）建设理念

站的建设理念是指站在建设过程中所遵循的理念，其中起决定性作用的是政府宏观管理主管部门的决策理念。站的建设理念包括基本理念、组织管理理念和行为理念结构如图5-4。

1. 基本理念

建设过程中的基本理念直接决定其他理念的方向和选择，具有奠基性和根本性的作用。政府的建设理念与国家大政方针保持一致，与行业的精神理念融会贯通，具体体现出来的理念包括建设使命、建设目标、管理定位、核心价值等。

（1）建设使命

建设使命即站的建设决策主体和行业主管部门的建设宗旨。政府交通主管部门必须顺应经济社会整体发展目标的需要，合理把握站的建设宗旨。站承担着很广泛的社会责任，也是国民经济命脉的重要生产部门，当代站的建设使命是为社会进步服务、为国民经济发展服务，统筹全局，实现交通事业良性发展。

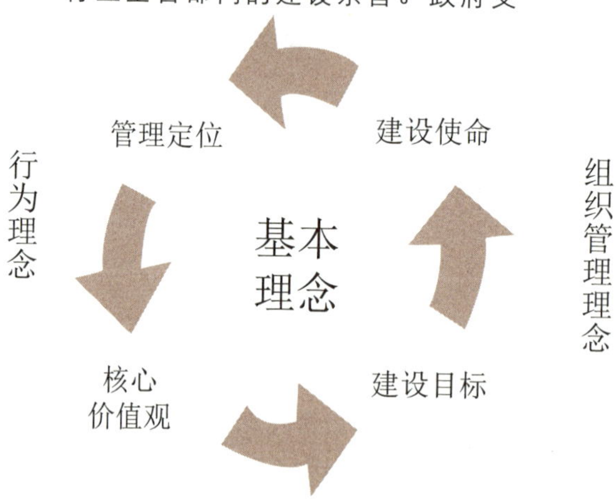

图5-4 站的建设理念结构示意图

（2）建设目标

明确的建设目标具有战略性的作用，科学的、适应时代发展的建设目标是站发展的导向。随着我国经济社会的发展，社会环境、发展形态、道路运输结构与形态、国民价值意识、科学技术的发展与应用环境等发生了巨大的变化，站建设目标相应的转到确保道路运输市场健康有序地发展，加快我国道路运输产业升级步伐，提高道路交通产业整体素质和社会经济效益，实现综合交通运输系统结构优化上来。

（3）管理定位

管理定位指政府交通主管部门明确管理范围和管理权限，为站的实际运营、管理提供有力的政策支持和保障体系。包括指导站的规划、设计、组织、管理等基本活动，管理定位是对站经营活动的范围、目标、实施策略等的科学界定。

（4）核心价值观

核心价值观在诸多价值观中起主导与统率作用的。孕育或包含着其他一切价值的根本价值观即核心价值观。核心价值观的一致性、相容性，是管理活动中上下思想沟通、组织管理协调的前提。当代站的核心价值观可概括为：服务社会、实现人的全面发展。从站的属性出发，作为政府交通主管部门必须以公益性交通基础设施的社会属性为前提，明确从业者服务社会的职责。实现人的发展即社会人、站务人的全面发展。

2. 行为理念

行为理念是站的基本理念的具体化，是实现站建设使命与建设目标的支撑理念，应对的常常是政府交通主管部门指导站的建设过程中操作性的问题，标志行业主管部门关于站的价值理念落到实处。从管理学的角度讲，行为理念就是做事的规矩或者说是规范，交通行业一切管理行为都是由行为理念所支配的。有什么样的理念就会有什么样的行为。有好的理念就有规范的、与社会需求和主管部门要求相符的行为，反之，不良的理念也会导致不良的行为，给行业造成负面的影响。站的行为理念体系如图5-5所示。

3. 组织管理理念

组织管理理念是内部组织关系的指导性理念。组织运转的顺畅是实现经济和社会目标，真正落实站的基本理念和行为理念以及其他理念的保障。组织管理理念示意如图5-6。

（三）站的运营理念

运营管理过程中站自身的行为能

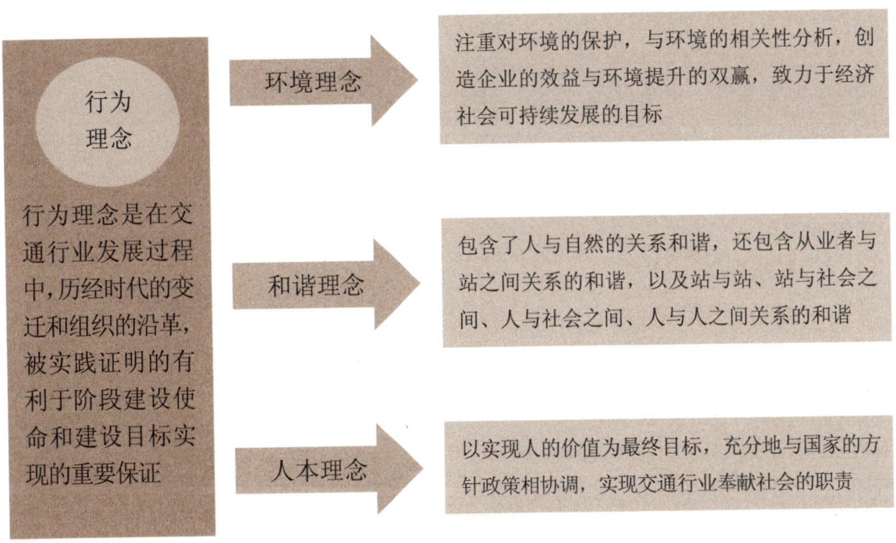

图5-5 行为理念体系示意图

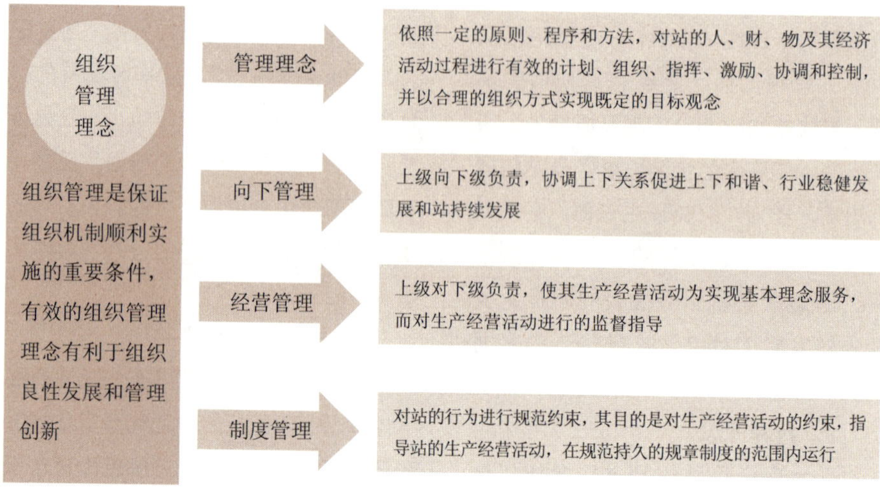

图5-6　组织管理理念示意图

力占主导地位，政府交通主管部门履行的是间接监督与指导的职能。这个过程中需要以交通行业的价值理念为基础，形成站自身的价值理念，使从业者自觉接受、约束自己的经营行为，并产生良好的社会影响。站的运营过程中需要深入贯彻基本理念、组织管理理念、行为理念、旅客满意理念和道德理念。运营理念的结构如图5-7所示。

1. 基本理念

从站的经营组织形态出发，社会性与经营性存在一定的矛盾。但是这种组织形态是适应市场经济发展的，因此，在站的经营管理活动中，确保站的良性发展，仍然要把站的社会属性放在首要位置进行考虑，这是站特殊的社会职能所要求的，其次以理念的无形资产撬动有形市场。

（1）站的使命

站承担道路旅客和货物运输及相关服务的职责，对社会发展起到重要的保

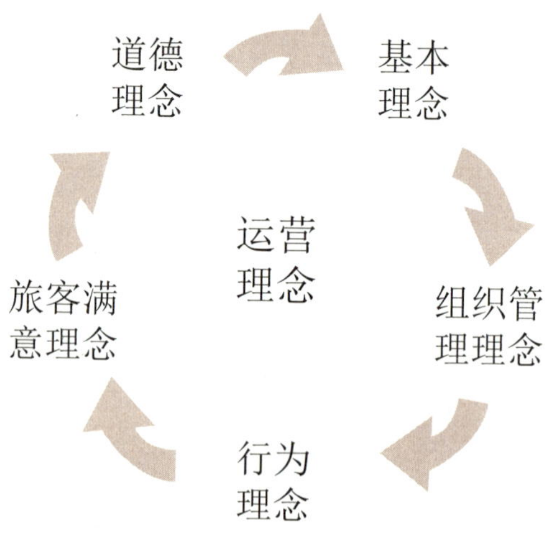

图5-7　站的运营理念结构示意图

障作用。其使命就是完成社会交通服务，承担社会稳定与发展对交通服务所赋予的责任。

（2）站的愿景

站的愿景是站发展的理想，是站发展过程中，预期愿望与长远目标相结合的一种表述，代表全体从业者的共同愿望。从经营的角度讲，站的愿景就是取得良好的经济效益，实现站从业者的社会价值和经济价值。

（3）站的目标

站的目标是指经从业者一致努力实现的预期结果。站的目标是全体从业者工作的方向。在站的生产经营过程中，首要的目标是建立良好的社会交通环境，即通过树立站的形象，塑造站的品牌等方式服务社会，同时实现站的目标。

（4）站的核心价值观

站的核心价值观既要体现站的服务属性与社会属性，又要体现育人化人与从业者的价值。

（5）站的精神

站的精神是全体从业者共同的意志，奋斗的信念，追求的境界。站的精神要充分体现交通行业的精神，交通行业是服务产业的范畴，其中服务业的精神核心就是以人为本，以顾客满意为原则，全心全意地搞好服务。

（6）站的作风

站的作风是站的理念、领导风格、站精神的显现，其表征为全体从业者的职业道德和作风。

例如：青岛交通运输集团所属站的基本理念

站的使命：社会需要交运，交运奉献社会

站的愿景：成为拥有全球知名品牌的国际化交通企业集团

站的精神：勇于创新，诚于真情

“勇于创新”——交运集团以创新思想建立交运模式，在工作中敢于突破、勇于开拓，并将这种创新意识渗透到各工作环节。

“诚于真情”——“情”是“诚”的基础，企业对员工真诚相待，和谐协调；企业对顾客（客户）真诚服务，从“情满旅途”品牌塑造开始，整个集团形成“情满企业，情感服务”的企业文化背景和优秀文化氛围；确立起企业的道德准则。

站的作风：用心动脑，优质高效

交运人在工作中勤于学习、善于思考和高标准、严要求的行动风格。

2. 行为理念

站的行为理念是实现站发展战略的子文化理念，是站从业者做人做事的规范，站的一切管理和经营行为理念所支配的是站的思想理念和行为方式，主要内容如图5-8所示。

3. 组织管理理念

组织管理理念是站内部组织关系

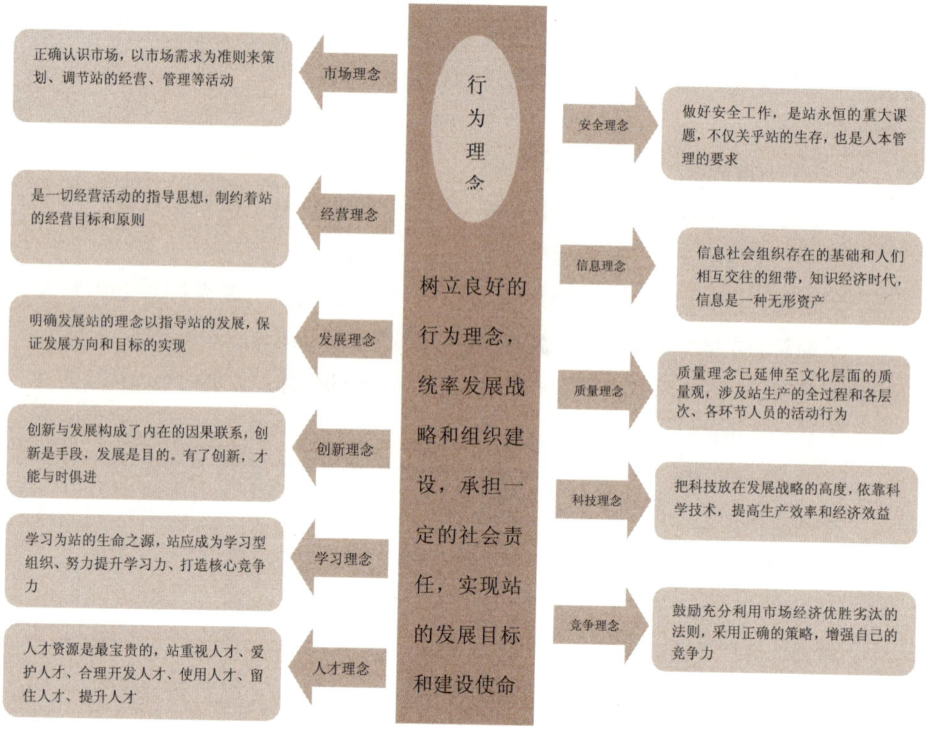

图5-8　行为理念示意图

的指导性理念，是组织运转顺畅的思想依据，其中的艺术表现力和行为魅力是组织管理理念的本质特征。组织管理理念结构及内容如图5-9所示。

4. 旅客满意理念

旅客是客运站生存发展的基础，满足旅客的需求，是实现客运产品——服务转化为效益的关键环节。让旅客满意务必从以下基本工作抓起：首先，要树立良好的服务理念和站的座右铭，凝聚团队力量。其次，紧紧抓住站的形象建设与塑造。这两项工作涵盖的范围很广，可开发的空间广阔。旅客满意理念以旅客期望值的实现为衡量标准。实际上，树立旅客满意的理念仍然需要从服务理念和生产环境两方面着手建设。

（1）服务理念，即客运站服务工作的指导思想。随着市场经济的飞速发展，产品同质化加快，站文化的建设成为打造综合竞争力的重要内容，满足旅客需求，是每个客运站都应加倍重视的。

（2）客运站座右铭即站为统一从业者意志、行动、实现发展目标，将客运站的重要理念提炼成的警句和格言。

（3）从业者座右铭是从业者为提

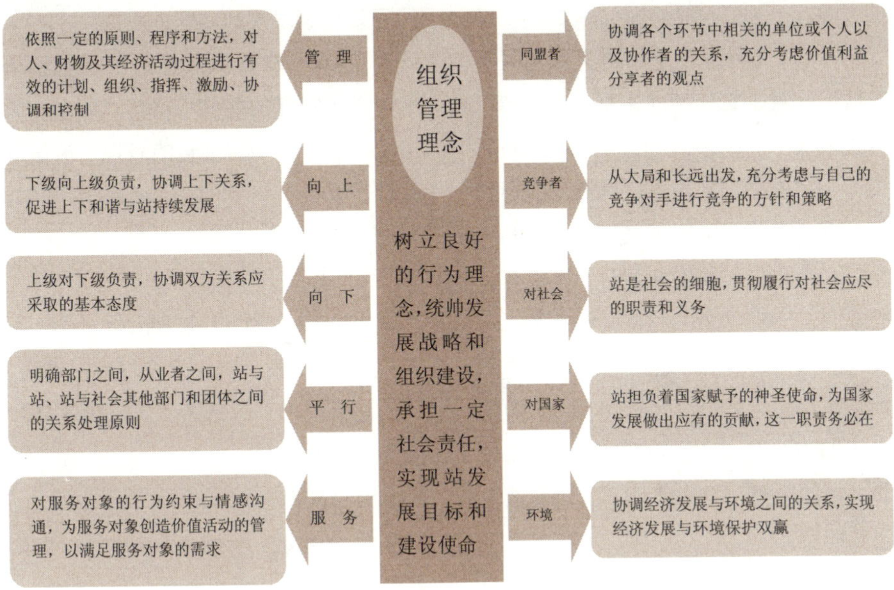

图5-9　组织管理理念示意图

升自身素质，奉献于社会而提出的激励、警戒自己的格言。

（4）站的形象（人、事、物）是客运站内在精神世界的对外显现，是指客运站在与外部接触中，给社会公众留下的印象，是客运站的服务及方方面面在社会公众中所留下的各种感觉的总和。

（5）旅客的期望是站在旅客的需求立场，思考如何能满足旅客的服务需求，而提出的需求满足标准。

（6）旅客满意的策略是客运站基于巩固和扩大旅客资源，致力于提高经营效益的策略。

5. 道德理念

道德理念是站塑造形象的持久动力所在，站追求的境界决定站的发展。道德理念会带给站最有力的社会认可力，彰示站的胸襟，决定站的发展前景。

（1）道德理念是站道德规范和行为准则的总和。站的道德理念产生于站的生产实践中，它是在长期的生产经营等活动中形成的，以一定的传统风尚和习惯等方式积淀下来，并且通过潜移默化熏陶感染的作用，在从业者中不断传播流传与发展。

（2）个人修养是指站从业者个人待人接物、生活、工作、处事的修养和原则。

（3）奉献理念即站关于无私奉献、服务社会的观点。奉献是中国传统优良道德品质的重要内容，是站持续发展的基础。要求对人不求回报，办事服从大局。

（4）义利理念是站对义和利关系的认识。对于义和利的关系，主张“以义生利”、“以义取利”、“见利思义”、“取之有义”、“信载泛而行之为利”，不能“见利忘义”、“以利害义”。当利与义发生冲突时，不能弃义而取利，应当以义生利，义利并举。

（5）责任理念是正确认识站所承担工作和应尽职责、义务的观念。要把忠于职责、完成分内应做的事当成使命，精益求精，努力工作，圆满完成自己的职责。

（6）荣誉理念是站如何对待荣辱的观点。正确的荣誉观是人全面发展的动力。要以爱护集体和职业的信誉、国家的声誉为荣，通过自我满意和自我骄傲等心理体验，树立对站的归属感和敬业精神，做到对工作自觉主动、甘于奉献、尽心尽力。

（7）奖励原则是站价值利益分配的重要原则，它是以人为本，调动从业者积极性的重要原则体现。

（8）监督原则是保证站正常经营必不可少的工作内容，关键在于制定科学的监督内容标准，建立有效的监督机制。

（9）时刻提醒“站是有寿命的”，是任何站都应有的规律认识。“预则立，不预则废”，培养从业者的忧患意识。时刻警告，时刻提醒及时地化解危机，以保障站持续发展和科学的发展。

（10）站警示录是站用以警示从业者思想观念的警句、格言。现在标语上墙已经成为一种文化的表现，被认可并践行。

6. 案例

案例一：济南汽车客运站

站的精神：团结 奉献 创新 发展

总站信念：永远为旅客提供最好的服务

经营理念：以人为本 服务制胜

管理理念：以制度为保障、以文化为灵魂、打造强力执行团队

工作理念：和谐　奋进 忠诚 优质 高效 卓越

和谐：工作严紧、相互协作、目标统一众志成城

奋进：永不满足现状、不断创新、勇于奉献

忠诚：要忠于总站事业，为了总站事业达到忘我的境界

优质：为旅客奉献出热情、真诚的服务

高效：做事要雷厉风行，保证质量

卓越：用积极的心态认真对待每一件事，争取最好

服务格言：把理由让给旅客

员工信念：为了企业也为了自己和家人而努力工作——幸福、快乐与奉献同在

自律箴言：

说老实话，办老实事，做老实人

出现问题不要看世界、看外部，而要看内部、看自己

摒弃消极的言行，以积极的思维、向上的精神去工作、生活

案例二：海珠汽车客运站

站的精神：顾客至上、和亲一致、永争第一

经营理念：人、环境、新旅程一切为旅客着想

服务理念：为旅客提供主动、热情、专业、快速、周到的服务

价值观：海客的存在就是为了满足顾客需求，一流服务创造更高价值

经营方针：市场领先、顾客满意、管理创新、效益突出

行为规范：爱站敬业、令行禁止、文明礼貌、顾客至上、精益求精、廉洁高效、友爱和睦、互勉共进

（四）站的系统理念

以上对站的寿命周期各个阶段理念的阐述，说明的是站在各个阶段的理念指导。从系统的角度来看，站寿命周期每个阶段的指导理念是相互联系的，单单从划分的阶段进行分析不是特别的科学。以整体的视角系统审视站的理念是十分有必要，并且具有宏观的指导意义。

站文化的使命是培育站的文化力，把文化的理念融入服务管理制度和工作流程。站的系统理念的宗旨是：以管理实践和服务实践为载体，将站的核心价值观和整个理念体系与服务管理融为一体，在实际工作中诠释服务理念，体现管理理念，落实服务理念。系统理念发挥作用的有效途径是：通过培育站的文化力，把文化的理念融入服务管理制度和工作流程。最终实现把文化力转化成影响力。

培育站的文化力依托于理念的指导与实践的结合。首先，站的文化力以崇高的服务理念为支撑。站的文化力必须具备广泛的社会认同度才能够有强大的生命力，生命力是保证站的文化力持久传承的必要特征。其次，站的文化力以从业者的团队精神为保障。树立团队利益第一的思想，营造良好的站风气和人文环境，强化团队内部的沟通协调意识，增强文化自觉和文化认同，形成强大的内部凝聚力、亲和力。再次，站的文化力以站的形象为重要传播载体。

站的形象决定服务对象的选择倾向，服务水平集中体现站的外在形象、内在道德和对外影响力。市场竞争，其实质就是以服务为载体的社会信用的竞争，塑造站的形象主要是打造站的服务品牌。

把站的文化力转化为影响力的实质是理念因素的人为化。人是生产力中最

活跃、最能动的要素。把站的文化力转化为影响力，主要就是用文化力激活人的积极性，用文化力感化人的意识、规范人的行为、提升人的素质。站的文化力表现形式多种多样，大到愿景精神的表现，小到活动细节的显示，可以说每一个活动、每一个细节都可以是文化力的显现。因此，挖掘文化力的表现形式是做好站文化建设工作的关键环节之一。明确了精神理念，下一步的就是寻找有效的文化力载体，将理念融入具体工作，与站内的一事一物有机地联系起来。

在生产实践过程中，很多工作内容都贯穿着文化力，人文环境是站的文化力，愿景激励是站的文化力，科学知识是站的文化力，尊重是站的文化力，口号是站的文化力，榜样是站的文化力。当然，不同的站在生产经营的实践活动中面对的问题各不相同，根据自身的实际情况审时度势地做出客观评价，培养具有竞争力的文化力是最终的目标。

三、站的时代精神

站产生于过去，发展在当代，成就在未来。立足于时代坐标，把握站的时代精神有利于指导生产实践，有利于开创未来，引导创新。

（一）站的时代精神概述

精神是蕴藏于站行为深层的动力和导向，精神作为一种群体意识，它是站内部具有不同价值取向的从业者形成共同价值观理念的桥梁与纽带。在共同目标的引导下聚集成推动站发展的合力、文化力与影响力。站的精神对从业者具有强大的凝聚力、感召力和约束力，是一种产生归属感、使命感和自豪感，增强责任心的强大合力。对社会公众，站的精神作用于从业者，从业者将这种精神付诸于行为实践，通过文化力影响社会公众，产生强大的社会影响力。

站的时代精神是站文化的时代特征，即在一定的时代环境下的合理性与科学性。

站因为自己的审查方式、历史传统、服务功能、管理风格、从业者状况的不同，受社会潮流、民族精神的影响，形成站的时代精神。这种时代精神一般应包括站对远大目标的追求，站和从业者强烈的命运共同体意识，站所肩负的崇高使命，站有效的激励机制等。

站文化时代精神具有个性、团结性、主体性、实践性的特点，这些特点是行业主管部门、站的时代管理者基于国家和社会要求决定的功能性、目的性而有意识培育出来的。站的时代精神必须是一种正向的、积极的、优秀的站文化成果，能对站产生凝聚、导向、激励、控制和辐射作用，对也可以社会产生强大的影响。

站精神，是体现站所有从业者的意志和利益，并在长期生产经营实践中形成的，具有时代特征的，突出集中反映站特点和优势的一种群体精神。

（二）站的时代精神特征

站的时代精神体现新时期的时代意识、世界意识、社会意识、市场意识、科技意识、知识意识、信息意识、竞争意识、风险意识、质量意识、服务意识、效益意识等。站的时代精神特征突出表现在如下几个方面：

1．有选择地继承了中华民族传统中最优秀的部分

中华民族发展中创造出来的瑰宝、精神财富以及优良传统和作风，必然要得到继承。

2．执着追求的远大目标

这个目标包括站经济的、社会的追求，物质的、精神的追求，单一的、复合的追求，具体的、抽象的追求等等，但必须是从业者共同的追求目标。

3．崇高的使命

有一种超出站本身的社会责任和使命，对物质文明和精神文明一样重视，服务社会、服务人民。

4．强烈的命运共同体意识

站和从业者视之为命运相连、荣誉与共的利益共同体、命运共同体，从而激发从业者的团体精神。

5．体现主体精神，反映从业者素质

杜绝站精神里的落后现象，选择培育那种积极进取、开拓创新、激发站活力的主体精神，造就一流从业者队伍。

6．与站管理者一致，并通过管理者的精神集中表现出来

因为站的精神是由管理者积极倡导和自觉形成的团体精神，甚至有时领导者所倡导的精神成为站的精神理念。

7．科学的价值观和方法论

站的价值观和方法论要能适应新世纪不同社会、不同民族、不同文化的条件和环境；适应经济、人文、科学的不断发展。

8．有效的激励机制

在站内营造浓厚的发展氛围，促使从业者最大限度地发挥积极性、创造性。

9．勇于实践，长期培育

站精神必须是站在长期的规划、设计、建设、生产、经营和管理实践中精心培育的结果。

10．具有个性特色

从站的实际出发，突出自身的优势和特点，形成具有独特风格，与众不同的具有生命力的精神理念。切不可赶时髦，照搬照抄。

总之，站的时代精神特征在不同的

历史时期表现是不相同的，站的时代精神务必能够体现时代的要求和满足历史发展的趋势。不仅仅体现交通行业特色的精神，更要体现社会发展的基本方向。

（三）站的时代精神

站的时代精神常常体现在平凡的工作岗位、普通的站务工作者身上。道路运输系统领域内全体从业者，就是用敬业奉献、热情服务的职业精神演绎一幕幕人间真情。近年来，交通系统涌现出一批模范人物和全国劳模，他们的形象代表了交通系统的形象，对交通系统的广大从业者起到了很好的带动作用，在社会上也产生了巨大的反响。他们有的是业务岗位上的强手、精英，有的是实践创新的领军人物，更多的是在普通工作岗位上无私奉献的站务工作者。站务工作者付出的劳动是巨大的，社会定位却是不高的；工作内容是高尚的，公众认同却是不足的；使用价值是充分的，价值补偿却是有限的。站务工作者的工作行业属性确实需要这种无畏的精神和奉献的执著，同样，也希望广大的社会公众能够认识和理解站务工作者的工作辛酸。

博爱、创新、求实、执着的时代精神，鼓励着全体站务工作者，让他们乐于奉献、热心服务；让他们爱岗敬业、任劳任怨；让他们甘于平凡、执着追求。成为交通行业对外彰显形象的一道亮丽的风景线。

1. 无私奉献的“博爱精神”

博爱精神是站务工作者在长期的工作实践过程中培养起来的一种工作态度，是站务工作者文化素质不断提高的表现，也是做好站务工作最应该具备的心理素质。“博爱”即是以大海般博大的胸怀广洒人间真爱。对待每一位旅客一视同仁，对待每一件事情全心全意，对待每一个细节无微不至……

南京长途汽车站的李瑞同志就将这种精神抒写得淋漓尽致。多年来，她在小小的服务台，以饱满的热情、无私的奉献，为旅客排忧解难，提供一流的服务。在普通而平凡的岗位上，为树立良好的交通形象做出了突出的贡献，被人们亲切地称为“爱心天使”。李瑞同志多次受到江泽民、李鹏、朱镕基、尉健行等党和国家领导人的亲切接见，成了江苏交通系统精神文明建设的一面旗帜。同时，赢得了全国劳动模范、全国“五一”劳动奖章获得者、江苏省交通系统建功立业十大标兵之一等多项国家和省级荣誉称号。

“在外地人眼里，我代表南京；在外国人面前，我代表中国。”从走上服务台的第一天起，李瑞就深深懂得，小小的服务台就是一个小小的“窗口”，一个弘扬社会主义精神文明的阵地。正确的职业理想和信念支持她成就了平凡工作中的辉煌业绩。

在工作中，她处处为旅客着想，钻研服务技能，追求服务艺术，努力提高服务水平。工作之余，阅读了心理学、服务语言学、公共关系学等大量书籍，学习了英语会话，还学会了哑语手势对话。在实践中，李瑞逐步摸索出“一问、二听、三看、四帮”的特色服务法，把对这个平凡岗位的眷恋和热爱转化成了对服务技能和服务艺术的不懈追求。经过不断的学习与实践创新，逐渐的从业务岗位走上领导岗位，兢兢业业地实现自身的价值。

帮助过与家人失去联系的老大妈，帮助过没有路费的农村青年，帮助过负气出走的女孩子，她向一个又一个急需帮助的人伸出了热情的手。与她接触过的人都感受到一种如沐春风般的温暖。

“旅客满意就是我的精神支柱，就是我的追求。”李瑞把个人的价值融入社会理想的实践，去履行“全心全意为人民服务”的宗旨。

不求索取，奉献社会，李瑞以自己的行动树立起一面旗帜。她的精神对周围的同志，对广大旅客都起到了一种感召和示范作用。在李瑞的影响下，车站设立了“爱心基金”。

1999年12月31日，江苏省交通厅党组决定，将南京长途汽车站服务班更名为“李瑞班”。在李瑞的带领下，更多李瑞式服务员在岗位上迅速成长起来。目前，李瑞班共有18人，每天为数以千计的旅客热情服务。不仅如此，姐妹们还总结了一套叫作“帮一帮，扶一扶，搀一搀，拎一拎”的特色服务法。在李瑞的带领下，拓展了南京长途汽车站“三优”服务台这样一个文明的窗口，为广大旅客营造了一个宾至如归的乘车环境。

2. 追求卓越的“创新精神”

道路客运系统不但培育了李瑞这样优秀的业务精英，还涌现出一批踏实肯干、勇于创新的领导骨干。乐山汽车站站长张桂华就是其中一位。站长的工作看似平凡，但是在这位女站长的带领下，取得的成绩却是十分突出的。

张桂华担任领导的二十多年来，积极倡导自尊、自信、自立、自强，并自觉起好带头作用，模范遵守社会公德，创建学习性家庭，弘扬家庭美德。在工作中勇于实践，开拓进取，大胆选拔和培养年青女干部，充分调动广大职工的积极性，对保障车站健康、稳定的发展做了大量有益的工作，树立了中国妇女良好的形象。被评选为四川省劳动模范，四川省抗击“非典”优秀共产党员，乐山市“三个一”活动优秀党员，四川省第十届人大代表。她勇于创新，提出了适应车站发展的二十四字经营方针，即，“围绕一个中心(生产经营为中心)、建设两个文明(物质文明和精神文明)、发挥三个职能(车站的窗口职能、企业的门市职能和经营职能)，实施名牌工程”，确立以“优”取胜，创名牌企业的战略思想。努力将传统的管理方法和科学的管理有机结合起来，率先在乐山市交通系统倡导并推行全面质量管理，并亲自办班讲课，组建质量管理小组，积极开展活动。

坚持敢于管理、善于管理、敢于改革、勇于创新，用现代企业制度的思想指导全站的经营管理及决策。率先在站内实行优化组合、双向选择、择优上岗、下岗再就业，并鼓励职工努力发挥自己的聪明才智。根据不同部门及工种实行总量包干、绩效挂钩、多劳多得的激励机制，调动职工的生产积极性。认真探索企业转制及转制后的新特点，适应车站面向社会开放的需要，坚持“公开、公平、公正、公信”的经营原则，不断完善经营管理，敢于坚持原则，抵制不良倾向，营造出一个良好的经营秩序。

深入基层班子，带头讲学习、讲政治、讲正气，勤政廉洁，勇于开展批评和自我批评。充分尊重班子其他成员的意见和建议，注意发挥各自的积极作用。坚持重大决策，集体讨论制度和个人分工负责制度。充分尊重职工的主人翁地位，涉及职工切身利益的决定交相关机构审议，保证职工民主权利的发挥。

注重打造车站精神文明。利用各种形式，对职工进行职业道德和优质服务思想的教育。关心职工疾苦；活跃和丰富职工文化生活，增强企业的凝聚力。

3. 任劳任怨的“求实精神”

相当少的一部分站务工作者被授予了很高的荣誉并且家喻户晓，但是更多兢兢业业地工作在基层一线的站务工作者是在默默无闻地奉献着，他们在平凡的工作岗位上发挥着自己的光和热。

陈月妹是江苏省苏州汽车客运集团有限公司汽车客运总站汽车北站034号服务员。从1998年起，当时33岁的陈月妹在汽车北站服务总台的岗位上，开始了她推着“流动服务车”传递人间真情、为困难旅客排忧解难、在旅客中传播微笑的人生之旅。

近十年来她把自己的满腔热情无私地奉献给了每一位有困难的旅客，经她帮助过的旅客大约有1万多名。陈月妹的爱心服务对象大部分是行动不便的老年人、残疾人、骨折病人和痴呆病人等，对于这些特殊的困难人群，陈月妹像对待自己的亲人一样给予热心周到的服务。她推出的“爱心服务卡”活动，把服务向站外延伸。在车站一本本厚厚的服务记录本上，留下了陈月妹倾情服务困难旅客的动人故事。

“慢一点、当心点”的亲切话语总也萦绕在候车大厅内，勤恳的身影在人群中传动。一名白血病患者经常到苏州儿童医院进行治疗，遇到买票困难时，陈月妹就把一张粉红色的“爱心服务卡”留给了孩子的家人。从此以后，家属都是先打电话给陈月妹让她把车票买好。陈月妹已经为他们买了6次车票，也为他们送了6次车。

4. 不畏艰难的“执着精神”

我国道路旅客运输的发展经历了曲折的发展过程，从严格的管制到放开客运市场再到逐渐规范道路运输市场的这一过程中，遗留许多疑难杂症。尤其是马路市场现象很难根除，经过行业主管部门和运输企业的共同努力，今天的道路旅客运输市场已经比较规范化。这其中治理和整顿的艰辛是不言而喻的，交通人本着坚定的决心和大无畏的精神，为此付出了辛勤的汗水。许多可歌可泣的故事并不被广大社会公众所知晓。

在整治道路旅客运输市场的战役中，有一位十分杰出的“战士”，她就是张家口市汽车客运总站站长、党总支书记戴秀琴。

有人说，她象一团燃烧着的火焰，也有人说，她象一块冷酷的坚冰。不错，她像一团火，她更像一块冰，对工作她有火一样的热情，对恶势力她有冰一样的坚毅。她铁骨铮铮、碰硬斗恶、一身正气，用实际行动践行着一名共产党员坚韧、顽强的本色。八十年代初，客运市场对社会开放，客运车辆普遍承包经营。经营者鱼龙混杂，素质参差不齐，他们为了自己利益的最大化，在站内喊客、拉客，在站外黑车横行，客运秩序非常混乱。戴站长就是那时临危授命来车站主持工作的。那时她只有36岁，车辆经营者看到新任站长只是一个弱女子，没有人把她放在眼里。广大职工也是持观望态度，工作普遍存在着畏难情绪，睁一只眼闭一只眼混日子。针对这种现象，戴站长想，车站要想管理好，就必须镇住这股恶势力。于是，她暗暗下定决心要跟这股势力斗一斗。

一天，她正在站内维持秩序，一名职工来报告说，有一部黑车在站外强行拉客，还打伤了站里的两名管理人员，车主是当地有名的混混，无人敢惹。戴站长听后急忙向站外跑去。黑车车主看到她过来，气焰更加嚣张，口出狂言的说，今天谁要是挡了他的财路他就捅了谁。戴站长当时想:今天这个人要是镇不住，以后的工作就没法干了，必须镇住他。于是，她站在车前头，用身体挡住了车的去路，大义凛然的说：“你要把这车人拉走，先从我身上开过去。”这名失去理智的车主真的就启动了车辆，把戴站长向后推着走了二十多米，在场的职工都被她这种无畏的精神感动了，都无声的加入进来，组成了一堵愤怒的人墙。就这样，在省运管局的大力支持和全站员工的共同努力下，车站周围的环境发生了翻天覆地的变化，道路旅客运输市场混乱的状况得到明显的改善。

第六章 站的组织架构

组织就是将一群人进行系统性组合，以达成既定目标。美国管理学家和社会学家赫伯特.西蒙对组织的定义为：一群为达成共同目标而相互依赖的人所组成的群体。组织架构是在传统的部门架构，或抽象的部门职能架构上细化，直接延伸到个体的岗位职能，对外依然是抽象的组织架构。

一、组织机制

“机制”指的是有机体的构造、功能和相互关系，泛指一个工作系统的组织或部分之间相互作用的过程和方式，如：市场机制、竞争机制、用人机制等。组织机制既是将系统内的要素按照某种形式构造的相互关系、相互影响的有机体，泛指一个工作系统的组织或部分之间相互作用的过程和方式。站的组织机制就是站系统内运行过程中行为主体之间相互作用的过程和方式。

围绕政府交通主管部门的职责，从全局和战略的高度，积极构建由规划、建设、运营、管理组成的相互联系、相互促进、运转有序的站组织机制。

站组织机制包括两个层面。一是政府层组织机制，它的主要职能是站的规划和建设监管，指导站的运营与管理等活动；二是站自身组织机制，其主要职能是对站的运营、管理直接负责。

（一）政府层组织机制

我国交通行政工作的主体是交通部，是隶属于国务院的中央交通行政机关，也是交通系统专业性行政机关。所以说交通部是国务院对全国水路、道路交通实行组织领导和宏观调控，进行行业归口管理的职能部门。而各级人民政府也均设有负责地方交通行政管理工作或道路运输行政管理工作的行政机关。例如。各省（自治区、直辖市）的交通厅（局、委等）、各市（自治州、县）交通局等等。我国交通行政管理机关与道路运政管理机关的设置，采用中央、省（自治区、直辖市）、地（市、盟、州）、县（旗）、乡（区、镇）五级行政管理体制，直辖市则为中央、市、县（区）、区（乡）四级。交通行政机关层次划分见图6-1。

我国交通主管部门对站的组织管理

管辖范围	交通行政管理机关	道路运输行政管理机关	行政职能层
中央行政机关	交通部 ↓		决策层
地方行政机关	省、自治区、直辖市交通厅（局、委） ↓	道路运输管理局（处） ↓	中间层
	市（地、盟、州）交通局 ↓	道路运输管理处 ↓	执行层
	县（市、旗）交通局	道路运输管理所	

图6-1 交通行政机构组织结构示意图

自上而下由3个层次组成。第一层是交通部，其主要职责是对国家公路运输枢纽进行规划与建设，指导下一级交通主管部门工作。第二层是各省、自治区、直辖市交通厅（局、委），其主要职责是对区域性和地域性道路运输枢纽进行规划与建设，并对下一级交通主管部门的工作进行监督指导。第三层是市、县（市、旗）交通局，其主要职责是执行上级交通主管部门的决策，负责具体的协调建设与管理工作。

交通主管部门管理层是站文化建设的设计者、倡导者、示范者，是站文化建设与发展的源泉所在。

站文化建设是全面贯彻落实国家政策方针，促进实现行业发展目标，规范约束经营管理，致力形成系统价值理念的有效手段。因此，政府管理层应以高度的文化自觉和站的社会责任，确立站的核心价值观，完善各类站的政策体系和管理规章，规范从业者的服务行为，建立相应的工作机构，明确各级交通主管部门在站文化建设中的工作职责。

一是，交通部明确在站文化建设过程中的工作职责。主要负责站文化建设工作的规划和部署以及宏观方向的领航。

二是，各省（区、直辖市）交通主管部门明确站文化建设工作职责。主要工作职责是根据站文化建设工作部署和要求，全面负责本省（区、直辖市）站文化建设规划和组织实施。

（二）运营管理组织机制

强力有效的运营管理组织机制是实

现站系统良性发展的必要前提。经过不同的历史时期站文化的积淀，行业管理和站的组织机制凸现过不同的作用。今天，伴随市场体系的完善和运输市场作用的不断发挥，交通行业主管部门由行业发展的发动机逐步演变为重要的组织力量，这种力量和企业组织、社会组织有机结合，形成促进站系统有序发展的强力有效的组织机制，成为站文化的重要组织保障。站的运营管理组织机制作用的发挥依靠组织机构、岗位设置和规章制度等。

1. 运营管理层组织机制

运营管理层是站文化建设的整合者和变革者，是站文化建设的个性与竞争文化力所在。运营管理者和从业者首先要认同站的理念体系，确立站运营管理的思想基础。运营管理者需要具备自我调整的能力，以站的社会责任为己任，按照站文化的价值观要求，建立健全部门组织文化体系并付诸实施。运营管理层在站文化建设中应建立科学有效、权责明确的组织体系。

（1）建立站的组织文化领导机构

根据本站业务职能和站文化的价值理念体系，研究制订本站组织文化的结构体系；负责本站组织文化的建立和建设工作的规划和部署；负责本站组织文化建设重要事项的协调工作；负责本站组织文化建设工作的日常组织及管理工作。

（2）培养建立具有文化思维意识和管理实践能力的管理干部队伍

站的管理水平在很大程度上取决于管理团队的质量。建设坚强的领导集体，充分发挥管理效能，必须以站的核心价值观统一思想，整合观念。

首先要从对站文化认同的角度把好干部的选拔任用关。在考察干部业务水平和工作能力的同时，必须把干部是否认同并自觉践行站的理念体系，是否善于从文化的视角思考和解决问题列入干部考核要求。

其次要坚持不懈地抓好管理干部队伍文化观念的灌输和培育。通过站文化的各种培训渠道，提高干部对站的核心价值观及理念体系的认同度和实践能力，使站的理念体系牢固树立在思想观念中。

第三，要建立站文化考核评价体系。确立管理者文化观念和行为的相关考核标准，通过经常性的检查和评定，促进管理者提高认同和实践站的理念的自觉性。

第四，要建立相应的激励约束机制。对具有文化思维意识和管理创新能力的干部进行精神及物质鼓励，对缺乏文化自觉、管理无方的领导干部进行淘汰或调整。使管理意识的培育既有文化的柔性要求，又具有制度的刚性约束。

（3）打造优秀服务班组

优秀的服务班组是在对站的核心价

值观高度认同的基础上，形成爱岗敬业有专心、为旅客服务有热心、为旅客办事有诚心、为旅客解释有耐心、照顾旅客有细心、帮助旅客有真心、听取意见有虚心、热情服务有恒心、扶老携幼有爱心、解决困难有善心的“十心服务工作法”与“和谐默契”的服务班组。上下级之间、班子成员之间虽有性格、业务、特长上的差异，但工作中必须以站的利益为重，自觉保持自我主张与站的理念和整体目标的一致性；自觉追求决策的科学性、执行的正确性、管理的有效性；自觉强化学习、实践探索，取人之长，补己之短，不断超越。这是提升文化管理水平的必然要求和必由之路。

2. 组织机构

组织机构通过组织机制内部的协调发挥作用，并且组织机构是文化的载体。组织机构是否适应生产经营与管理的需要，不仅仅反映出不同的文化特点，还直接影响着管理的成效。站管理规范化依靠严密有序的组织机制，通过贯彻执行国家有关政策法规，制定运营管理的各项规章制度、工作标准，使各个岗位、各项工作有规可依，有章可循。同时严格考核制度，保证站务工作质量不断提高。

建立健全站的组织机构是实现站服务管理规范化的组织保证。站组织机构主要包括站务管理机构、后勤保障机构和组织保证机构。三个机构分别由常务副站长主持日常工作。每一个职能机构根据站务工作的内容和服务项目，设置相应的职能和业务科（股）室，组建作业班组，配备各岗位、各工种的人员。

站的组织机构如图6-2所示。

安全生产科的负责范围包括：门卫、保安、安检、消防；站务科的负责

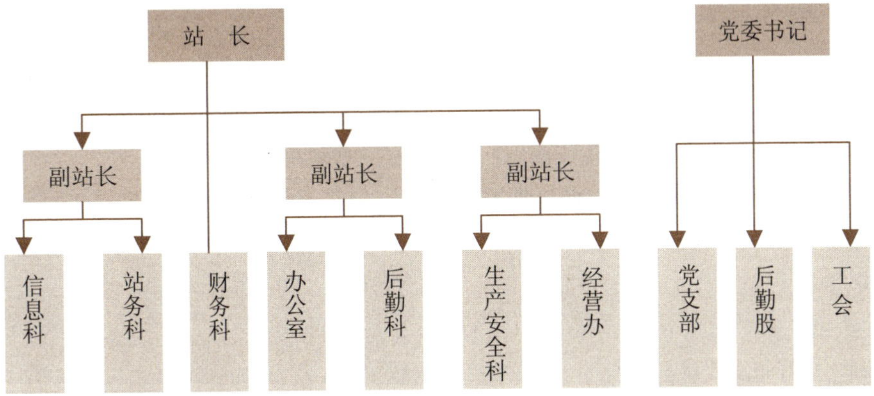

图6-2　站的组织机构示意图

范围包括：售票、检票、报班、迎门、小件寄存、广播、调度、综合服务台等旅客运输站务工作；财务科负责范围包括：票据的验收、审核、备案等；办公室的负责范围包括：人事、保洁、后勤管理等；经营办的负责范围包括：采购、商铺管理等。按照岗位职责，不同的管理层岗位职责各不相同。

（1）决策层(站长、副站长)工作职责

① 坚决贯彻执行党、国家、政府和集团公司的方针政策，依法守法经营。

② 拓宽经营思路，不断开拓客运市场，制定发展规划，合理安排资金运作，主副业并举，提高效益。

③ 确定内部组织机构设置，调动职工工作积极性，做好调查研究，制订用工方案及工资分配方案，不断完善规章制度，严格考核，奖罚公正，质量体系达标。

④ 及时了解生产、安全、经营情况，带领职工与时俱进，树立行业新风，完成上级部门下达的各项工作指标。

⑤ 树立窗口形象，协调处理好各方面的关系，创造良好的内、外部经营环境。

⑥ 保障职工待遇，维护职工权利，搞好职工教育与培训。

（2）执行层(各科室)工作职责

① 掌握国家有关客运的法律法规和政策要求，协助决策层做好站务日常管理工作，按规定行使管理职权。

② 做好分管部门的工作，严格贯彻执行站长办公会决议，部署落实工作，协调好各部门工作，保证规章制度落到实处，指导完成各项工作指标。

③ 熟悉业务，按规定处理好服务、生产、安全等方面的问题，遇有紧急事项，及时与有关部门协商，并及时做出相应对策。

④ 帮助旅客、驾乘人员解决实际困难，听取他们的意见、建议，保持服务质量的持续改进。

（3）操作层(各站务岗位)工作职责

① 严格贯彻落实站务会的各项决议，按自己的职责，抓好班组建设，搞好员工教育。

② 完成上级下达的考核指标，实施工效挂钩、岗位落实、责任落实、考核落实。

③ 做好管理检查，协调各岗位工作，监督落实各项规章制度，采取措施确保质量目标准确实施。

④ 高效工作，热情服务，组织开展优质服务活动和业务学习考核，不断提高客运服务质量。

二、站的制度体系

站制度是指站的规章制度或管理制

度，是站组织或群体为了维护其生产、工作和生活秩序而制定、颁布、执行的，书面的规划、程序、条例及法度的总和。

这包括行业主管部门的制度，也包括站的各项组织管理制度。站的规章制度以国家制度法规和行业制度法规为基础，体现行业法制理念和发展方针。

（一）制度概述

制度是实行管理的保障。站的制度是站文化的重要组成部分。这是因为，从站文化建设的角度看，必须把制度建设纳入到站文化的范围内，使之成为文化管理的一个组成部分。同时，站在进行站文化建设的过程中会产生一定的文化成果，如质量文化、经营文化、市场文化等等。这些成果也需要以制度的方式巩固下来，这就使站的制度建设成为站文化建设不可缺少的组成部分。

站的制度是站及其从业者共同的行为规范，也是站协调从业者的力量，以实现站目标的基本手段。制度作为站生产经营实践经验的总结，它既是交通行业和站价值观、道德规范、经营哲学的反映，也是管理民主化、科学化程度的体现，构成站文化的一个重要内容。

首先，站的制度是站文化的重要组成部分，在站的规划、建设、运营和管理等环节中，具有重要的作用。研究站文化也不能不研究站制度。在社会制度的体系中，站的规章制度具有重要的作用。现代管理学者还把站管理制度的完善和科学化程度，作为衡量社会文明程度的一个重要尺度。站规章制度实际上是站文化规范性的反映，本身所承载的就是站文化的内容。站规章制度的权威性、强制性、稳定性，都体现了站文化的要求。

其次，站的规章制度既然是一种文化，它就必然具有文化功能。例如，站规章制度对站从业者心理调节的功能，可以避免或缓解上级主管直接严密控制部署所产生的从业者的焦虑、紧张、不安与反感的心理，从而化解管理者与被管理者之间的矛盾。这种调节功能就是站文化的功能。

第三，站的规章制度既是站文化规范化的反映，也是站文化得以强化和发展的重要保证。站文化一旦形成，就对站的行为起着极大的制约作用。例如：站的工作规程，就是站的职业道德、职业责任、职业生活方式的体现；站的奖惩制度，渗透着站基本信念、价值观、道德观、人才观和绩效管；站的考勤制度，是站时效观的反映；站的分配制度则主要体现了站的绩效观等等。

任何站制度都与一定社会文化相联系，但并不意味着任何站制度都代表着站制度文化，它强调的是在站活动中，应该建立一种能够使广大从业者的自觉性、能动性得以充分发挥的制度机制。在这种制度下，从业者能够实施自我管理。

站制度作为站文化的主体结构，必须要正确处理好个人与组织、民主与集中、自由与纪律的关系；显示出权威性、强制性、稳定性、变动性、群众性、有限性的特征；有利于站内部的安定团结，有利于统一步调，有利于分工协作，有利于民主管理。使站广大从业者的自觉性、能动性、创造性得到最充分的发挥。

（二）站的法律规范

中国公路运输行业队伍庞大，业务繁杂，联系面广。为了贯彻国家制定的各项方针政策，保护各方合法权益，确定公路运输行业与相关部门的法律关系，为本行业的发展创造良好的环境和条件，必须加强行政立法建设。具体的经济、技术法规和规章制度，可以完善管理运输法规体系，达到行政管理法规化，凡事有法可依，有章可循。行业管理的法规制度对促进公路运输管理部门职能的发挥，促使公路运输管理行为法制化，规范运输市场，增强环境友好度，保证改革创新方法的贯彻执行意义重大。

行业法规制度是统领客运站进行建设、运营、管理以及制定相关规章制度的纲领性文件。对站的发展与建设起到引领的作用，对运营管理起到监督指导的作用，是维系站在发展过程中与社会发展相协调的重要工具和主要途径。随着行业管理体制的变革和时代发展的要求，行业法规制度逐步完善，适应着时代的发展要求。

我国交通行业管理部门的法规制度体系中与站相关的法规制度按照类别可以分为道路运输综合管理类：《中华人民共和国道路运输条例》（国务院令（2004）第406号）、《交通汽车运输企业安全生产管理办法》交公路发(1997)540号。

道路旅客运输类：《道路旅客运输及客运站管理规定》(交通部令2005年第10号)、《道路运输从业人员管理规定》(交通部令2006年第9号）。

道路运输客运站场管理类：《汽车客运站收费规则》（交公路发[1996]263号）。

税费类：《汽车运价规则》（交公路发[1998]502号）。

站场建设与管理标准类：《汽车客运站级别划分和建设要求》（交科教发[2004]190号JT/T200—2004）、《汽车旅客运输服务岗位职责及工作标准》（交通部91交运字713号）。

（三）站的政策

站的政策是根据行业总的方针政策制定的，主要包括站的发展政策、经济政策和技术政策。在国务院和交通部所颁布的《中华人民共和国道路运输条例》、《道路旅客运输及汽车客运站管理规定》、《2005~2010年公路、水路交通产业政策》等一系列文件中，都规定了重要的站的管理政策。

站的发展政策：这一类政策主要指围绕建立和完善社会主义道路运输市场，把握不同时期站发展的宏观方向，明确在一个时期内重点支持或是重点建设目标及任务，使之满足社会需求的宏观调控。

站的经济政策：主要是指投资、信贷、价格、税收、折旧、资金等体现经济内容的政策。

站的技术政策：主要指推广采用先进的规划方法、建设标准和营运管理形式，改进站场系统空间布局结构，完善站场规划、建设、管理标准化建设的相关政策。

政府交通行业主管部门通过政策、法规作用于站的发展的过程就是宏观意义上的站的组织机制，是交通主管部门对站的规划、设计、建设进行指导的过程。不同时期站的组织机制不尽相同，在前一部分通过对运输管理体制变革的叙述，大体上对近代站的组织管理变革有了概念上的认识。在本章的开头已经明确地指出本部分研究的出发点是站在政府交通主管部门的角度来分析问题，在接下来的论述过程中同样贯穿这条主线。

站的组织机制以站的相关政策为导向，通过制度的形式作用于站。首先有必要对当前站的相关政策作一个铺垫性的总结，然后再对现有的制度与宏观政策进行对照，分析其中的相应理念。下面以汽车客运站作为研究对象进行分析。

从某种意义上说，政策是文化积淀的政策化体现，其实质表征的是文化的深刻含义。与站相关的政策蕴含的是多元文化的融合，折射的是国家政策方针和行业指导思想。通过对站的建设运营管理过程中涉及的行为进行总结，我国现行站的政策体系是分别从建设与管理的角度对站进行指导的。站的政策导向包括政策总目标、政策体系、政策内容和发展方向等。就道路运输站场而言，其政策导向如下：

1. 政策总目标

即：在有限的道路运输站场资源条件下，满足"货畅其流、人便于行"的需要，改善人民群众的出行环境，发展物流业，促进社会经济的发展，提高全社会的经济效益。

（1）建设政策目标

即：以全国公路网的布局规划为基础，以建设国家公路运输枢纽为核心，分层次、有重点地建立国际性、国家级、省（市）级、地市级、县级和农村六个层次道路运输站场体系；建立物流中心和站场信息系统，实现网络化运输；充分发挥站场功能，培育和发展道路运输市场。

（2）管理政策目标

建立有效的政策体系，约束站场经营行为，确保道路运输市场有序而健康地发展。

2. 政策体系

道路运输站场建设和管理政策体系如图6-3所示。

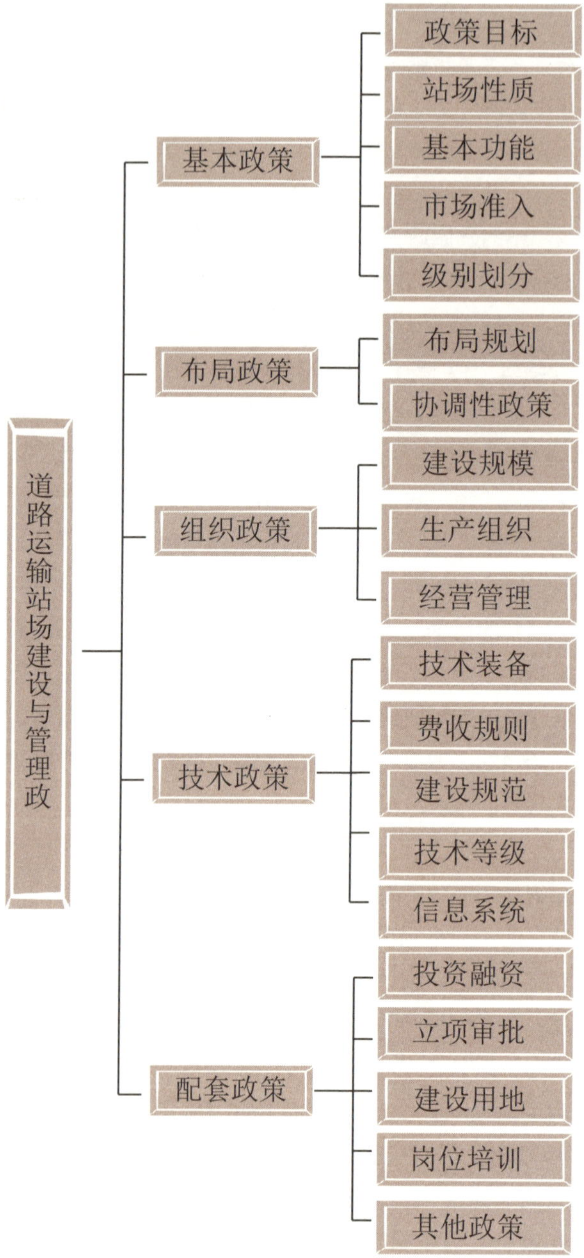

图6-3 道路运输站场建设和管理政策体系示意图

3. 政策内容

（1）明确站场性质和地位，培育和发展运输市场

道路运输站场是道路运输网络的节点，是组织运输生产必不可少的生产要素，是道路运输经营主体与旅客、货主发生运输交易活动的场所，是道路交通经营性基础设施，是培育和发展道路运输市场的载体。

完善道路运输站场系统，发挥道路运输站场的运输组织、中转换装、装卸仓储、多式联运、通信信息、辅助服务等基本功能，培育和发展运输市场，满足经济建设和人民群众对运输的需求，实现“人便于行、货畅其流”，促进社会经济的发展。

（2）加强站场系统规划，构建运输服务网络

按照“统一规划、

合理分工、大中小并举、专业化配套”的原则，完善公路主枢纽的布局结构，适当增加西部地区公路主枢纽的布局。制订区域性道路运输枢纽布局规划和道路运输站场总体布局规划，构建区域性运输网络。制订高等级公路沿线站场布局规划，构建快速客货运输服务系统。制订旅游客运站点布局规划，构建旅游客运服务网络。

区域性道路运输枢纽和道路运输站场总体布局规划工作应在政府指导下进行，要服从所在地社会经济发展战略与目标，符合城市总体布局规划、土地利用规划和生产力的布局，满足社会经济对道路运输站场服务系统的要求。要注意与规划区内干线公路特别是国道主干线的布局和道路运输组织方式相互协调。要处理好与港口、铁路站场、航空港之间的关系，在充分体现道路运输站场系统化和网络化的基础上，注重与其他运输方式的衔接。

（3）加快公路主枢纽和物流中心建设，构筑物流服务平台

以全国公路网布局规划为基础，以建设公路主枢纽为核心，分层次、有重点地建立道路运输站场体系；组建以物流服务为主要功能的货运站场网络；建立道路货运信息系统，实现网络化运输。

加快公路主枢纽建设，发展地域性道路运输枢纽、大中型物流中心、集装箱货运站和旅游汽车客运站。限制新建简易站场。构筑既适合我国生产力发展水平，又与货物流通体系和运输市场紧密衔接的物流服务平台。

发展汽车货运站场和物流中心，要以中心城市和大中型企业为依托，以运输企业为载体，符合规模经济原则和专业化分工与协作的要求，建立与社会经济发展相适应、布局合理、供求关系稳定的站场联合体。

（4）完善站场配套设施，拓展站场功能

完善站场配套设施建设，合理调整站场结构。重点加强汽车客运站的停车场、行包装卸系统和辅助服务设施建设。加强货运站的堆场、仓储设施和货物搬运与装卸系统的建设，发挥货运站场在仓储业和物流服务中的优势，促使汽车货运站场向综合物流方向发展，把汽车货运站场逐步建成国际和国内多式联运的枢纽，建成适应物流业发展的现代化物流中心。

加快站场运营管理、信息系统、服务质量等软件建设，使站场设施充分得到利用，功能充分发挥。

加强县乡（镇）的客货运输站场建设，构建完整的运输站场系统，均衡城乡的发展。

（5）加快站场科技进步的步伐，提高服务水平和效率

运用电子信息等高新技术，整合道

路运输站场要素，提高站场装备现代化水平，促进站场的服务创新、技术创新、组织创新、管理创新和制度创新。

加强站场技术装备和生产组织与管理技术研究，重点研发公路主枢纽和站场运行机制，积极推进站场生产组织和业务管理的电子化、信息化和智能化，通过技术进步完善站场功能，提高服务水平和效率。

积极推广物流技术和设备的应用。进一步加强集装箱运输技术的开发和推广。推进汽车货运站场电子化进程，建立和完善货运信息系统。建立站场信息代码和信息系统，实现站场信息管理标准化，经营运作网络化，信息资源共享。提高站场工作人员素质，重视从业人员的在职教育和岗位培训。

坚持站场建设和技术改造并重的方针，加强技术改造和设备更新。充分利用现有站场资源，发挥和提高现有站场设施能力，凡可通过技术改造增大站场吞吐能力、适应运输需求的，不再审批新建项目。

（6）加强站场运营管理，规范站场经营行为

明确站场的产权和经营主体，加强国家投资和股权及其收益的管理，提高站场资金的使用效果。加强站场与运输经营者之间的联系，明确经营者参与站场的经营管理活动的范围。明确站场在运输生产过程的组织地位，促使运输生产要素的有机结合，形成系统。引导站场向民营化和集团化方向发展。

加强站场经营行为管理，建立竞争有序的经营环境。完善站场市场准入的监督管理，逐步加大站场经营自主权。规范站场经营行为，引导和鼓励站场之间进行公平竞争。

实行道路运输站场经营许可证制度，开展对现有站场的级别核定工作。

（7）调整站场经营方向，适应运输市场需求

鼓励客运站场以市场需求为基础，开辟高速客运班线，发展高速客运。开辟旅游客运班线，发展旅游客运。引导短途客运向“公交化”方向发展，实现道路客运高速化、旅游化和“公交化”。

鼓励货运站场以货运信息服务和货运代理为基础，发展快件货运和集装箱运输，引导货运站场向现代综合物流方向拓展，实现道路货运快速化、集装化和信息化。

（8）建立多元投资体制，健全站场建设投资项目决策机制

坚持“谁投资、谁受益、谁决策、谁承担风险”的原则，实施站场建设资金筹集多元化，完善集资机制，鼓励运输企业通过银行信贷、利用自有资金、发行债券、利用外资等方式建设站场。

改革和完善站场投资管理体制。建立多元化的投资机制，健全站场投资项目决策机制。站场投资项目实行资本金

制度，建设项目实行法人责任制。建立站场建设投资有限公司，灵活运用站场建设资金。

继续对道路运输站场投资实行扶持政策，加大对公路主枢纽、综合性货运站场和物流中心的投资扶持力度。

4. 政策发展方向

以有效利用道路运输站场资源，实现“货畅其流，人便于行”，促进社会经济的发展，提高全社会经济效益为目标，以全国公路网的布局规划为基础，以培育和发展运输市场为核心，促使道路运输市场有序、健康地发展。

（1）政策重心，由建设转向管理

改革开放以来，道路运输站场系统一直偏重于站房设施、站内设备等硬件建设，忽略了运营管理、信息系统、服务质量等软件建设，致使站场设施未能有效率地使用，许多设备设施改变用途或闲置。未来应着重于站场系统与运营管理，使现有站场设施得到充分利用，功能得到充分发挥，更好地服务运输市场。

（2）建设重点，由城市转向县镇，由客运转向货运

过去站场建设投资偏重于大城市的客运站场，货运站场及县乡（镇）的客货运输站场明显滞后，物流服务基础设施严重不足。未来应以加强县乡（镇）的客货运输站场建设，构建完整的运输站场系统为原则，均衡城乡的发展。我国加入WTO后，物流潜在市场巨大，因此，统一物流理念，整合物流资源，构筑动作平台，建设物流网络是未来道路货运站场的发展方向。

（3）建设资金，由国家转向社会

长期以来，站场建设资金由政府按一定比例投入，不利于站场的经营管理与投资效益的发挥，不适应市场经济的客观规律。未来应以资产为纽带，建立站场资本运营体系，发挥国有资本主导作用，把社会资金吸引到站场建设上来。以实现国有资本的增值保值为原则，根据站场性质、类别及所处地理位置等确定国家投入的比例和方式。站场建设必须由行业和部门行为向政府和社会行为转变，以地方为主，动员全社会力量办建设。

（4）运输工具，由普通转向中档，由一般转向专用

目前，运输经营偏重于追求经济利益，忽视运输工具的更新，致使车型老旧、超龄服役现象普遍，特别是县乡（镇）的客运营运车辆中，淘汰车、报废车普遍存在。由于专用车投资较大，货运经营者大多用普通车型或改装车代替专用车从事营运，严重影响了站场运输组织能力和管理水平的提高。未来应提高运输服务品质，以适应市场需求为原则，严格市场准入关，鼓励客运经营者投放中高档客车，货运经营者投放专用车，限定营运车辆的车龄。

（5）客货运送，由单运转向联运

我国道路运输站场一直是以提供单一道路运输服务，客货运送亦以单一运具（汽车）作为起迄点间的运送，不能为旅客、货主和车主提供双向服务，选择最佳运送线路，组织合理的联运。致使客货运送成本高，运营调度缺乏应变能力，不能满足服务对象的需求。未来应以多种运输方式之间的联运为发展重心，以降低客货运送成本，增加运送弹性和效益为目标，全面推行“一次承运，全程服务”。

（6）组织形式，由分散转向集约

改革开放以前，我国道路运输站场一直由国有运输企业经营。改革开放以后，共用型站场大都是事业单位建制，实施企业化管理。自备站场仍由运输企业自己经营。站是孤立的站，场是单独的场。换言之，我国道路运输站场是以国有分散经营为主，缺乏民营企业与企业集团的经营效率，致使站场经营效益低下，特别是国有货运站场亏损面大，旅客、货主和车主不能得到满意的服务。未来应以站场集团化为基础，逐步向民营化方向开放站场经营权限，制订站管车的相关政策，以企业化的经营向旅客、货主和车主提供高效、优质服务。

（7）运营管理，由管制转向放开

长期以来，我国道路运输站场是在政府和行业主管部门的指导下进行经营管理，缺乏经营自主权，如营运线路的开辟、班次时刻的确定、班次增减、线路牌管理等均由运输管理部门确定。经营者的运营线路、起讫站场亦由行业管理部门指定，站场无权选择接纳个集体经营者，经营者无权选择所进站场。未来，应适度加大站场权限，在严格经营者资格前提下，修订道路运输服务业户开业技术经济条件和道路运输经营业户开业技术经济条件，逐步开放运输市场，吸引民间和企业集团投资建设站场，满足“人便于行，货畅其流”的市场需求。

（8）运输服务，由单一转向多元，由一般转向优质

过去道路客运站场的经营是在我国人均收入水平低、人均出行次数少的环境下，以提供长途短旅客运输服务为主。随着人民群众物质与文化生活水平的提高和“假日经济”的出现，人均出行次数快速增长，旅客运输量急剧增长，客运班次密度不断增大，城乡公共客运和旅游客运市场潜力巨大。

货运站场市场定位仅限于货物运输服务。综合物流业和物流一体化的发展，为货运站场提供了一个难得的发展机遇，也为货运站场的经营理念、服务方式、功能设置、服务项目等方面指明了方向。高等级公路的快速发展为快件货运提供了巨大的发展空间，高科技的发展使货运信息服务领域潜力不断挖

掘，两者均有可观的经济效益。

因此，未来客运站场应着眼发展城乡公共汽车客运和旅游客运。货运站场应以货运信息服务和货运代理为基础，发展快件货运、集装箱运输和综合物流服务。

道路运输站场的建设与发展，有力地推动了道路运输有形市场的培育和发展，促进了各种经济成分在市场中公平竞争、协调发展。道路运输站场建设与管理政策是为了实现我国道路运输发展目标，使道路运输符合市场经济规律，具有整体性、均衡性、动态性、持续性、可操作性和前瞻性。

（四）站的组织管理制度

站的组织管理制度是在行业法规制度的基础上，根据站的实际情况制定出来的具有可操作性的管理规章制度。站各项规章制度受行业法规制度的约束和指导，又结合各地、各站的实际运营环节进行细化。

汽车客运站是旅客和客运车辆集散的场所，具有服务环节多，生产环境复杂，管理难度大等特点。为了使车站工作忙而不乱、井然有序、优质高效，必须建立健全以岗位责任制为中心内容的各项规章制度，切实做到职责分明，权、责、利落实到岗、到人。组织管理制度的落实与组织机构密切挂钩，随着管理手段和管理方法的不断改进，站的组织管理制度日益细化，权责划分也更加明确。

一般来说，站的规章制度包括服务管理制度、站容站貌管理制度、质量考核管理制度、财务管理制度、经营管理制度、安全管理制度、台账管理制度、信息系统管理制度等内容。各项规章制度需要具体化、细致化、条理化。

1. 劳动管理制度

包括劳动人事管理制度和劳动纪律管理制度。

2. 岗位责任制度

包括党、政、工会领导工作岗位职责，各职能科(股)室工作岗位职责，各服务工作岗位职责，其他工作岗位职责。

3. 财务管理制度

包括票据管理制度，营收管理制度，费用开支制度，现金管理制度，票款结算制度。

4. 卫生管理制度

包括副食品卫生制度，公共场所卫生制度（停车场停车场候车室、停车场候车室、售票厅），厕所卫生制度。

5. 学习会议制度

包括学习制度，会议制度。

6. 民主管理制度

包括车站职工民主管理制度，参营者民主管理制度。

7. 台账管理制度

包括原始记录管理制度，报表管理

制度。

8. 信息系统管理制度

包括机房设备管理制度，微机售票管理制度，微机结算管理制度，微机调度管理制度，微机系统岗位责任制度。

9. 调度工作制度

包括运力管理制度，调度会议制度，调度值班制度，调度通讯制度，调度请示汇报制度，调度岗位责任制度，调度方案制定制度。

10. 多种经营管理制度

11. 安全防火管理制度

包括消防设施管理制度，电源、电器设备管理制度，易燃、易爆和危险品管理制度，营运车辆安全管理制度，驾驶人员安全管理制度。

12. 交接班制度

13. 服务质量监督制度

14. 奖惩制度

以上是按照岗位职责对管理制度进行的分类，每个站可以根据自身的实际情况，修订原规章制度或重新制定符合实际情况的规章制度。管理制度需要与岗位职责密切协调，使得各个岗位有明确的要求与标准，保证运输生产效率高、秩序井然。

第七章 站的物质文明

站的物质文明，是由站的从业者创造的服务和各种物质设施等构成的器物文化，是一种以物质形态为的表层站文化，它往往能够折射出站的经营思想、经营管理哲学、工作作风和审美意识。

一、站的物质文化创造原则

在创造站的物质文化的过程中，应当遵循一定的原则。时代不同，人们的价值观念也有所不同，为了适应新世纪人的心理和审美的变化，站在进行物质生产和服务中，应当遵循以下原则。

（一）“品质文化”的原则

品质文化原则，即强调站产品或服务的质量。站存在的必要是因为它能够满足社会的某种需要，所以站之间的竞争，首先是站为社会提供产品或服务质量的竞争，质量是站的生命，持续稳定的优质产品是维系站信誉和品牌的根本保证。

对于站而言，它的品质文化就是能够为旅客提供舒适、方便、快捷的乘车环境和服务设施。

（二）审美愉悦原则

站不仅是在为社会公众提供服务，而且还在创造一种消费情绪，站应当善于调动服务对象的各种知觉（比如：视觉、听觉、嗅觉等）来为其营造舒适的消费环境。站的生产和办公环境会对服务对象和从业者的心态和情绪产生直接的影响。美观、舒适的工作环境能增强凝聚力和从业者的自豪感，能激起从业者愉快昂扬的工作情绪，消除紧张、疲劳、厌倦烦躁等不良情绪。优化的工作环境能够提高劳动效率和经济效益，对建立稳定的从业者群体起凝聚作用，能够促进站从业者身心的健康发展。

站的物质文化建设，应当在安全的前提下，充分给人以美的享受，愉悦公众的审美情绪，展示人类文化的成果。

二、站的形象

站的形象是一种抽象的价值判断，表现为公众的心理认同，是一种无形资产。大力开发站的形象资源，认真抓好站的形象管理，精心塑造良好的站形象，对于振奋从业者精神，促进生产经营和管理工作，增强站的内聚力，展示站良好的精神风貌，树立良好的社会形象，帮助站在发展中立于不败之地，都具有十分重要的意义。

（一）站的形象

现代汉语词典对“形象”的解释是：“能引起人的思想或感情活动的具体形状或姿态”。站的形象是指能够激发人们思想感情活动的站的物质形态与精神风貌的总和，是人们对站的内在文化的感知的具体看法，它涵盖物质文明、精神文明、政治文明三个领域。换句话说，形象本身既是主观的，又是客观的。其主观性是由于人的思想和感情活动是主观的，是人对事物的具体形状或姿态的印象、认识、反映及评价。其客观性在于形象是事物本身具有的具体形状或姿态，是事物的客观存在，是不以人的主观评价为转移的，独立于人的主观意识而存在。

形象一词有着极为丰富的内涵和外延。由于现实事物本身的千差万别，形象的内涵表现也就极为生动、具体、复杂多变。由于诸多事物都会引发人的思想和感情波动，也就产生了人们对诸多事物的印象和评价，使形象的外延极为广阔。就人类社会来讲，小到一个人，一个家庭；中到一个组织，一个团体；大到一个地区，一个民族，一个国家，都有其自身独特的形象。

任何站都有一个属于自己的独特的形象。或卓越优异，或平凡普通；或真善美，或假恶丑；或美名远扬，或默默无闻。良好的站形象可以使站在市场竞争中处于有利地位，受益无穷。而平庸无奇乃至恶劣的站形象无疑会给站在生产经营中带来消极的影响。对站而言，在站的运营过程中，站的形象也发挥着巨大的作用。

所谓站的形象，本质上就是社会公众对站的一切活动及其表现的总体印象和评价。它包含两方面的内容：一是，站的形象的主体是站，它是站的一切活动及其表现，是站有意或无意地展现在社会公众面前的，包括站的生产经营管理及社会活动。二是，站的形象的接受者是社会公众，它是社会公众对站的总体印象和评价，是人的主观感受对客体站的反映。

（二）站的形象的主要特征

1. 统一性

站的形象是主观和客观的统一。从主观上讲，它是站从业者和社会公众对站的认识和评价，属于意识形态。从客观上讲，它是站的实态表现，是站的一切活动在社会面前的展示，是客观真实的，具有客观性的特征。

2. 自主性

站的形象的形成和确立，完全是站的自主行为所致，以站的行为事实为依据。站的形象是否能得到从业者和社会大众的认同与好评，关键要依靠站自己扎实的工作，是干出来的，而不是说出来的。站的形象在很大程度上是从业者努力的结果。

3. 整体性

站的形象是由站内部诸多因素构成的统一体和集中表现，是一个完整的有机整体，具有整体性的特征。构成站形象的每一个要素的表现好坏，必然会影响到整体的形象。所以，站只有在所有方面都有上乘的表现，才能塑造出一个完整的全面的良好形象。

4. 可信性

站的形象的形成不是靠站自己的宣传与公关，也不能依靠站自身的感觉或个别部门单方面的看法，必须是一个真实的形象，客观公正地反映在全体从业者和社会大众心目中，具有可信性。只有形象的真实可信，才会使公众产生对形象的忠诚度。

5. 长期性

塑造形象不是一朝一夕之功，是一项长期任务。需要花较长时间，投入较大精力和一定的费用，有计划、有步骤地开展。从树立站的目标、确立站的价值观、规范道德行为、重视技术开发、引进培养人才、科学经营管理、提高产品质量和服务质量等方面，扎扎实实地下功夫，持之以恒，不间断地努力。

6. 发展性

形象的形成是一个动态过程。虽然一经树立便具有相对的稳定性，但随着经济环境和消费趋向的变化以及站发展的需要，站的形象必然存在一个重新塑造的问题。另外，站的形象也是非常容易变化的，因为站的任何不良行为，都会直接影响到站的形象。一个良好的站形象创立难，培育、发展、维护更需要持久的努力。

（三）站的形象的构成要素

站的形象主要包括站的理念识别系统MI（Mind Identity）、站的行为识别系统BI（Behavior Identity）和站的视觉识别系统VI（Visual Identity）三大部分，既CIS识别系统。它是指将站的经营理念、经营方向、站的精神和站的文化，通过标准化的行为规范与系统的外在视觉形象规范，呈现于社会大众面前，树立良好的站形象。

1. 站的理念识别系统

理念是指一种观念、思想、意识。它作为站经营管理的一个术语，主要是指经营思想、经营意识。

识别，在CIS中被释为Identity。Identity一词在《牛津现代高级英汉汉英双解词典》中的解释有两个：一是同一、绝对相同、完全相同。二是身份、本身、本体。因此，“识别”一词包含两层含义：一是统一性，即一个组织对内对外、上下左右在相关方面都必须一致。二是独特性，即一个组织应该具备区别于其他组织的与众不同的地方。由此看出，一个组织只有做到在相关方面具有统一性和独特性，才能被公众所识别。

所以，理念识别是指设计、策划、实施统一独特的站理念并为公众所认知、认可的过程。

站的理念识别系统，是站文化战略整合的核心识别系统。它由经营宗旨、经营目标、站的使命、站的作风、站的理念、站的精神、站的价值观、站的经营哲学、站的道德规范等几部分组成。

2. 站的行为识别系统

站的行为识别系统是站的理念识别系统的外化和表现。行为识别是一种动态的识别形式，它通过各种行为或活动来观测、判断、评定站的理念和站的形象。

站的行为识别系统，是在站的发展过程中，对从业者的行为实行系统化、规范化的统一设计和统一管理，以站的精神理念和经营思想为内蕴动力，显现出站内部的管理方法、组织建设、教育培训、公共关系、经营制度等方面的创新活动，最后达到塑造站良好形象的目的。是站的理念系统的动态显现，是在经营行为中实施精神文化。

3. 站的视觉识别系统

站的视觉识别系统是站的理念识别系统和行为识别系统在视觉上的具体化、形象化，它是通过提炼与设计站外在形象的系列元素，构成一个完整的体系，成为对内提升管理效率，增强职工凝聚力、向心力，对外提升传播效率，增加社会知名度与美誉度的重要手段之一。

在CIS识别系统中，站的视觉识别系统是最外在、最直观的部分，它以客运站的标志、标准字、标准色和象征图案、吉祥物等为基础，设计客运站的各种外观，如服务品牌、事务用品（文具、名片、信笺、信封等）、办公室装饰、广告标牌、从业者制服、车辆外观等，组成客运站独特的视觉识别形象，并将信息向外界传达，从而立竿见影地树立起一个鲜明的客运站视觉形象。统一视觉形象对塑造客运站形象至关重要，它从人们视觉角度，使客运站在社会公众的心目中留下难忘的印象。

站的视觉识别系统的引入可以使站魅力无穷，光彩照人。站的视觉识别系统的设计在能否成功树立站自己形象的一系列运作中显得尤为重要。在所有视觉识别的内容中，站的名称、标志、标准字、标准色是整个站的视觉识别系统的核心。站的名称、标志、标准字、标准色这四项要素是站的地位、规模、力量、尊严、理念等内涵的外在集中表现，构成了站的第一特征及基本气质。由于视觉识别负载着传达站文化、站的理念、站的使命，因此，站的名称、标志、标准字、标准色必须具有寓意性、直观性、表达性和传播性。

（1）站的名称

站应依据其社会属性统一名称。

（2）站的标志

站的标志是代表站的形象、特征、信誉、文化的一种特定符号，标志是站的视觉识别系统的主角，更是旅客心目中对站认知、认同的代表物。站的标志可分为字体标志、图形标志和组合标志。

字体标志，是指以特定的明确字体，造型式字体所衍生出来的图案作为站的标志。其中，中文、英文大小写字母与阿拉伯数字等都可作为字体标志设计要素。

图形标志，是通过象形图案或几何图案来表示的站的标志。图形标志形象性强，如果设计适当，则能利用丰富的图形结构及其结构组合规律表达一定的含义，在充分利用几何图形的点、线、面变化中，设计出具有高意境、高寓意的标志。图形标志一般最好配合以站的名称。

组合标志，是字体与图形相结合的站的标志。组合标志在图形中加上字体，形象生动活泼，含义清楚，易于理解。

（3）站的标准字

标准字作为站的形象识别系统的重要组成部分，应用十分广泛，如同标志一样，标准字在不同场合的使用中也应准确一致，以求得正确的视觉传达。

标准字的设计原则包括识别性、易读性、艺术性、延展性和系统性。标准字应具有独特的风格，能给人以强烈的印象，应以站的文化背景和站的经营理念为基础，鲜明地将站的经营内容或服务特性表现出来。

标准字的设计虽然可以做适当的简化和装饰，但其基本笔画和结合法必须遵循习惯规则，这样才不至于让人无法辨认，不至于造成信息传达的障碍。只有具备美感的标准字，才易于观看者产生共鸣和认同，吸引其注意、加深其印象。因此，标准字的设计，应在文字基本结构的基础上力求创新感、亲切感和美感。

（4）站的标准色

标准色是站根据自身需要指定的某一色彩或某一组色彩，用来表征站实体及其存在的意义。色彩是视觉感知的基本因素，它在视觉识别中的决定性作用，使得站必须定出自己所用的特定色彩，使站的标志、名称等色彩实现统一化和保持一贯化，以达到突显站的形象和视觉识别的目的。

色彩作为视觉识别系统中的一个重要因素，能有力地表达情感，在不知不觉中影响着人们的精神、情绪和行为。每一种颜色都能诱发出一定的情感。如红色给人以活泼、生动和不安的感觉，并饱含着力量、热情、方向感和冲动。橙色象征着充足、饱满、有活力、明亮、健康、向上、兴奋等。黄色代表明亮、辉煌、醒目、高贵，使人感到愉快、年轻和充满活力。绿色使人产生和平、安全的感觉。蓝色使人想到蓝天、海洋、远山、严寒，使人具有崇高、深远、透明、沉静、凉爽的感觉。紫色给人以高贵、庄重的感觉。白色给人以纯洁、和平、澄清之感。

设计标准色的主要原则是突出站的风格，体现站的服务宗旨、经营方针。蓝色、红色、黄色、白色既代表不同的心理感应，又有民族象征、行业象征的含义。设计标准色还应顺应国际潮流。标准色设定的色彩种类不宜过多，一般限制在三种颜色以内。

例如，张家口汽车客运总站的视觉识别系统是由标志、中文标准字、标准色三项基本要素构成的（见图7-1~图7-3），它是整个车站信息传达与形象识别的核心。

在CIS中，理念识别系统处于核心和灵魂的地位，因为站的识别正是将站的理念贯彻于其各种行为之中，并运用整体传媒系统，特别是视觉设计，传播给站的内外部公众，使其对站产生识别和认同。

站的理念识别是导入CIS的关键，能否设计出完善的形象识别系统，并能有效地贯彻，主要依赖于理念识别系统的开发与建立。站的理念属于思想、文化的意识层面，因而，它对站的形位、视觉设计和形象传达具有一种统摄作用。没有理念的指导，站将既无规范的行为，也无统一的视觉形象。

另一方面，理念识别系统虽具有丰

图7-1 标志

张开双臂运送真情

图7-2 中文标准字

图7-3 标准色

富的内涵，但是如果不对它进行实施与应用，它将毫无意义，而应用或实施需要靠人的行为。然而，站仅仅通过人的行为来传达和树立形象毕竟是有限的。在站的行为活动过程中，只有借助一定的视觉设计符号、一定的传播媒介，并将站的理念蕴含其中，多方位作用于广大公众的感受，才能真正提高公众对站的认识和记忆。

由此可见，站的理念识别系统、行为识别系统和视觉识别系统三者功能各异、相互配合、缺一不可。它们共同塑造站的形象，推进站的发展。

（四）站的形象的传播

站不仅要塑造和展示自己的形象，还应当积极地传播自己的形象。

站形象传播的方式主要有以下几种。

1. 广告

站支付一定的费用，利用电视、广播、路边或公共场所的牌楼或墙体、公共交通工具等宣传站的形象。

2. 新闻报道与专题研究文章

通过报道站内涌现的先进人物、先进事迹，来传播站的形象，扩大站的知名度，提高站的美誉度。

3. 建立网络、内部报纸

充分利用新的大众传媒，建立自己的网站，广泛传播企业形象。通过内部报纸深入贯彻企业文化，这也是一个非常有力的内聚手段。

4. 接待参观

热情接待外界人士来参观站，是全面传播站整体形象的好方法。通过参观，将站的形象展现给公众，同时通过与参观者的交流，使公众更加深入地了解站的情况。

5. 有奖征答

站可以公开向社会征求站的标志、站的歌曲设计等，应征者都会得到站的感谢和鼓励，入选者则应当得到奖励。这种方法向社会公众传达了这样一个信息，即站愿意依靠广大社会公众的智慧，尊重社会公众的意愿，从而使公众对站产生好感。

6. 社会公益事业

站赞助社会公益事业、文化体育活动和学术理论研究，既是为站的形象增添光彩，也是提高站美誉度的形象传播。

三、站的环境

环境是站文化的一种象征，属于站文化的表层结构。它体现了站文化的个性特点。每个站都存在于一定的环境之中，在环境中发展，同时又改变和创造着环境。

站的环境是站生存和发展的最基本条件，也是站进行正常生产经营活动所必要的、不可缺少的条件。没有了环境，站就无法生存。环境不好，就会影响站的生存和发展。不同的站体制以及用人机制、管理机制将会使站形成不同的环境。

站的环境包括外部环境和内部环境，不同的外部和内部环境，是站文化具有个性的重要原因。一般讲，站与外部环境的关系，综合体现了站的基本信念、价值观、道德风貌和经营哲学。站的内部环境，是构成站文化的重要因素。

（一）站文化的外部环境

站文化的外部大环境包括地理位置、气候、资源、山川等自然环境，也包括政治、经济、社会等因素。自然环境是站的生存环境，是站生存、发展最基本的保证。但是，对站影响更大，无时无刻不在强烈地作用于站，影响站发展的，是大环境中的政治法律环境、经济环境、意识环境和社会环境。

1. 政治法律环境

政治环境决定着站的发展方向，法律环境规定着站的经营活动行为。从方针政策来看，各个国家在不同时期根据不同需要会颁布一些经济政策，制定经济发展的方针，这些方针、政策会影响到站的经营活动。当前国家的大政方针必须在站的建设过程中予以贯彻，其引导站发展的方向，也控制和调节站的规划建设过程。从法律环境看，站开展经营活动，必须在法律许可得范围内进行，必须了解并遵守本国颁布的有关经营、投资等方面的法律、法规。

2. 经济环境

经济环境是指站经营活动所面临的外部经济条件，其运行状态及发展趋势都会直接或间接地对站的经营活动产生影响，决定着站生产力发展水平。毫无疑问，站生产力诸要素中的劳动者、劳动手段、劳动对象、科学技术、站管理等方面的状况，取决于社会大环境的发展。如果经济秩序混乱，经济环境恶化，市场失控，站就会失去正常生产和正常经营的基本条件。

3. 意识环境

意识环境决定着站的经营理念和价值观。意识环境是由于某种观念、精神、舆论、经验、情绪、作风、道德、习惯、心理所形成的一种思维定势。这种思维定势如同一种无形的力量对站发挥着潜移默化的作用。例如，小生产的封闭意识带来的保守思想倾向，必将使站思想僵化、求稳怕乱，不愿改革。再比如，积极、进步、乐观、崇高的环境必然促进站正确价值观的形成，激励人们不断奋斗和追求。

4. 社会环境

社会环境是社会结构、人口结构、教育水平、价值观念、生活方式、风俗习惯、伦理道德、语言文字等的总和，它决定着站的生产秩序。社会是一个大系统，站是社会中相对独立的子系统。如果站外部的社会秩序不好，则站的资源就会遭到破坏。小的方面，如断水断电、交通阻塞，大的方面如社会秩序。

5. 自然地理环境

站所处的地理位置，对站的经营管理也有很大的影响。位于东部发达地区的站与位于中西部落后地区的站，信息渠道畅通与否，都会对站的人才、生产经营成本、经营管理风格等产生不同的影响，在文化建设上必然也存在很大的差异。

（二）站文化的内部环境

站文化的内部环境主要包括站的生产环境、办公环境、生活环境三个方面。

1. 生产环境

生产环境的好坏直接影响着从业者和旅客的情绪与心理。站如果绿化好、站容美、环境清洁整齐，不仅可以激发从业者的自豪感和凝聚力，同时可以使旅客心情愉悦。因此，站应该注重创造优美的工作环境，并把它作为站文化建设的重要内容。

（1）候车环境

候车室是旅客休息和等候乘车的场所，车站必须为旅客创造一个良好的候车环境。

首先，应该为旅客营造一个清洁卫生、人文舒适的候车环境，配备专门的保洁人员，定时对候车厅进行清洁、打扫，给旅客以美的享受。

第二，加强CIS研究，对候车大厅内的色调、色块进行统一布局，将规范的用字，统一的色调，友好、善意、亲切的服务用语渗透到站和谐的交通文化之中。

第三，有条件的站还应该设置绿色通道和重点旅客候车室，给老、弱、病、残、孕和带小孩的旅客提供更加方便的服务，使旅客在车站也能体会家的温暖、感受人间温情。

（2）绿化美化

站的绿化美化，体现了站人文环境与自然景观的和谐。绿化的主要功能是调节小气候、防风、遮阳、吸声、除尘，改善站室外卫生条件，提高旅客候车的环境质量。站外的绿化布置在一定程度上体现站的整洁、宁静、朴素、优美，同时绿化可减少交通噪声、废气对站室外环境的污染。站的绿化工程，树种的选择以常青树为宜，并采取乔木、灌木、花树和花卉相结合的绿化方法有规划地绿化车站。

（3）景观设计

景观是环境给人的视觉综合效应，包括自然环境，也有人工的建筑和设施设备。环境景观的建设与维护，并非仅仅为了赏心悦目，也是人类精神在实质环境中的具体体现。站的景观设计要与自然环境融为一体，各种构造物与周围环境协调形成新的人文景观，营造良好的视觉环境。例如：人造景石、喷泉、花池、叠石、假山、壁画、雕塑和庭园景灯的设计。其空间大小、尺度、虚实、刚柔、主次、韵律应与站主体的造型相一致，应与周围的环境、周围的建筑相互协调、相互配合。

（4）污染治理

环境是站存在的基础条件，但站的生产经营往往又造成自然环境的污染和破坏，给站造成经济损失，使站的社会形象受到损害，对站内从业者及旅客的健康带来隐患。所以，站应该采取一定的措施来预防和治理环境污染。

噪声。对营运期间的产生的噪声，可以在站范围及周边地段设置禁止鸣笛和限速标志，在站周围种植降噪林带，并注意车辆以及相关设备日常的管理和养护，要加强对现场的管理。

废气。允许达到国家标准或按规定要求在排放管安装有关设备的运营车辆进入站，出入口以及场内道路保持良好的交通条件，防止车辆频繁加速或减速产生更多的尾气排放。

废水。生活废水（不包括食堂用水）可以直接排入市政排水管道，含有油污、泥沙的生活生产废水经过滤、沉淀、除油等处理后再行排放。

废渣。对于办公、生活垃圾应设有专用的垃圾间，废弃物每天安排专人清扫、收集到指定垃圾间，及时处理，分类堆放。当煤渣排放到一定数量后，定期送往指定的处理地点。及时清理泄漏的导热油、柴油和沥青，定期检查管道的密封性并对管道进行密封加固，发现问题立即解决，尽量避免泄漏。

2. 办公环境

办公环境的合理性常常会影响工作的质量与效率。改善办公环境，提高效率，已经成为站健康发展的一个战略性要素，赏心悦目的室内办公环境是激发从业者潜能，提高工作效率的物质基础。因此，在追求最佳功能费用比的基础上，办公环境要求能够充分满足人的生理和心理需要。另外，独具品味的环境，反映了站的特色和形象，能对置身其中的工作人员产生积极的、和谐的影响。

室内装饰与设计的基本原则：符合站实际经济状况。符合行业特点。符合使用要求。符合不同类型的工作性质。

3. 生活环境

生活环境包括从业者的居住、休息、娱乐等客观条件和服务设施，从业者本人及其子女的学习条件以及生活小区的整个环境建设和美化。生活环境反映了站对从业者物质生活的关心程度和对从业者精神生活的重视程度，以及对从业者精神潜能的开发状况。

居住不仅是人们的基本要求，同时也是人们的永恒追求，在这里凝聚了人们的价值观、生活习惯、精神追求。这就需要站除了创造一个安静、舒适、方便、安全、优美的生活环境外，还应该塑造好的生活环境。

安居才能乐业，良好的生活环境是从业者愉快工作的前提，是培养良好人际关系的重要场所，是传播站文化的不可或缺的途径。高强度、快节奏的工作方式，不良的心理状态，紧张的人际关系容易导致众多疾病。良好的生活环境可以引入和谐、愉快、友好的氛围，让从业者的心理行为放松、身体健康、精力充沛、情绪良好。

对于生活环境的美化，可以从以下几个方面来进行。

（1）建设干净、整洁、卫生的环境

脏、乱、差的生活环境是对生活的否定，是对人自身的否定。如果人们的生存空间到处是垃圾、噪音、空气污染，不仅会损害人们的身体健康，而且会对人的心理产生消极影响。因此，美好生活环境的一个重要的标志是干净、整洁和卫生。

（2）重视文化设施的建设和完善

人有多种需要，不仅仅是物质需要，更重要的是精神需要。在物质生活水平不断提高的今天，人们对精神需要的追求愈加强烈，求知、求美、求乐等心理迅速发展，构成站文化建设中不可忽略的课题。建立和完善从业者的文化设施，积极开展健康有益的文体活动，能够满足人们的多种物质需要和精神需要，丰富，充实、美化人们的生活。

（3）加强社会风气的改善

良好的社会风气是在社会实践中形成和发展起来的，反映了人的精神状态，并影响人们的精神面貌和内心世界。每一个从业者都应具有公民意识，遵守社会公德，遵纪守法。人与人之间应互相尊重、互相帮助、互相理解，相互之间充满真情，建立起和谐的人际关系，创造良好的社会关系氛围。

四、站的设施设备

（一）站内设施设备的设计原则

站内公共设施所包含的导向牌等设施给人以最直观的视觉影响，其美学特征是基本要求之一。将道路交通设施的视觉形式与美学特征相结合，总结出统一、均衡、比例、韵律四个原则。

1. 统一

统一是人们长期以来公认的一条艺术评论要则，也是构建和谐、舒适交通环境的基础。对于公共设施设计来说，统一就是要使道路交通设施的外部表现形式能够一致，并给人以视觉美感。外部表现形式包括颜色、形状、位置、材质等内容。也就是说不同类别的设施之间、同类设施之间，要有共同的形态因素存在，他们之间要具有某种内在的联系。

2. 均衡

均衡是一种比较普通的艺术特性，

它是宁静的基础，防止了杂乱无章和不稳定，给人一种安定舒适的感觉。人们通过视觉上的均衡，可获得心理平衡。均衡感的产生来源于均衡中心的确定和其他因素对中心的呼应。因此，在公共设施设计中，需要体现出公共环境的平衡感和合理性的属性。

3. 比例

比例是一种协调尺寸的手段，但它涉及的并不是具体的尺寸，而是整体与局部、局部与局部之间的协调关系。当一个物体能在整体尺寸和局部尺寸之间寻找到一种平衡时，便能产生一种和谐、舒适的感觉。对于站内公共设施设计而言，公共设施的尺度要和周围的空间环境形成一定的，传达到平衡的比例关系，而且在整个站内区域中的密度也要有一定的比例关系。适宜的比例关系能使旅客产生舒适的感受。

4. 韵律

韵律是指物体构成部分具有规律性重复的一种属性，可以产生强烈的运动感和方向感，引导人们的方向和视线，使人们不禁产生连续的趣味，并且吸引人们追寻这种感受。站内公共设施本身以及配合旅客完成的活动，都应当有一定的韵律。这种具有韵律的公共设施设计，会给旅客一种活跃的感觉，有利于消除旅客在紧张的视觉空间里产生的视觉疲劳和精神疲劳。

（二）设计特点

人和车是站的服务对象。人类具有创造环境、改变环境的能力，站内公共设施的人性化设计便是人类这种能力的表现。

1. 人本原则

在现代站中，人们新的生活方式引起人们对新行为迫切的需求，使人们的思想、感觉和智力得到激励，不断渴求更大的进步，得到心理上更大的满足，而人们的行为表现也正是公共设施设计的有机组成部分。当公共设施与经济环境、社会环境、及文化环境等因素结合时，才能将潜在的环境变为有效的环境。现代，公共设施的设计已由单体的设计向群体的设计发展，科技的进步为群体发展提供了多项选择的可能，这种整体设计也确保了有效环境中物质与精神需求的实现。

人们各种行为方式的差异，促使公共设施也应具有与之相适应的功能与作用。如老人、儿童、青年、残疾人有他们不同的行为方式与心理状况，必须对他们的活动特性加以研究调查，才能在物的功能中给予充分满足，以体现“人性化”的设计。由于是公共环境，不同的行为方式往往对公共设施造成不同程度的破坏，寻找合理的设计方案便显得尤为重要，有时恰恰是设计的错位导致人们不文明行为的产生。所以，对人的关注，加强“以人为中心”，包括对他们行为方式的尊重，无疑可以使环境更加有序。

2. 审美需求

站内公共设施对站内公共坏境的构筑是必不可少的。它以一定的造型、色彩、体量、质感与比例关系，并运用特有的手法，如象征、秩序、夸张等作用于人们的心理，成为人们的审美对象，其物理属性与精神属性的共存将给予人们视觉上的快感。尤其在与环境整体的协调中形成独特个性的设施，隐喻时代的精神与观念，传达当地的历史与文化、民俗风情，提示各种内涵，其特有的魅力将成为人们潜意识的审美感受，并在交流中产生互动作用。所以，公共设施与建筑、与其他实体一起组成了城市形象，反映城市特有的风貌，表现城市的气质与风格，同时展现城市居民的思想、文明与文化。由于它的公众性，强调大家共同分享，使人人有欣赏艺术、亲近艺术，甚至接触艺术的机会。站内公共设施如若各自为政，生硬叠加，杂乱无章地堆放，造成视觉的污染，站内面貌的混乱，就谈不上审美的愉悦感。

随着社会的发展，人们的生活方式、思维方式、交往方式等不断发生着变化，现代的人们渴望现代物质文明的同时，也渴望精神文明的滋润，站内公共设施不仅给人们带来方便，更让人在使用中感到舒适自在，并将舒适感转化为持久的审美追求。

3. 区域特色

当今信息化时代带来经济的剧烈变革和高度发展，并导致城市规模的扩大与城市结构的变化。经济结构也从原有的旧体系转变为“信息化”体系。高科技、密集型的“信息”支配着城市多元化经济的发展，并促使城市向网式、多中心的城市群发展。多样化的城市形象必然需要多样化的公共设施，为市民提供不同要求的服务，同时也为创立有魅力的、开放进取的特色环境，提高环境的质量打下基础。

对于公共设施，也不仅仅是某区域的单元体要素，如脱离特定的环境而“自我表现”，不管要素的自身多么完美，也都可能与环境相悖，甚至会对原有环境起破坏作用。以“单元”模式加以固定使用，必然遭到人们的反感。灵活地根据不同区域的特点，因地制宜地设计与之相适应的多样化、有个性的公共设施，不仅丰富城市形象，更是开放性文化价值体系的实验与创新。

混乱无序的广告侵占着站内公共设施的现象，不会造成优美的乘车环境。研究站内公共设施与人的关系，进行动态的整合，进行仔细、精心的处理，才能创造出有特色的站内环境。

4. 实用美学

美国环境艺术设计协会于2000年

的5月在奥尔良召开二十届年会，主题是：“理解环境，塑造城市的视觉形象”。设计界人士与城市规划师、政治家、哲学家、历史学家、艺术家和空想学家们一起探讨信息时代对于城市运行方式形成的影响。这则消息更增添了我们对城市环境设计的关注。如果说，公共环境设施的设计在发达国家已从研究的热点转化为实施行动，而我国则处于公共设施设计的起步阶段。随着大规模的城市建设，社会大众对公共环境的关心与参与，为创造美好生活空间的共同呼声，必然引起对公共环境设施设计价值的重视，公共环境设施也必将在城市建设中发挥其重要的作用。

站内公共设施要正确、合理、艺术的选用材料。从成本的角度考虑零部件的简化，材料来源的便捷，组合方式的合理与运送更换零件的方便等各环节，考虑使用材料与结构的关系等至关重要。在实用美观的基础上尽可能选用价格低的材料，不同等级的设计选用不同档次的材料等，在美化环境中既节约了社会资源，又以成本的优势获得人们的接受。

如同电话亭，有的人正常使用，有的人却在电话机旁随手涂鸦，有的人甚至将个人情绪发泄在公共设施上，造成设施的人为破坏。有时一些公共设施的设计产生视觉误导，使人困惑与犹豫。如20世纪70~80年代，在一些城市中出现的大熊猫造型的垃圾桶，常使人们在使用中感到难堪不安。如导向牌由于指示的不明确，而导致人们来回寻找。这种人类行为的多样性及公共设施的公众性必须加以研究，以提高公众的文明程度与设计师的整体水平。

（三）站内公共设施功能需求

马斯洛把人的基本需要分成若干等级(前面在理论基础中有过阐述)。马斯洛有这样的看法：人的基本动机就是以其最有效和最完整的方式表现他的潜力。他将人的功能需求由低到高分成：生理需求、安全需求、社交需求、尊重需求和自我实现需求五类。在人的发展中，当后一较高层级的需求充分出现之前，比它低级的需求必须得到适当的满足。

这一需要层级理论可以运用到站的研究中来，通过实地调研后，总结出人在站中的心理需求主要包括：安全性需求、便捷性需求、舒适性需求、文化性需求。

1. 安全性需求

亚里士多德说：人民为了安全，来到城市；为了美好的生活，聚居于城市。安全是我们能生存下去的基本条件。新城市主义时代的到来，给人们的行为模式融入了新的设计语言。安全性需求已经上升到了不可替代的地位。在站之中，我们空间中的行为都需要受到保护，无论我们处于一个怎样的状态。在拥挤的过道和天桥中，我们自动地与别人拉开距离。而在空寂的夜晚，我们又向人群中靠拢……正是危险和不安定的感觉在特定情况下起着决定性的作用。所以我们必须仔细研究实际的站内安全情况以及人们对于安全的心理感受。

2. 便捷性需求

我们在进入站后常常会遇到选择方向的问题，因此要具备空间认知能力。便捷是我们在实际的操作中常常考虑的要素，尤其在注重效率的今天。我们通常希望以最省力(包括能源)、最省时间、最省花费的方式来达到自己的需求。

人们进站后时，在瞬间的安全性判断后往往选择自己认为的最便捷的路线，而不是按照导向系统的提示行动。应该尽可能地将主要目标安排在人的流动线上，减少过分曲折迂回。

3. 舒适性需求

在客运站站内公共设施的设计中，往往是缺乏对使用人的环境认识。公共设施设计的目的之一是舒适。舒适性是为人设计的基本要求。舒适性体现在与人接触的方方面面，如舒适的座椅形式，如提供多种人体高度的公共电话等等。不但包括最常见的座椅、电话、垃圾桶、引水机、售卖柜台、咨询台等，还包括公共标识、导向牌等，还要考虑到为弱势群体设计的无障碍设施，使不同的人群在同一环境都得到满足。

4. 文化性需求

从心理学角度分析，如果要让人对一件事物产生认同感，首先要唤起他的归属感。归属感是一个十分广博的概念。但对于一件公用的物品而言，要让它能够唤起大众共同的归属感，首先应当赋予他大众所公认的文化。站内公共设施是站内公共环境的一部分，要得到人们的认同，满足人们的审美需要，首先就要体现出一定的文化内涵。而站内文化性设施设计是为了体现一种公共文化，有特色造型的设计本身就是文化性的体现。

（四）站内公共设施设计理念

1. 导向设施

导向标识，使人一看就知道要去方向的位置。站内导向设施是为在站中活动的人们确定位置与方向服务的，包括站内的地图系统、导向标识系统等。许多西方发达国家，其站内交通都能做到井然流畅，做法很多，一个共同的特点是，导向牌很多，并且很大，而我国站内广告牌多于导向牌。

站内导向设施应体现人性化设计，具体来说有以下几点：

（1）应该采用国际、国内通用符号传达信息，使不同地区，不同国家，不同语言的人都可以识别。例如，北京为迎接奥运，将市区所有公共厕所的英文告示门牌由“WC”改为“Toilet”便是考虑了世界通用性。

（2）要考虑各类人群的识别能力，如小孩识别能力较差、老人视力相对较弱等，设计时要尽量简洁易懂，要尽量设置触摸平台或声音系统为视力残疾者服务，采用适当加大尺度或醒目的色彩为运动中的人服务。

（3）标志牌和指示牌要有宜人的尺度，其安置方式与位置要便于人们止步观看，宜放在出入口、交叉口、分歧点等需要说明的地方。

（4）注意灯光照明设计，为所有时段中活动的人们服务。

（5）必须选用坚固、容易修理、清洗、更新的材料。

（6）尺度、色彩、造型要考虑与环境协调，给人以美的享受。

2. 服务设施

站内服务设施，是为方便人们在站内活动而设置的，主要包括休息设施与方便设施。这些设施的使用将与人体发生较大的接触，所以要考虑到人体工程学、生理学、心理学、人体测量学、以及人体各部分活动的相互关系、可及范围、人的行为习惯、速度、频率、视觉、嗅觉、听觉、肌肤的感觉等等。结合人的各项行为要求，尽量体现服务设施的人性化、现代化理念。

站内服务设施在满足人们实际需求的同时，愈来愈追求人性化的发展。设计更加符合人体尺度的要求，且布置的位置、方式、数量更加考虑人们的行为心理需求特点。因此，我们必须在满足人们需求的前提下，研究服务设施的造型、布置，使其与周围的环境相协调。只有这样，才能设计出更优美、更科学、更富有人情味的服务设施，创造更加充满活力的站内活动空间。站内的方便设施包括垃圾箱、电话亭、用水器、咨询台等。它们的设计首先要满足设计总则，另外还有其他的特别要求。例如电话亭考虑大人与小孩两种尺度非常必要，饮水器应该选在环境卫生、容易排水的地方，垃圾箱的外形如果有吸引力更有利于人们(尤其是小孩)养成不乱扔废物的习惯。服务设施的设计与设置位置最重要的是体现其“方便”性，应该结合站内人流流向、人的各种需求进行设计与设置，其原则可以参考休息设施的设计原则。

站内服务设施人性化设计要点:

（1）位置要恰当、顺手、方便使用。

（2）形体应该与人体尺寸搭配，形状要适合人们的行为动作习惯。

（3）操作简单，制作坚固，防止操作时出现意外伤害。

（4）有实用价值。

（5）便于维护与清洗。

（6）造型、色彩、风格要与环境协调，给人美的享受。

3. 文化设施

站内观赏性设施主要包括雕塑、盆栽等以供人观赏为主要目的的公共设施，它是赋予站内空间环境以生气的工具，是构成空间环境的一部分，也是城市文化的表现形式。雕塑既可通过自身形体的扩充填补空间的空洞，又可通过自身的压缩、镂空来包容空间，增加空间的深度。按照环境张力的理论，要使一个地方的环境张力平衡，可通过调和与对比的方法，站内观赏性设施可以在站内的空间塑造中起到很大的作用。

站内观赏性设施设计与其他所有的公共设施一样，最根本的要求是以人为本。伯纳德·贝伦松说："任何无助于我们体现人性的人工制品都不能称之为艺术品。"只有体现了人性，才可以更好地为人们服务。

文化设施人性化设计要点：

（1）有让人愉悦的比例、尺度、体量、造型、光影与色彩。

（2）与环境相协调，为环境整体增色服务。

（3）布置位置应该考虑人的视线与视距，要有利于人们观赏。

（4）如果没有特殊要求，应该要体现亲切感，让人们可以亲近。

（五）设施设备配置要求

由于客运站对设施设备配置的要求比较高，现以客运站为例，对设施设备配置的要求作以分析。首先来看两个例子：

"一五"期间，全国各地新建和改建汽车客运站126个，到1957年末，全国大小客运站达到545个，较1952年的115个增加了3倍多。少数新建站房规模较大，质量较好，设施也较完备。1956年建成的甘肃兰州客运站，占地面积2247平方米，其中候车室375平方米，比旧的兰州车站要宽敞的多。湖北汉口汽车站，候车室有800平方米，停车场达23100平方米。1955年建成的贵阳汽车站颇具规模，站内候车厅、母婴候车室、售票室、服务部、医务室、银行、书店等应有尽有，还附设保修车间、材料库，为驾驶员及时保养车辆提供方便。

2005年12月26日正式启用的保定客运中心站，占地面积264亩，共有22个售票窗口、26个检票口、71个发车位。总站坚持以人为本，科技兴站，不断提高科技含量，投资数百万元配置了现代化服务设施。电子显示屏全天向旅客发布最新客运信息。电子监控系统对站内外重点部位实行24小时在线监控。安检仪、触摸屏、电子播音让旅客的旅途更加安全、快捷、便利。售票、检票、结算、行包托运纳入微机网络，实现了运调、办公智能化管理。宽敞明亮的候车大厅、整洁舒适的候车座椅，为旅客营造了温馨、舒适的候车环境。

可以看出，随着社会的进步，科学技术的发展，站的设施设备也发生了巨大的变化。过去的站虽然设施设备很齐全，但是缺少现代化的气息，只能满足旅客“走得了”的要求，而不能很好的满足旅客“走得好”的要求。站的文明程度与设施设备的现代化密切相关，其对站文化的塑造有着重要影响。设施设备是站进行生产经营活动的物质基础，设施设备的发展水平决定站的竞争力，机械化、自动化、智能化的设施设备关系到站物质文化发展的水平及其对站精神文化发展的影响程度。随着知识经济时代的到来，设施设备对站文化建设的作用越来越大。今后的站的社会效益和经济效益在很大程度上取决于设施设备的现代化程度。

所以，站应当不断地加强科技投入，进行设施设备的更新，引进智能化、现代化的设施设备，增加车站服务的科技含量，使旅客感受到科技的力量，为旅客提供优质、方便、快捷、安全的旅行服务。以下将详细阐述站应当配置何种设施设备以及在配置的过程中应当注意的问题。

1. 站的设施

完善、合理的设施配置能够方便旅客出行，为旅客提供安全、便捷、舒适的乘车环境。完善、合理的设施配置原则如下。

（1）人性化原则

坚持“以人为本”的思想，配置人性化设施，全方位的服务旅客。人性化服务设施主要体现在：配置站台雨棚，设置残疾人专用厕所，从站房至发车站台以及到达车位至出站口设置无障碍通道等。

（2）方便性原则

设施的配置应该考虑旅客、站务人员和职工的生活和工作需要，防止不同功能区的人流的交叉，以免造成站内工作秩序的混乱。例如，在停车场设置厕所，设置候车雨棚，职工车辆停放处等。场地设施的功能划分要方便班车的停靠与出入，合理划分发车位与停车位，合理设置发车位与过往车停靠车位。

（3）可持续发展原则

设施的配置不仅要能够满足当前旅客运输的需求，还要在经济性的前提下为客运站以后的发展留有余地。车站是旅客集散的场所，车站的建设与运营在带动经济发展的同时，也在改变当地生态环境。因此，设施配置应从可持续发展的观点出发，减少污染，保护生态，注重绿化美化，种植具有除尘、吸噪音功能的观赏性植物。

2. 设施构成与配置要求

汽车客运站由若干服务系统组成，其设施主要由生产设施、生产辅助设施和生活服务设施三大部分组成。

生产设施，包括站前广场、站房、发车位和停车场等。

生产辅助设施，包括维修车间、洗车台、油库、配电室、锅炉房等。

生活服务设施，包括司乘公寓、单身职工宿舍、职工食堂、浴室等。

客运场站生产设施的配置要求如下。

（1）站前广场

站前广场是客运站房与城市联系的纽带，是旅客、行包和站外各种车辆的集散场所。主要由停车场、旅客集散区、行包集散区、绿化美化区等部分组成，配置时应遵循如下原则。

① 站前广场应与城市规划相协调，要结合所在地交通条件与特点，因地制宜，灵活布置。

② 站前广场的平面布置要紧凑合理，尽量节约用地，节省投资，各组成部分应有机联系在一起，利于旅客、行包集散与车辆进出，便于管理。

③ 合理组织广场内交通流，使进站与出站客流、车流、行包流分开，避免相互交叉干扰。

④ 要有一定的纵深，以提高疏散能力，避免城市干道交通对广场交通的干扰。

（2）站房

站房是客运站最主要的生产设施，旅客进站、购票、行包托运、候车直至进站上车均在这里完成。主要由售票厅、票据库、候车厅、行包托运厅、行包提取处、小件寄存处、问讯处、广播室、调度室、值班站长室、乘务员室、驾驶员室、邮电服务处、公安值勤室、旅客厕所、盥洗处、吸烟处等组成。其配置原则如下。

① 站房各部分面积既要满足设计年度旅客日发送量和旅客最高聚集人数流动的需要，又要满足各功能厅、处、室和设备合理布置的要求。

② 站房的平面形状与尺寸，应满足旅客活动的特点和室内通风、采光和音响的要求。平面布置力求紧凑合理、流线短捷、明快活泼、分区明确、节约用地。

③ 站房应有良好的朝向与风向。

④ 服务处所设置齐全，位置适宜。

（六）站的设备

为实现车站功能，就要有相应的辅助设备实现旅客运输的功能。在进行设备配置时，我们主要遵循下列原则。

（1）适用性

设备要适应车站工艺和作业特点，具有灵活性、机动性的特性。

（2）可靠性

设备的寿命周期长，安全可靠，作业质量高、易于维修。

（3）经济性

设备系统投资少，能源消耗小，使用成本低。

（4）有效性

设备作业能力与其作业量相适应。

（5）可行性

易于安装，便于操作。

（6）适当超前原则

为了提高各种作业效率，在设备选用时适当选择功能、用途超前的设备，为以后发展做准备。

（7）环保化原则

随着人民生活水平的提升，对环境要求逐渐提高，不仅在生活、工作场所要求环保，在出行、娱乐场所也有同样的要求。因此，车站的设备配置要保证环保、无污染，给旅客提供舒适的候车、乘车环境。

第八章　站的行为规范

行为文化是站文化的主要组成部分。行为文化包括：服务礼仪、服务行为、服务品牌和文化网络，是行为文化对从业者行为提出的要求，从业者的形象和行为都是行为文化的折射。行为文化的文明种子需要从业者亲身践行，在站的每一个角落遍开文明之花。良好的行为能够产生广泛的社会效应，本章将研究哪些是从业者必须掌握，并在工作中展现的行为文化。

站文化除了用核心价值观指导站的一切活动外，还要建立一套指导和约束站全体从业者行为的规范，倡导和发扬站文化，塑造站的特色文化，促进站文化建设更加有序、有效地运行，把价值观落实到具体的行为当中。

基本行为规范是站文化核心理念的外化和显现，是从业者在职业活动过程中，为了履行职业道德，从思想认识到日常行为必须接受和执行的基本行为准则。职业道德是从业者在服务中必需遵循的，涵盖了从业者与社会公众之间的关系。服务中应提倡爱岗敬业、诚实守信、办事公道、服务公众、服务社会的职业道德规范。

一、服务礼仪

（一）礼仪

古人曰：“礼出于俗，俗化为礼”。当今约定俗成的礼仪规范，其实就是源于日常的工作和生活中最易让人接受的做法。礼仪是社会交往中调整人与人之间的关系，规范个人行为和举止的艺术，是以一定的、约定俗成的程序，方式来表现的律己、敬人的过程，是社会交往过程中应具有的相互表示尊敬和友好的行为规范。礼仪是一种内在的修养。

礼仪包含的内容比较广泛，通常所讲的礼貌、礼节、仪表、仪容、仪式等都属于礼仪的范畴。

礼仪的主要功能，以从业者的角度看，一是有助于提高个人的自身修养；二是有助于美化自身、美化生活；三是有助于促进人们的社会交往，改善人际关系。从站的角度来说，可以美化站的形象，提高社会公众的满意度和美誉度，最终达到提升站的经济效益和社会效益的目的。从组织的角度看，礼仪是组织文化、组织精神的重要内容，是组织形象的主要附着点。所以，学习礼仪，不仅是时代的潮流，更是提升竞争力的现实需要。

（二）服务礼仪

服务礼仪，是指服务人员在工作岗位上向服务对象提供服务时标准的、正确的做法，是在与受众对象接触或提供服务过程中应遵守的交往艺术。服务礼仪通常包括：

① 服务仪容，是指服务人员的相貌和面容，特别要注意头部、肢体等暴露在外的地方，如：发型、面部和肢体修饰、美容化妆等。

② 服务仪表，是服务人员的外表，包括穿着、举止、风度等，主要有制服、套裙、工装、帽子、领花、工牌、鞋袜等。

③ 服务仪态，就是服务人员的身体姿态，包括站姿、坐姿、行姿、表情以及身体展示的各种动作等。

④ 服务语言，是服务人员与受众客体沟通过程中所使用的规范语言、语调等，如：问候、请托、感谢、祝福等。

对于站来说，服务礼仪就是指从业者在工作岗位上，通过言谈、举止、行为等，对社会公众表示尊重和友好的行为规范与惯例。简单的说，就是从业者在工作场合适用的礼仪规范和工作艺术。服务礼仪是体现站服务的具体过程和手段，使无形的服务有形化、规范化、系统化。有形、系统、规范的服务礼仪不仅可以树立从业者和站的良好形象，更可以塑造受社会公众欢迎的服务技巧和服务规范。能让从业者在和公众的交往中更容易赢得理解、好感和信任，旅客得到亲情的感受。

服务礼仪是衡量社会文明程度，塑造交通行业和站良好公众形象的基本要求。服务礼仪能让站保持良好的秩序，让旅客愉快地出行，建立明朗活泼的人际关系，形成和谐友善的内、外部环境。

1. 服务礼仪的作用

（1）礼仪是从业者与公众沟通的桥梁

礼仪是有效沟通的润滑剂，是从业者与公众沟通的桥梁。在现代社会中，沟通是人们融入社会、企业的主要方式和手段，礼仪则是有效沟通常常借助的形式。在站内，如果不遵守一定的礼仪，简单的沟通常常也无法进行。所以说，沟通是礼仪的主要内容和首要功能，礼仪是沟通的形式和手段，是人们有效沟通的桥梁。

（2）礼仪是协调个体与群体的有效方法

从业者在与公众交往的过程中，需

要以礼仪这种交际手段来不断的，按一定规范来协调人际关系。人的本质是社会关系的总和，只有遵循一定的规矩，把握一定的度，才能既不伤害自己也不刺激别人。站从业者需要扮好自己的角色，使站与公众、从业者与公众融合在一起，形成一个心情愉快，生动活泼、和谐一致的服务环境，从而在各自的位置上推动站的发展。

（3）礼仪是规范行为的依据

无论是在哪个层面上的社会交往中，人们都是相互影响、相互作用、相互制约与相互合作的关系，如果没有一定的礼仪作为规范行为的依据，整个社会将处于交流失效的状态。礼仪能使从业者明白应该做什么，不应该做什么，应该怎样做，不应该怎样做，能以合理的方式与合适的度规范从业者的行为，塑造良好的个人形象和站的形象。

（4）礼仪是展示站的形象的平台

礼仪行为规范存在于站与公众、站与站、站与从业者、从业者与从业者之间的一切交往活动中，它是从业者内在修养与外显行为的综合反映，是站文化的重要表现形式。彬彬有礼、大方得体的从业者能够树立站良好的形象，创造站良好的社会关系环境，给站的发展带来生机与活力。

人在社会生活中，需求是多种多样的，既有包括物质在内的基本需求，也有包括精神在内的高层次需求。而要满足人们的这些需求，作为桥梁的交际礼仪就起到了显著的作用。因此，在站的实际运营过程中，应当特别注意交际礼仪的运用，并通过它来促进从业者自身或站的发展，树立良好的形象。

2. 服务礼仪的特点

规范性是礼仪的本质特点。它告诉人们应该怎样做，而不应该怎样做，怎样做是对的，怎样做是错的。对此，礼仪都有明确的规定。站是不具备排他性特点的公共场所，站的服务对象是社会成员，越是大范围的服务领域，越是有必要注重礼仪的规范。因为，规范化的服务礼仪不仅仅是个别组织风貌的展现，更是交通大系统形象塑造与文明传播的有效途径。礼仪的规范性主要表现在以下几个方面。

（1）语言的规范性

人们无论谈论什么事都要运用礼貌语言。对于面向社会公众提供服务的站更加需要规范性的语言与公众沟通、为公众服务。例如，客运站员工应当使用“请、您好、谢谢、对不起、再见”十字文明用语和其他文明用语。

（2）行为的规范性

在公关礼仪活动中，人们究竟应该怎样施礼都有一定的规范。例如，人们见面时以握手等行为表示问候，告别时用握手、招手表示再见。关系特别的甚至以拥抱表示问候和告别，及至对于怎样握手、拥抱等都有严格的规定。

站文化礼仪是指站在长期的文化活动中所形成的交往行为模式、交往规范性礼节和固定的仪式。它规定站从业者必须遵守的行为规范、语言规范、着装规范，并规定了特定的活动的规格、规模、场合、程序和气氛。

站文化礼仪往往有固定的周期性。例如，有些站在每天早上有专门的发车仪式，以此表示对驾乘人员的重视和尊重，而有些站在每天清晨会有礼仪人员在门口迎宾，每天下午有礼仪人员在门口送客以此来表示服务的真诚和热情，还有些站每个月都会有升旗仪式，以此来教育从业者和公众的爱国热情，履行站的社会责任等。

值得指出的是，站文化礼仪有其自身的特点。若不注意，则容易流于形式，浮于表层，不仅起不到丰富站文化的作用，甚至会起到相反的作用。因此在规范站文化礼仪时，应特别注意以下问题：一是要重视弘扬交通行业的优良传统，使用有价值的文化活动素材。二是要给站文化礼仪以明确的指导思想，将交通文化倡导的价值观渗透到站礼仪活动中去。三是要认真组织、精心设计站文化礼仪的场景，善于制造良好的气氛，使从业者通过参加礼仪受到充分的感染和教育。四是要保持站文化礼仪的稳定性和连续性，避免朝令夕改。五是要广泛发动从业者参与，没有人参与的礼仪活动是没有生命力的。

3. 服务礼仪的准则

礼仪准则是指导、规范所有礼仪活动最基本的方针与原则。以下是礼仪遵循的基本准则。

（1）真诚原则

真诚是对人对事的一种实事求是的态度，是待人真心真意的友善表现。真诚首先表现为对人不说谎、不虚伪、不骗人。在应用礼仪时，务必诚信无欺，言行一致，表里如一。

（2）平等原则

这是礼仪的核心。在提供服务的过程中，尊重公众，热心相待，对任何服务对象都必须一视同仁，给予同等的礼遇。即，不骄狂，不自以为是，不厚此薄彼，不以貌取人，不以职业、地位、权势压人，处处时时平等谦虚待人。

（3）适度原则

在服务中把握分寸，根据具体情况、具体情境而选择相应的礼仪。如在与人交往时，既要彬彬有礼，又不能低三下四；既要热情大方，又不能轻佻浮躁。要自尊不要自负，要坦诚但不能粗鲁，要信任但不要轻信，要活泼但不能轻浮。

（4）自信原则

自信是社交场合难能可贵的心理素质。一个有充分信心的人，才能在交往中不卑不亢、落落大方，遇到强者不自惭，遇到磨难不气馁，遇到侮辱敢于挺身反击，遇到弱者会伸出援助之手。站这类特殊的公共场合，聚集的人员构成复杂，周围环境亦秩序相对较差，需要应对的突发事件可能性极大。从业人员树立良好的自信心态，掌握处理各类事件的方式，是服务礼仪活动必不可少的能力。

（5）宽容原则

宽容是一种较高的境界，容许别人有行动与见解自由，对不同于自己和传统观点的见解要有耐心、要公正、能容忍。在人们交际活动中运用礼仪时，既要严于律己，更要宽以待人。

（6）自律原则

这是礼仪的基础和出发点。学习、应用礼仪，最重要的就是要自我要求、自我约束、自我控制、自我对照、自我反省。另外在应用礼仪过程中要注意“慎独”，即，在没有外人的监督情况下，树立起自己内心的道德观念和行为准则，并养成一种习惯，以此来约束自己在社会交往中的行为。

4. 服务意识

服务意识是满足旅客潜在需求的服务能力。是否能够及时、准确地发现旅客的潜在需求，这就需要站从业者主动关注旅客，主动与旅客沟通，学会察言观色。通过旅客的言行举止、面部表情来发掘旅客的潜在需求，尽最大可能满足旅客的要求。

站从业者身负着为旅客服务的责任，应该积极主动地想旅客之所想，为旅客排忧解难。

耐心周到地为旅客服务。站从业者应该根据不同旅客的性格特点耐心地为他们办理业务、解答咨询，用心为旅客服务。

（1）视旅客为亲友

只有用高质量的情感服务迎接每一位旅客，才能让顾客以更大的热情对站和从业者的服务予以关注和支持，旅客和站的关系才能步入良性循环轨道。在服务过程中，应对旅客以亲友相待，应以微笑的面孔、百倍的热情迎接每一位公众，想旅客之所想，体察旅客的心理，解决好旅客的困难，为他们提供方便。

（2）强化现代服务理念，提升服务品味

理念支配着人的行为，服务理念决定着站的服务面貌，在服务上不断追求高目标，提升服务品味，创造服务特色。例如给服务品牌合理命名，如，“爱心始发站”、“小红帽”、“客运天使班”等。塑造专业服务形象，形象识别系统（CIS）是形成品牌差异，塑造鲜明个性的基础。基本可以分为三个组成部分：理念识别（MI，包括服务宗旨、服务方针、服务哲学、传播定位等），视觉识别（VI，包括标准色、标准字、LOGO、卡通形象、服务车辆、从业者着装等基础要素、应用要素系统），行为识别（BI，包括服务语言、服务动作规范等）。

5. 服务礼仪的介绍

（1）服务礼仪的五项守则

① 尊重为先

服务礼仪的内涵：即尊重他人，理解他人。很多矛盾的冲突往往是由于在双方交际的过程中缺乏彼此的尊重所造成的。从业者要从社会公众的角度看待和解决问题。

热情对待旅客，从业者不仅不能怠慢、排斥、挑剔旅客，而且还应当积极、热情、主动的接近旅客，淡化彼此间的戒备、抵触甚至对立情绪，将旅客当作自己人看待。

重视旅客，从业者对其尊重表现为认真接待，并且主动关心其需求和感受。

② 角色定位

站从业者的工作职责就是为旅客提供满意的服务，让旅客感觉到“宾至如归”，想旅客之所想、急旅客之所急，这样才能提升旅客的满意度和忠诚度。决不能对旅客不理不睬，置若罔闻。

站从业者还应根据所在行业和所在岗位的服务特点，在服务礼仪方面准确定位，按照社会对自己所适应扮演的既定角色的常规要求、限制和看法，对自己的礼仪进行设计。

③ 心态调整

很多站从业者在为旅客服务的过程中受到旅客的情绪波动或由于工作中不顺心的事情而影响了为旅客服务的态度和质量，牢骚满腹，甚至将不高兴的情绪传染给旅客，必然会对旅客的感受产生影响，导致旅客不满意。因此，站从业者应该清醒地认识到为旅客提供优质的服务，是每一位从业者的基本职责，不应该把自己的情绪带到工作中来，不能影响站对外的形象。若遇到此种情况时，应当积极调整自己的情绪和心态。如果这样的情绪和心态得不到很好的调整，就会直接影响到旅客的满意度和从业者自身的发展。

④ 掌握服务技能

站从业者应该掌握的基本技能包括：服务礼仪、专业知识、业务技能等。

不难想象，对于一名从业者来说，仅仅具备很好的工作态度和服务意识是不够的，如果不具备工作职责所要求的基本技能就不能够很好的为旅客服务，工作中所出现的差错同样是造成旅客投诉的一个重要的因素。

⑤ 自我改进

在市场竞争日益激烈的环境下，站之间的服务日趋同质化，服务的创新已成为各站争取和挽留旅客的有力方式与途径。站从业者服务素养的自我改进，是站维系和拓展市场份额，应对激烈竞争的重要举措，也是服务创新的基础。

自我改进也是站从业者提高服务质量永恒的话题，不进则退，这是众所周知的发展规律，站从业者面对期望和需求不断提升的旅客群体，只有不断总结，取长补短、学习新的服务理念和服务模式，以提升自身的服务技能和服务素养，才是赢得旅客忠诚的有效途径。

(2) 基本服务礼仪

① 服务仪容礼仪。仪容是指人的相貌和面容，特别要注意头部、肢体等暴露在外的部分。对从业者仪容的要求主要集中在发型、面部和肢体修饰、美容化妆，例如：不能留奇异发型、不要浓妆艳抹、不带手链、不穿袜子裸露小腿等。

站从业者是为旅客服务的，需要和旅客直接接触，从业者的仪容不仅代表着自己的形象，也代表着站和整个交通行业的形象，因此必须对自己的仪容进行必要的修饰和维护。

② 服务仪表礼仪。仪表是人的外表，包括人的穿着、举止、风度等。

③ 服务仪态礼仪。仪态就是人的身体姿态，包括人的站姿、坐姿、行姿、表情以及身体展示的各种动作等。

二、服务行为

人的行为对文化的折射，即行为文化。站的行为文化是站从业者对站的精神文化的行为实践，没有行为文化，精神文化必定失去生命力，失去载体。如果说站的物质文化是站文化的静态表征，那么站的行为文化则是站文化的动态体现。站通过从业者的行为向旅客提供温馨的服务，传达行为的魅力和举止的美。

由于站的社会属性，决定了站最主要的目的是为社会公众及车辆提供广泛的运输服务。从业者的服务行为渗透着站文化，体现着社会的文明与先进的程度，良好的服务将可以感化旅客，约束旅客，规范旅客的出行行为，由此可以看出，需要对从业者的服务行为进行规范。例如，许多客运站，用废报纸叠成垃圾盒，看到旅客在站内吃带皮的食物，就送给旅客，以此文明、温馨的行为来感化规范旅客的个人行为。

（一）服务行为的理念根基与核心

1. 理念根基

站的发展历经百年沧桑，积累了丰厚的站文化，按性质分为传统物质文化资源和精神文化资源。前者包括站的外形外貌、站的设施设备等，后者包括站的功能、站发展过程中一系列的政策、法规、规章、制度、标准等。站文化的精神反映了行业的特点和使命，是交通行业的优势和特色文化，更为可贵的是它的传统精神文化资源并不过时，它能适应当今社会的文化需求。因此，应挖掘站的传统文化，让它焕发出活力和光彩，进一步服务旅客、感化旅客。与此同时，还应当挖掘站的现代文化资源，站既拥有深厚的传统文化财富，又拥有现代站文化资源的宝藏。站文化具有开放创新、与时俱进的特点，它既凭借着交通行业的特色文化对社会文化产生辐射力，又绵绵不断地吸收其他社会文化子系列的思想精华，以保持其创新的活力。如现代文化中的娱乐文化、体育文化、旅游文化和生态文化等，尤其是受到高速发展的电信技术影响以后，也注重吸纳电信文化的有益内容，充实调整自己，不断满足旅客的出行要求。

2. 理念核心

站文化应强调以人为本，并针对站从业者和社会公众积极推行。由于人力资源是构成站核心竞争力的重要因素，因此，站应当把人作为管理的根本出发点。在制定决策时优先考虑人的因素；充分重视人的价值，承认人的主观能动性；尊重所有从业者，推行民主管理；关心从业者的需求，帮助从业者规划职业生涯，使其产生归属感和责任感。与此同时，提高旅客的满意度也是站文化建设的关键，要坚持旅客第一的原则，设身处地为旅客着想，为旅客创造满意服务。

（1）贴近现实，体现人文关怀

中国传统文化关注社会现实问题，强调群体认同和社会责任感。站服务于社会，以期得到社会的认同，所以站一方面要直面社会现实问题，构建社会价值观，另一方面要履行社会道德责任，进一步完善服务旅客出行。不仅要强化从业者的自律行为，还要怀着一颗仁爱之心，关注社会问题，多从事社会公益性活动，体现人文关怀。例如，一些站组织员工定期去孤儿院，慰问孤寡老人，有些还成立了困难旅客救助基金，这些都充分体现了人文关怀，在社会上造成了良好的效应。保定客运中心站就组织员工定期探望孤儿院儿童，见图8-1所示。

图8-1　保定客运中心站员工定期探望孤儿院儿童

（2）亲近旅客，旅客第一

建设站文化，坚持把旅客利益放在站的利益之上，这与中国传统价值观的“民本”思想相吻合，“水能载舟，亦能覆舟”的古训告诉后人，要重视公共环境的营造和旅客舆论的反馈。所有的站不论身处的环境是有利还是不利，都要坚决反对一味的追求经济利益，而忽略了社会责任。其次，要定期的分析市场状况和旅客的潜在需求，挖掘物质文化资源，努力向航空港的物质文化及服务标准看齐，满足旅客对出行环境高品位的追求。三是要在服务形象的塑造中重视亲和形象的建设，凭着交通人特有的诚心、热心、细心、耐心、爱心为旅客提供温暖和亲切的服务，使旅客产生亲切感。

（二）行为的塑造

行为塑造是指管理者通过逐步指导个体的行为方式来塑造个体。站的属性决定了从业者与旅客直接接触的行为居多，从业者的行为实际上成为了站服务质量的重要组成部分。

从业者行为质量的高低在很大程度上决定着站服务水平的好坏，会直接关系到旅客的心理感知和主观评价，并进一步影响交通行业的形象和社会声誉。

1. 行为塑造的作用

（1）有利于站树立良好的社会形象

站的目的是服务公众出行，同时站需要依赖公众的流动来实现经营目标，而传统的宣传促销手段很难形成良好的市场反应。站形象的树立更主要依托的是从业者对旅客直接服务的质量和效果。规范而优质的服务使旅客得到周全的照顾，并享受愉悦的出行经历，增强旅客的满意度和重复消费的机率。同时，旅客在有机会的时候会把自己的美好感受传递给身边接触的群体，这有利于站树立出色的口碑效应和良好的形象。而这一切都是建立在从业者对旅客服务过程的行为质量基础之上。提高从业者的素质和服务行为质量，有效地塑造从业者的服务行为方式，是站形成优质服务的必然选择，也是站树立良好的站和交通形象的最佳途径。

（2）有利于防范服务差错

站管理者通过有意识地指导从业者的行为方式来提高从业者的素质和服务技能，其中最重要的是从业者在对旅客服务过程中的行为表现。

根据旅客的要求和期望，设计具体的服务操作程序，科学而严格地规范从业者的服务行为，并教导从业者在工作中更加注重旅客需要的满足和自己的服务行为表现，尽量纠正操作中的失误和错误，使从业者树立零缺陷服务理念，以防范可能出现的服务差错。同时，在考虑地方差异的情况下，有效地应用行为塑造，可以使各地从业者尽快融入站的服务文化，避免服务水平的参差不齐。

（3）有利于培养从业者出色的行为意识

从站组织的角度看，从业者行为塑造是为了形成符合工作需要的、规范标准的操作和完美服务。在这一强化过程中，从业者的行为反应逐渐改善并趋近理想目标，而这一切是建立在外部强化物刺激的基础上。如果刺激的效果减弱，从业者行为质量亦随之下降；反之，从业者行为质量会得到提高并保持稳定，进一步促使从业者行为态度发生根本转变，有利于养成良好的职业习惯和行为意识，使从业者在特定工作环境中，自觉形成规范的行为方式并能根据具体需要采取灵活的行为技巧。

（4）有利于构建学习型团队文化

行为塑造通过系统的强化使从业者的行为标准化、规范化，有利于形成良好的组织行为和组织氛围。在塑造过程中，管理者不仅应该教会从业者怎样做，而且应该传授学习的方法与技巧，使从业者行为由被动改变逐步转化为主动习惯。同时，管理者应该充分激发从业者的学习积极性和能动性，让从业者相互学习，取长补短，形成良好的学习风气，从而构建开放型学习团队，形成良好的站文化氛围。

2. 从业者行为分析

站管理者应针对从业者现有行为状况，从多种角度进行深入分析，首先应弄清行为发生前或发生时外部环境的线索或诱因，以了解产生行为的动机。其次应重视结果，行为即行为本身。最后应评估行为后果，即行为出现时或出现之后的影响及效果，选择恰当的行为塑造策略。站管理者在从业者行为功能分析的基础上，可选择通过控制前因或后果的方式来实现改变从业者行为的目的。除此之外，一般认为改变环境的诱因可以消除从业者的心理动机或帮助从业者端正工作态度，培养工作时的责任感也是防范于未然的必要手段。效果评估管理者可以利用行为图表提供的信息和资料来客观分析并评估采用行为塑造技术后的从业者行为的变化情况，掌握从业者行为发生的频率与变化方向，并客观评价所采取的策略是否科学适用，是否具有较强的针对性。

3. 行为塑造的方法

从组织角度对从业者现有行为质量做出诊断，根据组织的经营活动目标，对从业者的现有行为方式进行分析。选择对工作绩效有较大影响，且可观测的外显行为做出评估，分析不同类型的行为结果对站经营目标、服务质量、从业者的个人发展、其他从业者、组织氛围等产生的影响，科学界定从业者的现有行为质量，使管理者清楚当前站从业者的行为质量水平和具体状况。同时，通过观察、考核等方式统计出从业者现有行为出现的频率，然后用记录表或行为图表记录下来，以获取原始数据及相关行为信息，使站管理者能据此准确地对从业者行为进行诊断，并便于与应用行为塑造技术以后的结果行为进行对比研究。在行为诊断时应尽量着眼于行为的积极面，这样不仅有助于融洽上下级关系，使下一步的行为塑造工作能顺利实施，而且可以适当避免惩罚消极行为带来的负面效应。

4. 站从业者行为塑造的实施策略

（1）重视从业者情感需求，促进从业者自我管理的内在情感，是形成从业者行为动机的主要因素

管理者在站日常管理中应具有人文关怀意识，认真考虑从业者工作时的身心感受，关心从业者的内心世界和精神需求，并尊重从业者的人格尊严。使从业者能切实体会到“我爱站，站爱我”的组织氛围，让从业者在行为动机上具有良好意愿并自我寻求工作态度与行为的一致性。

有针对性地选用适当的强化程序。强化程序一般有四种：固定比率的强化，可变比率的强化，固定时距的强化，可变时距的强化。站管理者可根据从业者行为的具体状况，并结合站组织行为的目标选择适当的强化物和强化程序。如，针对从业者出勤状况，站可采用“连续三个月工作全勤者可获得100元用餐券”的固定比率强化手段。对工作表现出色的从业者，站可采取随时进行口头嘉奖或表彰。一般说来比率型强化的效果优于时距型强化，可变比率和可变时距的强化效果又优于固定比率、固定时距的强化效果。如优秀从业者的不定期评选效果优于每季度定期评选。

（2）实施“导师”负责制

针对年轻从业者业务能力的不足，站管理者可安排一位年长的经验丰富的从业者，充当导师指导他们的工作，使年轻从业者通过导师正确的帮助和指导，学会如何在站内生存和发展，并能迅速掌握工作中的业务技能。同时，经验丰富的导师是从业者的角色榜样，从业者通过模仿导师的言行特点学会组织所传授的工作态度和行为。

（3）物质激励与精神激励相结合

站管理者在日常社交和管理活动中可更多采用精神激励手段，如对从业者良好的工作行为进行表扬和肯定，通过安排灵活的工作时间、分派重要任务等调动从业者的工作积极性和主观能动性，促使从业者行为自我改变。精神激励的资源丰富，比物质强化更容易支付。此外，从业者一般不会对上司的赞赏、认同等产生厌倦，使精神激励更具有普遍的适用性。

（4）有条件地使用惩罚

站从业者在工作期间经常会出现无故旷工、偷窃、迟到、不服从上级指挥等问题行为，管理者通常采取批评、警告、罚款、开除等方式对从业者进行训导。这些措施无疑会在短时间内产生显著的效果，使从业者迅速改变原有的行为，这在一定程度上也强化了管理者对惩罚的偏好。但从长远来看，不恰当或过多使用惩罚手段会使从业者产生挫

折感或恐惧心理，造成从业者缺勤率和流失率的增加。因此，管理者应注意有条件地使用惩罚技术，使惩罚的程度与问题的严重程度保持一致，并确保从业者认识到惩罚与不良行为之间的关系。同时惩罚与正面强化相结合，以正面强化为主，尽量避免激化上下级之间的矛盾，创造支持性工作环境。站良好的工作环境不仅能带给从业者舒适感，支持从业者更好的完成工作，而且能让从业者在心里产生一种强烈的自豪感。站应在工作环境的温度、灯光、噪音、清洁、现代化程度等方面努力营造出适宜的、安全的工作场所，以增加从业者工作时的愉快感和满意度，有利于培养从业者对站的主人翁精神，形成良好的组织氛围。

5. 站从业者行为塑造应注重的方面

（1）理念塑造

行为塑造以理念塑造为基础，理念是行为的主导，文化行为的核心就是从业者的理念认同。

爱岗敬业，忠于职守，诚信为先，团结实干，文明待客，热情服务是站从业者的行为理念。

① 具有强烈的职业责任心和事业感。确立正确的政治观念和大局意识，工作兢兢业业。树立城信观念和信用意识，对同事满腔热忱。

② 坚持旅客满意是第一位的宗旨，为旅客提供忠实、高效的服务。

③ 强化市场观念和竞争意识，讲求优质服务和经济效益，维护社会和站的根本利益。

④ 发扬团队精神，维护站的整体形象，部门之间、从业者之间相互尊重，密切配合，团结协作。

（2）技能塑造

技能是实践理念的行为保障，尤其是科学技术不断发展的当代社会，技术塑造是出色地践行理念的立身之本。

崇尚科学，勤奋学习，钻研业务，讲究艺术是对站从业者技能塑造的要求。

① 勤奋学习科学知识，提高素质。自我完善，业务精湛。积极参加文化、技术培训。

② 刻苦钻研业务，精通本职工作，熟练掌握与本职工作相关的业务知识，不断提高自身的专业技术水平。

③ 苦练基本功和操作技能，精通业务规程、岗位操作规范，不断提高分析、认识、解决问题的能力。

④ 不断充实更新现代业务知识和工作技能，努力学习和运用最新的科学技术。

（3）纪律塑造

法规是从业者的政治素质的体现，是良好的职业道德的底线。

遵章守纪，令行禁止，奉公守法、以站为家是对站从业者纪律塑造的要求。

① 遵纪守法，掌握与本职业务相关的法律、法规知识。

② 严格遵守站的各项规章制度，自觉执行劳动纪律和岗位规范。

③ 严格遵守作息时间，不迟到、不早退，不擅自离岗，工作时间不做与工作无关的事情。

(4) 意识塑造

① 服务意识：旅客对站服务质量评价的一个重要方面是站从业者的服务素质和能力。一个高素质的从业者能够弥补由于物质条件的不足可能使旅客产生的缺憾感。而素质较差的从业者不仅不能充分发挥站拥有的物质优势，而且还可能成为旅客拒绝再次进行消费的主要缘由。

② 安全意识：影响客运站安全的因素有人的因素、车的因素和道路与环境的因素，其中人是最主要、最直接的因素。员工要认识安全的重要意义，提高自己的 安全意识，通过自己的工作使旅客平安出站、车辆安全运行、货物完好无损。

③ 品牌意识：随着国民持续、快速、健康地发展，城乡居民收入稳定增长，人们的消费观念在变化，消费水平也在提高，外出旅行的消费者不仅仅考虑安全因素，还注重快捷、舒适、方便等方面的满足。他们可以通过客运站的品牌来选择不同的出行方式、不同的车型、不同的车辆来实现自己的旅程。公众的品牌意识正在不断地提高。

三、服务品牌

硬件设施一流的站也要有优质的服务管理水平。在加大技术投入的同时，服务方面的“软管理”也应当全面提升。根据目前公众出行的普遍需求，站的服务应基本体现满足人性化服务的要求。

如今，打造服务品牌已经不再是金融、电信、邮政、零售等服务产业领域的专利，站同样需要打造自己的服务品牌。使得站自身经营的是品牌，感受的是品位与艺术。目前我国已经有很多的站打造自己的服务品牌、培育各类服务典型，有的已经成为各省市的文明单位、青年文明号等。例如，南京中央门车站“爱心始发站”品牌；宁波汽车南站“3561”服务品牌；济南汽车总站“情满旅途”品牌；张家口“心心服务”品牌；大连汽车客运总站“亲如一家”服务品牌；郑州客运总公司“陆地航空”服务品牌都在当地民众中叫得十分响亮。

如果没有服务品牌就难以体现服务品质的差异化，很多客运站都已经将打造服务班组作为站文化建设的重点，比如将问讯台、检票、和候车厅内服务的最基层、与旅客接触最密切的部门，打造成明星服务班组。在问询处还备有简易医药箱、航班查询、爱心通道电话预约等项目，各站还随着旅客需求的不断变化，随时对便民服务进行调整，使其更加完善。

打造服务品牌还应做到让服务有形化、产品化。服务正在变得有形，诸如把服务标准、服务承诺等公示化，通过服务品牌确立服务差异化的优势。

就服务内容而言，包括服务项目、服务标准、服务方式、服务承诺等诸多方面，共同构成了服务质量的评价标准。但是，这些评价标准必须以公众为中心，必须通过服务文化把服务具体化、标准化、规范化，以获得稳定的服务质量。服务文化是服务品牌内涵的“构件”之一，服务文化必须是建立在公众导向的品牌文化上，并且这种文化必须随着社会环境、市场环境等因素变化不断扬弃与创新，体现与时俱进的时代性。

（一）服务品牌的内涵

服务品牌是一种通过提供创意性服务行为及服务过程提升旅客满意度的服务行为标记。它不同于其他品牌的或提供质量、价格，或提供服务范围、整体形象等硬件需求满足，可以认为是一种特殊的品牌形式。服务品牌具有以下特征。

1. 先进的服务理念

一个站或者一个服务品牌的拥有者，能否提供给旅客满意的服务，不仅仅取决于是否具有丰富的商品知识和娴熟的服务技能，更取决于是否拥有先进而独特的理念。例如，美国IBM公司推出自己独特的理念“IBM就是服务”。中国海尔集团提出明确的服务理念“顾客永远是对的”、“真诚到永远”。先进而独特的服务理念是形成品牌服务的前提和基础，体现了社会时代发展的要求。

2. 个性化的服务特色

一个品牌要想在历史发展中站住脚，在众多的可比范围内受到青睐，就一定要有自己鲜明的特色。如果没有个性特色，就形不成服务品牌，社会产生同质化现象，千篇一律、千人一面，无法体现品牌的存在价值。站的社会属性使得站的经营品牌也要讲求个性化服务。另一方面，全社会大交通系统范围内，客观的要求站务服务同质化成分要有一定的地位，以便于树立大交通的社会形象。

3. 卓越的服务艺术

把良好的服务理念转化为能够为旅客所感知的服务措施，就需要有高超的服务艺术。当旅客需要服务时，能够察言观色、热情周到、体贴入微到每一个人。这就需要运用一定的心理学知识，根据不同的旅客心理和需要，提供不同的服务。服务的对象是个体的人，人对服务的感受是通过一定的心理活动而实现的。服务艺术化是品牌制胜的重要方法之一。

4. 优秀的服务技术

面对高层次消费、高标准服务需求的新趋势，服务品牌创立者应注重钻研本行业知识和岗位技能，学习营销学、心理学、美学等各种知识，使服务增加科技含量、知识含量，成为知识上问不倒、技术上难不倒的行家里手。只有具备优秀的服务技术，才能将个性化的服务艺术实施，才能体现品牌服务的卓越性。很多站开辟了VIP候车区域，里边配置了商务设施与设备，满足不同需求主体的出行需求，方便候车旅客的紧急商务需求等等。

5. 市场化的认同

市场不认同，旅客不认可，“包装”得再好，也成不了服务品牌。市场认同的重要标志是市场占有率，旅客满意，市场份额必然扩大，这是检验服务品牌的重要标志之一。

（二）如何做好服务品牌

在中国，随着市场经济的发展，消费者对产品的品牌已不再陌生，他们愿意用更多的钱去购买那些他们认可的名牌产品。但是服务品牌却很少被消费者们所认可。由于目前我国商业和服务业还存在着严重的良莠不齐现象，使得消费者在花钱买服务的时候非常茫然，他们不知道在哪里能够找到适合自己需要的服务。而企业的服务品牌意识也还比较淡薄，因而，应当树立服务品牌意识，做好服务品牌工作。

1. 广泛树立交通运输业服务品牌

人们生活的领域是十分广泛的，“衣、食、住、行”这四大类，每一类都有若干个项目，等待着经营者们去创著名服务品牌，乃至驰名服务品牌。服务品牌涵盖的消费领域越广，每个领域里涌现的服务品牌就越多，就越能改善整个社会的服务面貌。交通运输业是社会公众的基本需要，涉及面广、涉及程度深，应该大力提倡服务品牌建设，满足社会需要。一方面可以提升行业的社会形象，另一方面增强行业内部的凝聚力和向心力。

2. 确保服务品牌的信誉

创业难，守业更难，成为品牌之后，保持其信誉尤为重要。一是在树立服务品牌时，切忌一哄而上、大起大落。各站要根据自己的服务特色和经营特点，来确定推广什么样的品牌。二是要保持服务品牌的一贯性，且要在原来的基础上有所创新。一般来讲，在初起之时，站的品牌建设大都非常认真，非常谨慎，以取得社会的认同。但是，一旦局面打开，有了一定的社会知名度以后，便开始怠慢，或是服务大打折扣。这些站忽略了品牌是要以良好信誉度为基础的。诚恳、诚实、诚挚的服务态度是旅客所渴望的，砸了自己的牌子，就会失去信赖。所以，信誉度对于维护服务品牌是非常重要的，失去社会认可和旅客青睐的服务品牌，最终将走上末路。

3. 不断提高旅客满意度

随着国民价值意识的日益成熟，对服务的要求已经从平面转向立体，从单项的要求转向追求全面满意度的提高。因此，站必须针对旅客的这种需求，认真落实自己每一项服务措施，来满足各层次旅客的需求，不断提高旅客满意度。要做到这一点，就要不断加强有关出行服务行为的研究，坚持以旅客需求为导向，从旅客需要的角度来不断调整自己的服务措施和服务内容。尤其对精心创造出来的服务品牌，更要长期关注旅客对品牌的满意度，以维护品牌的声誉，实现创立服务品牌乃至服务名牌的目的。

4. 连结情感

成功的服务业品牌，会将品牌和旅客做情感的连结，超越理性和经济的信息，让旅客觉得亲切、信赖。

5. 将品牌内化

正因为从业人员扮演关键角色，站能否将服务的概念，内化到从业者身上，就成了品牌成功与否的关键。站必须持续地与从业者沟通品牌的价值和策略。只有当从业者认同站的品牌价值，才能够和旅客产生更深的情感连结。

（三）塑造服务品牌的有效途径

站向社会提供的产品是公众运输服务，不同于一般企业的品牌，因此站的品牌是服务品牌。服务品牌的建立是项系统工程，首先需要站的价值观作为指导，通过从业者的行为得以践行。其中文化楷模的作用十分巨大，也是一条行之有效的途径。文化楷模的行为不仅仅是个人的行为，而且是全体从业者优秀服务行为的集中代表，他们的服务行为展示着站的服务品牌和形象。

所谓文化楷模，是指那些能够作为某种文化典型，被广大从业者所认可的典型个人，是广大从业者的效仿对象，是站文化价值观的化身。站典型人物的观念、体系、品格、气质与行为特征都是特定价值观的典型体现。文化楷模属于他所在的站文化，是在特定的站文化氛围中，被站文化“化”的人物。具有站文化所赋予的最典型的思想、观念、品质、作风、性格和行为方式。因此，他们是站文化的典型代表，是站文化建设鲜活的范本。由于他们拥有这些特点，所以，他们能受到组织和团队的推崇，受到广大从业者的尊敬和爱戴，从业者愿意在思想上认同他们，在行为上模仿他们，从而使他们发挥着独特的文化功能。

楷模的作用主要有以下几方面。

第一是典型作用。楷模身上集中了站文化的全部特征，因此，他们最有资格作站文化建设方面的代表。他们的价值观就是站文化所倡导的价值观，他们的作风就是站文化所发扬的作风，他们所选择的行为方式就是站文化长期推行的行为方式。只要理解了他们，就理解了其所在站文化的全部。他们虽然是一个个人，但他们都代表着整个站文化的品格风貌，是不折不扣的群体的典型。他们是站文化内涵的集合。

第二是模本作用。楷模人物的行为方式代表了站文化所推行的行为模式。因此，他们为广大从业者提供了生动、形象的行为方式选择的参考，是广大从业者效仿的对象，是广大从业者“复写”行为的模本。模本的作用可以使从业者不考虑站文化所倡导的行为方式，只以模本为参考。楷模人物怎样说，从业者就学着怎样说；楷模人物怎样做，从业者就仿照着怎么做。楷模人物的言谈话语，举止风貌，神态表情、甚至衣着装扮，都会成为从业者模仿的对象。因此，楷模人物是站文化在行为方式方面最理想的推行者，是站文化的典范体现。

第三是认同作用。模仿仅是从业者对楷模人物外表行为的仿照和移植，不涉及楷模的内在的精神品质。认同却是从业者对楷模人物更深一层品质的模仿。由于楷模人物具有被站、团队和从业者个人所推崇、颂扬、敬慕的思想观念，性格与品质，所以，他们所忠于的价值观容易被从业者所认同、所接受，相反，他们所抵制的价值观也容易引起从业者的拒绝、排斥。楷模人物的言论、思想，他们对人对事的评价、判断，他们的理想、信仰与追求，都给广大从业者以启迪、鼓舞和激励，成为从业者寻求的精神支柱。

第四是聚合作用。楷模人物自身的思想品质(也是站文化建设所倡导的)，使他们在群体中具有较强的魅力。他吸引着大家，大家心向着他，这就把从业者聚合在一起，结为一个组织或一个团队的力量。许多楷模人物可能不是组织和团队的负责人，可是他们有很强的号召力。他们扮演着实际的“负责人”角色，但所起的作用又往往超过了组织和制度的作用。他们维系着人心，支持着人的精神。在许多时候，从业者期望着他们指点。因此，很多站，都用自己的文化楷模的名字命名了特色服务班组，不仅在班组内部学习楷模，更在全站范围内开展向文化楷模学习，认真工作，用心服务。学习楷模甚至超越楷模的活动，会调动全站从业者的积极性，使站文化的价值观教育更加容易开展。

楷模人物是指被广大从业者一致仿效的对象，是站的价值观的化身。楷模人物的观念、体系、品格、气质与行为特征都是特定价值观的典型体现。在造就楷模人物时应作好这几方面的工作。

1. 发现楷模

发现楷模是有意识地造就、培养楷模的第一步。站所发现的楷模，并非是严格意义上的楷模，而是楷模的原型。在这些人物身上经常闪耀着站文化的光辉，有着巨大的发展潜力和优势，只要有意识的培养和锻炼，他们极有可能会成为理想的文化楷模。发现楷模首先要注意接触从业者。楷模的原型就工作、生活在从业者之中。只有经常接触从业者，熟悉从业者，才能从其中捕捉到有关楷模的信息。其次，对发现的楷模原型人物要进行全面考察，既要考察其经历、学历、知识、经验、能力、绩效，又要考察其价值观念、工作态度、作风、人际关系及其他文化素质。考察的重点应放在他们对企业价值观的忠诚态度上面。考察方法要综合运用观察、访问、座谈和心理测验等。尤其要抓住那些最能展现一个人内心精神世界的典型情境，做深入细致的观察。最后，要进行全面分析，以站的价值准则为尺度作出公平的评价，并制订出具体的培养锻炼计划，交由具体人员负责落实。

2. 培养楷模

培养楷模是造就楷模关键的一环，即，为楷模原型人物的成长创造必要的条件，为其提供更多的锻炼机会，使其增强对环境的适应性，更深刻地了解站文化的价值体系。要重点做好两方面的工作：一方面要为楷模的迅速成长提供有利条件。例如，开阔他们的文化视野，让其接触更多的文化信息，参与更多的文化活动。对他们进行多种形式的文化培训，以便系统地提高其文化素质。吸引他们参与站较高层次的决策活动，使他们更全面、更深刻地理解站生存发展的内外环境等。另一方面要加强对楷模原型人物的个别指导，尤其要挑选那些忠于站的价值观，德高望重的年长从业者，对他们实行专门的“传、帮、带”。培养工作，从严要求。对楷模身上的优点要充分肯定，促使其巩固、发展。对他们暴露出的弱点、缺点和失误，要以严肃认真的态度对待，绝不能姑息迁就、放任不管。培养工作还要依赖普通职工群众，要引导培养对象虚心听取群众意见，积极吸收群众文化实践的经验，以群众之长补己之短。要防止傲视其他从业者、脱离群众倾向的滋生。

3. 锻炼楷模

锻炼楷模是促使楷模迅速成长的重要步骤。首先要加重楷模肩负的担子，委托其以更多、更重要的工作，甚至让其承担一定风险责任。这不仅能使楷模积累经验，增长才干，扩大与组织和团队的交往范围，而且能够对其做更深入的考察，既能发现他们所展现出的更多优点，也能发现他们所暴露出的更多缺点，从而有利于对他们的具体培养和指导。对他们在实际锻炼中暴露出的问题，要作具体分析，审慎结论。不要一出问题就否定他们的一切，剥夺他们继续锻炼的机会。要分析他们所犯错误的性质，帮助他们认真总结经验教训。要允许他们犯错误，允许他们改正错误，给他们足够的时间去修正自己、完善自己。除了实际锻炼之外，也可以采取模拟锻炼的方法，对他们进行训练。模拟锻炼的基本做法是不委派楷模人物以实际的职务，而是给他们分派一定的象征性角色，让他们在模拟的情境中获得经验，增长才智，充分展现自己的优点和缺点，以便于组织对他们考察与认识。例如，国外经常采用的“鱼缸训练”，就是在模拟的情境下，锻炼和考察人们相互交往技能的一种简便训练方法。

4. 宣传楷模

通过对典型人物的言行给以必要的指导，安排典型人物在经营管理活动或文化活动中担任一定的实际角色或象征角色，使其得到锻炼。当典型人物基本定型后，应该认真总结他们的经验，积极开展传播活动，提高其知名度和感染力，最终为绝大多数从业者所认同，发挥其应有的模范作用。宣传楷模，一方面应看做是培养造就工作的结果。经过长期的培养指导，楷模开始成熟了，可以通过宣传他们的事迹和经验，推动站和团队的文化建设。另一方面应该把宣传楷模看做是继续培养的一个步骤。通过宣传，楷模人物的知名度提高了，社会声誉也相继提高了，颂扬之词纷纷传来，这对楷模人物是一个考验。许多人不怕挫败，唯怕宣传，就是由于他们经不起荣誉的考验。还有，随着知名度提高，平时不被发现的不同意见也可能会突然冒出来。这正是利用反馈信息对被宣传对象进一步考察、指导的好时机。不经过由宣传到反馈这样几个反复过程，楷模人物不会以高大而完美的形象在广大从业者心目中树立起来。宣传楷模要实事求是，不要人为地拔高，要去掉一切不实之词。有些楷模本身并无大的毛病，可是一经不实宣传倒把他们在从业者心目中的形象扭曲了，结果遭到从业者的反感和排挤。宣传楷模要突出其思想、品德，展现其精神风貌，尤其要抓住他们忠于企业价值观、认真践行行为规范这一主题，以使从业者从站文化根本上去理解、接受、认同他们的先进经验。

5. 保护楷模

在楷模人物成长、发展的过程中，都或多或少地遭到他人的妒忌、讽刺、排斥、压制和打击。在那些站文化不够强大、价值观多元且混乱、舆论不一致且不健康的站里，尤其是如此。面对这种挑战，需要楷模人物保持镇静、冷静、克制、忍耐，一如既往地工作、学习、交往和生活。既要防止承受不住不健康舆论压力而灰心丧气、不思进取，从此消极起来，又要防止由于被激惹而丧失常态，采取以牙还牙、针锋相对的对策。另一方面，需要站和团队对楷模人物进行保护。首先，要对舆论进行疏导，通过对话、恳谈等形式，给有关从业者以公开表达意见的机会，以使多数从业者消除误解，回到正确舆论方面来。其次，要理直气壮地支持楷模人物，加强对他们先进事迹和成功经验的宣传，并适当地批驳诋毁楷模先进事迹和经验的论调，以伸张正气，压倒邪气，为楷模人物所代表的站文化的传播扫除障碍。最后，要鼓励楷模保持自强、自尊、自重，正确对待自我，正确对待他人，以宽容精神对待那些反对自己的人。

6. 提升楷模

保护楷模最有力的措施是不断提升楷模、完善楷模。人的潜能是巨大的，一般人发挥出来的潜能，仅是很小的一部分。任何一个先进模范人物都有广阔的发展前景。先进是无止境的，先进还可以更先进，还可以在已有先进水平上再提高一步。提升楷模应从两个方面努力：一是帮助楷模完善自己的人格，加强自身思想品德修养，鼓励他们经常地严格解剖自己，寻找自己的弱点、缺点和错误，并切切实实地克服这些不利于自己前进的东西，使自己更成熟、更富有影响力。二是帮助楷模不断创造新观念、新方法、新经验，不断地为站又增光添辉，为站作出新贡献。要督促他们反骄破满，克服安于现状、不思进取、消极保荣誉的思想。要鼓励他们坚持创新，保持锐气，发扬优良传统，争取更大的光荣。

楷模在站文化建设中具有举足轻重的作用。他们是发展站的中坚力量，不仅是站务从业者学习的榜样，更是交通行业与站价值观的人格化。这些楷模大多是从实践中涌现出来的，被职工精选出来的普通人，他们在自己的岗位上做出了突出的成绩和贡献而被评为楷模，也备受尊重。发现楷模、培养楷模、推崇楷模是站塑造服务品牌、实施经营管理有效的、重要的途径。

四、文化网络

在现代组织管理中，企业决策的每一个程序，几乎都离不开信息的传播。这些信息的传播，主要依靠正式组织和非正式组织两个渠道，前者主要传递的是正式信息，后者主要传递的是非正式的信息。对于站而言也存在着这两种形式的文化网络，通过文化网络这一传递渠道，将文化信息传播出去。

(一)文化网络的含文及形式

文化网络是指文化信息传递的主要渠道和路径，是价值观和楷模的“载体”，是传播文化的通道。站内的文化网络是基本的沟通方式，既有站正式的信息传播渠道，也有站内部以故事、小道消息、机密、猜测等形式传播信息的非正式渠道。

据此，将站文化网络包括正式性的文化网络和非正式性的文化网络。其中正式的文化网络又可以分为正式组织网络和站文化建设网络。正式组织网络主要是站管理所需的组织结构，是站进行信息传递和管理的必需，在站文化传播上，起到重要的主渠道作用。站文化建设网络是站为了建设站文化而有意识地进行文化网络建设所形成的自上而下和自下而上相结合的网络。

非正式的站文化网络，是通过非正式性的组织，运用非正式的文化信息传播方式，来传播站文化及其内容。非正式的信息传播渠道，常常与非正式组织联系在一起。站内非正式组织的存在，是与人们同时扮演者多重社会角色密切联系的。从站的岗位制度看，每一个人只能在一定的工作岗位上扮演一个角色，但是，几乎所有的人同时又都在扮演另一个或几个角色。这些形形色色的角色在站正式组织结构和体制之外，构成一个隐形的文化网络，这就是非正式的站文化网络。站的价值观通过这种渠道渗透到站的各阶层、各部门和从业者内心的力度往往也是很大的。

(二)文化网络的功效

正式性的文化网络功能，首先表现为站通过文化网络对站的价值观、精神理念等文化进行宣传和教育，这些文化内容渗透在站经营管理文件、制度、政策和各种管理命令之中，通过自上而下的传递形式，向基层渗透和传播。第二是站文化的建设组织和站的宣传组织，通过会议、培训、刊物、板报、员工手册、内部网站等渠道对全体从业者和外部相关者进行传播。

非正式性的文化网络则是通过潜在的非公开的形式，进行文化传播和信息传递。几乎每一个企业都发生过类似的情况，企业刚讨论某些职位的变动，各种小道消息就会很快传到每一个角落。当然，我们还要看到另一方面，这就是非正式网络的文化信息具有的随意性。传播的信息修改较大，信息损失较明显，甚至会被一些别有用心的人加以利用和篡改，使得文化传播受众难以确定其真假。所谓误传、谣言等非正式的信息内容，在其中产生各种各样的变异，严重影响正式途径文化信息传播的效果。尽管如此，心理习惯使得非正式网络对人们具有吸引力，这种感情逻辑所形成的信息交流，其影响力是不可忽视的。我们必须对其给以足够重视，并积极地加以引导。

由此可以看出，站文化网络本身是一个矛盾的统一体，它内部各种问题的存在和发展是不以人的意志为转移的。对于管理者而言，必须学会扬长避短，使文化网络发挥其积极的作用。站文化网络的积极作用主要体现在以下三个方面：

第一，保证信息传播途径的畅通。哲学和心理学的研究结果表明，人的任何一种具体的实践活动都受到一定的精神指导和支配，是心理活动的最直接的外显。若从业者心中所想得不到一定的释放，会对站的广开言路造成重大影响，以致站失去活力，而文化网络从一定意义上来说，是为站注入活力的通道。

第二，文化网络对站信息进行着有效的检验和反馈。管理者的任何决策都是以信息的方式下传到各个部门和环节中的，无论这种决策多么正式，总免不了要经过传播小道消息者的“诠释”。这些众多的解释中，虽然总是夹杂着虚假成分，但却能为决策者提供许多正式沟通渠道不能得到的反馈信息，有利于决策者检讨决策的方式与方法。

第三，加强了各个元素的联系，有利于解决内部矛盾。站文化网络中有着错综复杂的关系，自然也存在错综复杂的矛盾，完全通过正式途径去解决矛盾是不现实的，文化网络为这些问题的解决创造了条件。

（三）文化网络建设

站文化网络的功能表明站建设文化网络是必须和必要的。站为了保证文化传递渠道的通畅，需要进行文化网络建设。站文化网络，通常可分为四种类型，即语言沟通渠道、实物沟通渠道、印刷沟通渠道和电子文化网络。

语言沟通渠道是指管理者与从业者通过语言交流传递文化信息的一种形式。它的优势在于既可以传递文化信息，又可以进行思想和情感交流，密切双方之间的关系，从而进一步为公众接受信息创造有利条件。所以，站要建立相关的上下级之间、同级之间和内部人与外部人之间面对面进行语言交流的网络渠道，促进站文化的建设与传播。

实物沟通渠道是指站的某些实物充当了文化信息传递的载体。它主要包括站的建筑物、站的环境、指示牌、象征物等，是站文化的外在显现，通过这些实物媒介作为文化网络，传递站文化的信息。

印刷沟通渠道是指通过印刷符号进行文化信息传递的手段。它主要包括书籍、报刊、杂志、企业内刊、简报和其他宣传品等。与语言媒介相比，印刷沟通渠道具有传播面广、传播内容详尽、接受信息不受时间地点限制、便于保存和重复查阅等特点。

电子文化网络是指运用电子技术设备来制作、传递文化信息的网络渠道。它主要包括广播、电视、电影、录像、录音和幻灯、内部网等形式。与印刷媒介相比，电子媒介传播更迅速、及时，不受地理空间的影响，受众面特别广，同时，电子媒介通过声音、图像、色彩和文字的组合，使文化信息的传播更加生动、更富于感染力。

第九章　站文化建设的优秀成果

一、张家口市汽车客运总站

（一）站情简介

张家口市汽车客运总站是张家口运输集团有限公司的龙头单位，是国家一级汽车客运站，是华北地区重要的客运枢纽之一，营运线路182条，辐射京、津、冀、晋、内蒙、浙及全区各县村镇，日发班次400多个，日输送旅客 6000余人，营运里程达4.8万公里，现有客运班线162条。2004年4月16日在国家工商总局注册了“心心服务”品牌。近年来，总站全体职工致力于以“心心服务”品牌为中心的企业文化建设，以崭新的面貌赢得了社会各界的广泛赞誉，先后被交通行业管理部门、省政府、市政府授予多项荣誉称号。

（二）文化理念体系

总站品牌：心心服务。

价值观：在服务中求发展。

精神理念：团结、敬业、卓越、创新。

经营理念：一切为旅客着想。

服务理念：车票是请柬，旅客是贵宾。

服务口号：张开双臂，运送真情。

总站目标：创国内品牌。

管理模式：日事日毕日清日高（即当天的工作当天完成，当天的工作要清理，并且有所提高）。

人才观：人人是人才，赛马不相马。用人制度——勇者上庸者下，动态转换。

（三）文化体系建设

张家口汽车客运总站的文化体系系统、规范、覆盖面全，其文化体系贯穿在精神、制度、物质等各个层面。理念总结到位，特色服务突出，班组工作扎实。

1. 精神文化

精神理念是总站职工团结、敬业、创新、卓越的活力之根和动力之源，是站文化建设的生命源泉，也是企业十年跨越式发展的原因所在。总站精神文化建设从培养职工与企业共赢意识入手，进行了艰苦细致的思想政治工作。2000年总站组织职工认真学习了《你在为谁工作》一书，逐步使职工明白了“到底在为谁工作”这一基本问题。认识到职工在为社会、企业工作的同时，也是为了自己而工作，没有社会和企业的进步和发展，就没有职工自身的进步和发展，只有企业发展了，职工的各项福利、社会地位、生活条件才能提高改善，自身的人生价值才能实现，职工与企业是一种共赢的关系。在弄清这个问题的基础上，引导职工发挥自己的力量来维护企业的利益，发展和壮大企业，发自内心的去提高自己的爱岗敬业精神，提高自己的服务水平和业务技能，逐步确立了总站完整的精神文化体系。

总站目标：创全国文明汽车客运站

总站确立了创建全国文明汽车客运站的宏伟目标，总站人精诚团结、无私奉献、不畏艰难、勇于创新、追求卓越，为实现这个共同目标进行着不懈的追求和努力。

总站服务理念：车票是请柬，旅客是贵客。

汽车客运总站的主营业务是站务服务，服务是站的产品，旅客是总站职工的衣食父母，总站的一切工作都要以追求旅客满意为第一要务来开展。“车票有价、真情无价”、“来者都是客，是客无亲疏”，总站售出的每一张客票都饱含着总站的一份责任，一份真情，用亲人般的服务感动旅客、赢得市场。

总站精神：团结、敬业、卓越、创新。

“人心齐、泰山移”，总站志在打造精诚团结、忠诚敬业的企业团队，使全员形成合力，无私奉献、不畏艰难，为企业壮大发展的共同目标奋力拼搏。勇于创新、追求卓越就是永不满足现状，勇于否定、挑战和超越自我，把今天的工作做的比过去更好，锐意进取，勇创一流，不断赋予企业文化新的内涵和时代的特色。

通过精神文化建设，总站的“心心服务”品牌，团结、敬业、卓越、创新的企业精神深深的扎根在广大从业者的心中，体现在企业生产中，并化作凝聚人心，鼓舞斗志的力量，实现了总站跨越式发展。

2. 制度文化

制度文化是企业发展的基础，“没有规矩不能成方圆”，为谋求企业的有序发展，建立符合企业需要的管理制度、行为规范及各类激励、处罚政策，是保证企业各项工作规范化、管理程序化开展的基本规则。总站整理、编撰了《职工手册》发放到每一位职工手中。手册汇集了企业文化、服务管理规定、站容站貌管理规定、劳动管理规定、生产安全管理规定、岗位职责等六个章节、九个文化概念，四十二个管理规定，四十三个岗位职责，把企业文化理念有机地贯穿到企业每一项工作的始终，使各项管理有章可依、有章可循。

2004年11月又推行了《星级服务制实施方案》，并成立了民主评议小组，每月对从业者的工作质量、工作业绩、文化业务水平进行一次严格的内部量化考核评定。《星级服务制实施方案》的实施，彻底打破了以前“大锅饭”的分配制度，真正实现了“各尽所能，按劳分配”。《星级服务制实施方案》一经推出，立即得到了全站干部职工的积极响应，形成了人人争星级、个个学知识、视旅客为上帝的良好服务氛围，激发了全员的危机感和使命感，使优胜劣汰、择优上岗的竞争机制更加完善。

3. 物质文化

总站的物质文化是指总站生产、生活、文化娱乐等方面的环境、条件、设施等物质要素的总和，是一种以物质形态为主要对象的表层文化。

首先是车站的生产环境。在计划经济向市场经济过渡时期，抢点占线、争夺旅客、打架斗殴、欺行霸市、刁难站务人员等现象时有发生，严重的阻碍了总站的壮大和发展。经过严谨的调查研究和周密的安排部署，2004年总站进行了治理“喊客、拉客”客运顽症的百日综合活动，并取得了全面胜利，建立了良好的客运秩序。同时又自筹资金对站前广场进行了改建，拆除了影响总站形象的站前小饭馆，更换了广场地砖，铺设了盲道，增设了花坛、绿地，进行了美化、绿化、亮化，把各种商业广告换成充满人性化和谐的公益广告，为旅客提供了优美的候车环境。

第二是总站的标志性形象设计。总站请专业策划公司进行了整体CI策划，制定了总站的企业基本色——水蓝色，象征总站象大海一样的宽广和博大，张开双臂、迎送天南海北的旅客。2006年各班组又创建了各自的“心心服务”品牌，统一了职工服装、公务包、公用信笺，初步确立了具有唯一可识别性的总站标志。

同时，加大科技投入力度，自筹资金更新了售票系统、监控系统、客运班次自动查询系统、自动播音系统、电子显示系统、网上查询系统、自动触摸查询系统、检票信息显示系统等高科技管理和服务系统。实现了南北两站联网售票、电话订票、市内三人以上团体送票、预约定点接站等增值服务，方便了旅客购票乘车，进一步提升了企业物质文化的水平。

4. 行为文化

2004年总站在国家工商总局注册了“心心服务”品牌。其内涵就是通过一系列人性化服务达到与顾客“心与心的感受、心与心的沟通、心与心的相通、心与心的交融”，用标准化、品牌化的服务赢得旅客、赢得市场，促进企业健康、稳定、持续的发展。

总站为广大旅客和驾乘人员提供了以“心心服务”为核心的导乘、问事、广播、安检、售票、候车、检票、发车等近十六项品牌服务。为保持和提升这些品牌服务的质量水平，各班组根据工作特点制定了详细的服务标准、服务流程、培训计划和监督整改体系，通过各种渠道接受旅客、驾乘和社会各界的监督，通过有效的手段进行满意度的测评，对品牌服务产品进行评价。

总站还成立了兼职礼宾队，每一班车发车前，都要由12名着装整齐、庄重大方的小伙子行军礼送行，把四面八方的旅客高兴地送走。这种特殊的礼仪方式使旅客出行倍感亲切和温馨。

张运集团张家口汽车客运总站通过开展企业文化建设，提高了职工的素质，凝聚了团结、拼搏、奉献、创新的企业团队。提升了总站的核心竞争力，创建了良好的企业形象。为总站的发展提供了强大的精神动力，也为站文化建设做了有益的探索。

（四）总站品牌文化建设的启示

诺贝尔奖获得者美国管理学与社会学家西蒙曾说过，注意力是信息社会最稀缺的资源。总站的服务品牌恰恰就是通过品牌创建吸引了百姓的注意力。在创建了“心心服务”品牌后，仅用了短短的3年时间，总站票款收入连续三年以40%的速度递增。品牌为体，服务为用。百姓们在精神文明这个载体上获得了享受，企业也在接受市民关注的过程中获得了可观的经济效益。

总站的“心心服务”品牌是在精神文明建设和市场需要两个背景下提出的，品牌的经营者们注意到了持续竞争优势的重要，注意到了独特性资源的重要，也注意到资源产生了用户，感知到价值的重要。近几年，总站不断进行探索性的实践，以创建特色企业文化为主线，不断加强领导、创新机制、构筑特色，借鉴全面质量管理的思想，形成了从加强培训提升从业者素质，到创新管理模式，再到创新企业文化的循环优化体系，使总站企业文化建设工作获得了持续深化的不竭动力。

（五）总站品牌文化建设的做法

1. 用服务治理顽症，用真心赢得尊重

改革开放后，由于各种原因，致使客运班次安排过密，运力远远大于运量。经营者为取得利润，采取了许多不正当竞争方式，严重扰乱了客运市场，成为总站难以根治的顽症，也是阻碍总站以形象促发展、以发展促形象工作的瓶颈。为了解决这些问题，总站在对所有进站车辆和驾乘人员高度负责的基础上，出台了一系列“心心服务”措施，让所有进站人都感受到总站的“用心、真心、贴心和热心”。

一是售票“阳光化”。本着公平、公正、公开的原则，做到了“三不准”

即，不准售票员给“特殊”车辆提供“特殊照顾”，不准售票员私自售亲友票、售后门票，公正的抵制不正之风，不准驾乘人员在大厅内外喊客拉客，归还旅客自由选购车票的权利。

二是财务“高效化”。在财务工作上，本着快速、及时、高效的原则为驾乘人员提供服务。

三是为人“大度化”。以宽宏大量的气度去理解、关心驾乘人员，把从严管理建立在真情实感上。

四是服务 “人性化”。在为旅客提供服务的同时也为驾乘人员提供了充满人文关怀的 “人性化”服务。

2. 用服务改善环境，用文化创造价值

单从旅客周转量和硬件设施上看，总站并不占优势，但是总站经过大胆尝试，努力探索，分别从物质环境、制度激励和精神塑造三个方面重点进行了文化组织建设，使得总站创建出了全国交通行业的优秀站文化。

总站本着“没有最好、只有更好”的工作态度，咨询了广告文化发展公司，对总站进行了整体CI策划。在环境建设上力求绿色、科技、人文的相融、和谐，努力营造温馨的花园式候车及工作环境。先后筹措资金100多万元，拆除商业广告，更换为充满人性化、充满温馨的标语、标识，更换了广场彩色地砖、铺设了盲道，在广场、站内、候车大厅增设了花坛绿地，努力营造“构建和谐社会、营造和谐客运环境”。增设了旅客座椅、有线电视硬件设施，改造了现代化信息和智能化站务服务网络系统，实现了真正意义上的市区联网售票。免费送开水、免费开放连心桥职工活动中心，展示出总站人与社会各界的真情无限。

优秀的企业文化需要建立符合企业需要的管理制度、行为规范及各类激励、处罚规章，这也是保证企业规范化、管理程序化运作的必要前提。文化对总站高层领导与普通从业者具有同样的约束力，是制度得以彻底贯彻实施的强有力保证。为此总站整理、编撰了《规章制度》并发放到每一位职工手中，制度将企业文化理念有机地融入到企业每一项工作的始终，成为企业前进发展的主旋律，杜绝了企业文化理念游离于企业实际的现象，使企业文化建设成为促进企业各项工作的动力。

总站从实际出发，从总站自身所处的地位、环境、行业发展前景着手，通过大量的调研、分析，在企业精神文化理念和企业服务理念的提炼过程中，不只是强调“大服务、整体服务、延伸服务”等这些外在的概念拓展，还从建立最佳服务水平的形成机能上进行企业服务文化建设，着重内涵的提升。全站从业者以“超越旅客的希望”向社会承诺，进一步完善服务设施，营造温馨的候车环境，为旅客提供更加人性化的服务。以准军事化的管理，实现旅客进站满意、问讯满意、购票满意、候车满意、乘车满意。同时也确立了总站的文化理念体系。

3. 用新型服务理念打造“心心服务”品牌，用品牌提升站文化品位

总站围绕着群众需要、旅客要求，提出了一套全新的服务理念，其内容包括：

（1）变“等”的模式为送的模式，即，变“等着来”为主动“接进来”；变“等着叫”为主动“上前帮”；变“等着问我”为主动“我问旅客”。总站建立了迎宾导乘队，进行全天候的导乘服务。

（2）变“居高临下”式的“指挥型”服务，为“迎亲接客”式的“真情型”服务，唱响了“车票是请柬、旅客是贵宾”的服务理念。

（3）提出了从旅客到站前广场开始，进站、购票、候车、检票、上车、出站全过程，有人接送、有人服务、有人保护。总站制定了全过程的服务标准、服务用语、应急预案和服务要求，健全了服务设施，设立了中心服务台，安装了安全监测仪和自动监控系统。

（4）总站经过换位思考，分析旅客需要什么服务，怎样去为旅客服务。开展了“五个一”活动。

一是“一张笑脸相迎”。成立了迎宾导乘队，每天从车站开门到晚上关门，自始至终都有从业者着礼服笑脸迎接每一位旅客进站。

二是“一声亲切问候”。制定了首问负责制，当旅客走进车站广场或进入候车大厅时，离旅客最近的从业者必须立刻走上前去，使用“您好、欢迎光临，需要帮助吗？”等规范用语打招呼。

三是“一切困难相助”。总站规定，对旅客需求不能说“不”，从业者解决不了的困难，交给班组，班组解决不了的，交给总站，逐级汇报，直到旅客满意为止。

四是“一杯热水相让”。总站在候车大厅设立了饮水机和一次性水杯。在旅客候车时主动送上一杯热水，拉近和旅客的心理距离。

五是“一个军礼相送”。对于所有来总站的旅客不仅要笑脸迎进，还成立了兼职礼宾队以礼送行。

4. 用新鲜的时代气息浇灌站文化，用与时俱进的创新力增强站文化的生命力

站要发展，文化也需要不断的进步。面对旅客日益提高的服务需求和运输市场发展的竞争需求，不仅要引入品牌经营理念，用心经营品牌，还需要紧跟社会步伐，把握时代脉搏，吸纳新鲜事物，赋予文化建设新的内容，让交通文化与时俱进，创造出先进的生产力，促进站、社会的全面发展。

一是坚持学习，致力把总站创建成最优秀的学习型企业。站文化要渗透到站的每项工作中、每个角落里、每个人的心坎儿上，形成人人、时时处处在站文化的建设氛围里，达到润物无声的效果。

二是柔性管理，努力把总站打造成最具人文关怀的人性化车站。当今时代是管理更加人性化的时代，对管理水平的要求更高，人的需求层次越来越高，采取柔性管理的方法，并不是人主观选择的结果，而是一个企业文化发展自然出现的产物。在总站健全的管理制度、完整的服务程序和量化的考核标准下，以科学的管理做基础，柔性管理起到了良好的作用。

三是强化执行，尽力把总站架构成最具有执行文化的站。

四是创建班组，全力把总站培育成最能发挥班组创造力的企业。班组既是站组织生产进行经济活动的基本单位，是职工日常生产、工作、学习的场所，又是站进行专业管理和民主管理的结合部，是培养职工队伍、建设精神文明的基本阵地。

通过挖掘品牌的内涵，延伸文化的影响力，总站的体会是，在品牌具有一定知名度和美誉度之后，要想让其成为知名品牌，让服务持续增值，还要用心经营品牌。要随着社会环境、服务需求的变化不断赋予其新的内容，使其始终保持先进性，创造出先进文化生产力，确保站文化永不枯竭，永续发展。

二、爱心始发站

南京长途汽车总站，隶属于江苏南京长途汽车客运集团有限责任公司，组建于1968年10月。该站是一个与南京长江大桥同步建成的面向社会开放经营的公用型车站，目前已经成为华东地区规模最大的公路客运集散地和枢纽中心。

车站占地面积34000平方米，设有40个电脑联网售票窗口，拥有20个发车位，日发班车989个班次、接送旅客3.5万人次，节日高峰期间，平均每天接送旅客达6万多人次，车辆辐射遍及安徽、辽宁、广东等15个省市。

创建文明窗口活动开展以来，该站在实践中建立了星级服务员等级制、优质服务首问制、承诺制，实行24小时售票、候车等服务，通过了ISO9002国际标准认证，在全国同行业中率先运用电脑售票、检票、结算系统。连续22年蝉联“全国文明车站称号”，并且获得“全国精神文明建设先进集体”称号。

车站先后涌现出两名全国劳模，分别是“微笑站长”王凤瑛和“爱心天使”李瑞。车站从劳模效应入手，将王凤瑛的“微笑服务”提升到李瑞的“爱心服务”，1999年市交通局将车站的服务班组命名为“李瑞班”。

2002年，南京长途汽车总站开始打造自己的服务品牌——爱心始发站。在车站的服务窗口上，有一个以两只车轮组成的心形轮廓的图标，这就是该站服务品牌“爱心始发站”的标志——“爱心飞驰”。“爱”是基于责任的无私奉献，“心”代表着拥有高尚品德的本心。如此诠释的“爱心”二字在南京长途汽车总站得到了全站人员的共识，并于2002年形成“爱心始发站”这一服务品牌。

南京长途汽车总站在文化建设过程中积累了丰富经验。

（一）树立“创新超越自我，爱心赢得未来”的核心价值观

“创新超越自我，爱心赢得未来”目前已成为南京长途汽车总站全员的核心价值观和共同行为模式的精神元素。总站人以“打造旗帜车站、传播服务理念”为使命，立志使南京长途汽车总站成为中国和世界交通客运的旗帜车站。

（二）提倡“用爱心扮美家园，用服务创造未来”的服务理念

车站是从业者与旅客共同的家园。从业者以“彼此尊重、诚实信任”为基础，以“互相帮助、同甘共苦”为责任，以“只求给予、不图回报”为本份，在服务中把旅客当亲人，在班组里与同事作姐妹，让车站成为充满“爱心”的家园，让爱心服务发挥营销的效力，为车站扩大市场份额，开创更广阔的未来。

（三）塑造品牌服务

1. 引入CIS系统

总站“爱心始发站”视觉的设计基调，是通过艺术的语言和视觉图形，反映南京长途汽车总站行业的特殊性，展现车站优异的发展背景、雄厚的技术实力、诚挚的“爱心”服务风采。CIS形象识别系统使车站实现了统一形象、统一服务用语、统一礼仪礼貌。

2. 制定行为准则

在对服务语言、操作程序进行整理，对服装发型、礼仪礼貌进行改进的基础上，对班组各岗位的行为准则做出严格细致的规定。

3. 健全班组机制

引入末位淘汰制，激励班组从业者奋发向上。营造文化氛围，促使班组从业者素质提升。建立社会监督机制，增加班组考评的客观性和公正性。把文化建设融入业务管理过程，强调班组建设的目的性和实效性。

4. 完善车站设置

2001年起，车站投资6000多万元，按星级宾馆的标准，对站房进行了

改造。安装了中央空调，候车室由原来一层改为二层，增设了4台大功率自动电梯，候车面积增加6000平方米，可容纳6万人同时候车。千余张美观大方的航空座椅，高强度、采光性能良好的玻璃外墙，光滑、洁净亮丽的镜面地砖，优美动人。增设了安全监控系统。开放了全长300米、舒适悠闲、绿树成荫、方便旅客出站的阳光通道，实行人车隔离，确保旅客安全出站。所有这些使得车站布局更加合理，硬件设施更加完善。

5. 实行品牌注册

把“爱心始发站”作为服务商标进行注册，全力打造江苏第一文明服务窗口。

6. 构筑宣传平台

总站主动组织或参加对车站有利，于社会有益的活动，并及时向新闻媒体提供报道线索和宣传资料。与银行、邮政、旅游和商业单位的先进班组结成对子，互助学习。参加助残、助学、扶困等社会公益活动。请媒体监督，与媒体沟通。学习优秀企业经验，全方位提高素质。

7. 打造100“爱心天使”

总站全国劳模正在着力对从业者素质进行培训，将车站从业者队伍打造成人人都具有爱心的“爱心天使”劳模群体。

8. 发挥联动效应

一是，以李瑞班为先进典型，要求行车、售票、运稽、安检四大班组向李瑞班学习。

二是，南京汽车东站的杨立群班组成功学习借鉴了李瑞班经验，很快发展成为长客总公司的另一先进典型。

三是，外地汽车站的“文明示范服务台”纷纷邀请车站的从业者去介绍站务服务和品牌创新的体会。

四是，与中国农业银行携手设立了“爱心账号”，以便让一时无钱买票的旅客快速、安全、稳妥地收到汇款，顺利踏上归途。

五是，2002年李瑞班分别与东航苏燕乘务组、沪宁高速女子收费班和铁路66次乘务组结成姐妹班，海陆空窗口单位一起交流服务体验，互相勉励提高。

（四）倡导“三化、三精神”服务特点

1. 艺术化、亲情化、人性化

三化即，艺术化、亲情化、人性化。

艺术化：艺术化源于对行业制度、对站务知识、对旅客心理的深刻了解和熟练运用。车站从业者在规范服务的基础上不断追求，把刚性的制度艺术化地渗透到车站的服务之中，将平凡枯燥的规定性服务转化为令人叹服的艺术化服务。努力使旅客们感到：生命，因车站而温暖；旅途，因车站而平坦。

亲情化：车站是旅客的家，从业者

是家庭中永远的一员。从业者应以亲人的视角去发现旅客的困难，以亲人的真情去排解旅客的苦楚，以亲人的诚挚去温暖旅客的身心，使车站成为亲情热情相伴、温馨爱心共存的旅客之家。

人性化：应该遵循“以人为本”的服务原则，细心观察旅客的言行举止，悉心揣摩他们的心理变化，针对不同的需求提供各具特色的服务，使服务富于新意，更生动地展示车站与旅客心贴心、心连心的真情。

2. 忘我奉献精神，团结协作精神，与时俱进精神

三精神即，忘我奉献精神，团结协作精神，与时俱进精神。

忘我奉献精神：要求从业者在各自岗位上精业、敬业、忘我奉献，为车站品牌的创建作出自己应有的贡献。

团结协作精神：车站的服务岗位面广、点多，要做好服务工作，不仅需要每个从业者掌握规范熟练的服务技能，还需要从业者之间、各具体岗位之间主动协调，将单个的人力整合成团队的力量。

与时俱进精神：旅客要求的高质量服务需要高素质的从业者来完成，而从业者素质的提高来自坚持不懈的思想追求，来自源源不断的精神动力。服务品牌的形成与发展、新设施新理念的应用与采纳都是车站与时俱进精神的体现。

（五）推广特色服务

1. 平等服务

对不同年龄层次、不同身份地位、不同国家地区的旅客都以诚相待，平等服务是总站最基本的服务准则。

2. 超前服务

车站服务就是在实践中学习和传播劳模的先进思想和过人品质。旅客有所要求才去服务只是普通意义上的服务，把服务做在旅客需求之前，做到比旅客所要求的更好，是劳模式的服务，需要有超前服务的意识和超前服务的能力。

3. 延伸服务

把服务在时间上延长，在空间上延伸，把对旅客的关心延续到旅客离站后，让点绵延成线。

4. 无障碍服务

车站逐步配备了电子显示屏、电子触摸屏和电脑报站系统等高科技设施以适应变化，为旅客提供更加快捷、准确、全面、规范的自助式信息服务。

（六）做好配套服务

1. 开展“您好工程”

2000年车站推出了“您好工程”，要求从业者说普通话，做文明人。2002年5月起，“您好工程”被江苏省交通厅推广至全省所有汽车客运站。

2. 倡导星级服务制

1997年，车站从政治思想、业务技

能、劳动纪律、服务态度等6个方面，制定细化量化的考核标准，据此评定服务员的星级，不同星级享受不同待遇。

3. 实行首问服务制

2000年，车站开始实行首问服务制，即旅客遇到困难，他求助的第一个从业者必须负责到底，真正做到有问必答，有求必应，有难必帮。

4. 推行承诺服务制

承诺是一种责任、一种信用，南京长途汽车总站是南京市最早实行公开承诺服务的交通窗口。1998年，车站将公开承诺内容由“5个24小时”增加到“8个24小时”。

5. 开展系统培训

加强人生观、价值观、世界观教育。每年进行两次军训、礼貌礼仪培训、电脑知识培训。不定期进行英语、哑语、普通话三语培训。对全站40岁以下的从业者进行《中级站务资格证书》培训，实现持证上岗。

6. 推广特色劳模服务法

车站推广一问、二听、三看、四帮、五到位、六勤、七心的爱心服务工作法。即：

一问：主动询问。

二听：听口音、听对话。

三看：看面部表情、看言行举止、看年龄体质。

四帮:看到抱小孩的帮着抱，看到行李多的旅客帮着提，看到有急事的旅客帮办理，看到老弱病残的旅客帮着搀扶。

五到位：回答咨询细致到位，发现问题及时到位，解决困难主动到位，延伸服务跟踪到位，站外服务奉献到位。

六勤：脑勤多思、眼勤多看、耳勤多听、嘴勤多问、手勤多做、腿勤多跑。

七心：为旅客服务要热心，为旅客办事要诚心，为旅客解释要耐心，照顾旅客要细心，帮助旅客要真心，听取意见要虚心，热情服务有恒心。

三、邯郸汽车客运总站

（一）站情简介

邯郸汽车客运总站隶属邯郸交通运输集团有限公司，是晋冀鲁豫公路运输的客运枢纽。车站在岗职工300名，日发1290多个班次，日均旅客发送量12000多人次，年客运收入8000多万元，营运线路150多条，辐射全国15个省市、自治区，80多个大中城市。

（二）文化理念体系

总站品牌：现代邯运，百年邯运。

价值观：以人为本，感动为魂。

精神理念：真诚、执着、创新。

经营理念：关注市场趋势，服务现代生活，拓展品牌经营，推进持续发展。

服务理念：为顾客提供比满意更满意的服务。

服务口号：服务公众，回报社会。

（三）文化体系建设

1. 精神理念

为创建有邯运特色的企业文化，进一步统一员工的思想意识，增强总站的凝聚力、向心力，集团公司党委以全体从业者共同认可的企业价值观、企业精神、经营理念来统一全员的思想，规范从业者的行为。为树立团队精神，公司党委实施了“凝聚工程”，确定了“以人为本、以德治司、以法治企”的治企思想。提出了“现代邯运，百年邯运”的远景目标。提炼出了“真诚、执著、创新”的企业精神和“追求卓越”的企业理念。

（1）总站精神理念：真诚、执着、创新

真诚：真心可鉴，诚实守信。真诚是美德，是做人、做事的基本原则。寓意邯运人待人诚恳、处事真诚的立身原则，以诚信精神回报社会、成就不凡事业的志向。

执着：事正而执、着力而为。执着是一种锲而不舍的精神，是一种持之以恒的作风，是一种坚韧不拔的毅力。寓意邯运人始终坚定集团公司的发展目标和前进方向，保持勇往直前、自强不息、无坚不摧的风貌。

创新：开拓进取、勇创新高。创新是一种精神、一种能力，是企业兴旺发达的不竭动力和屹立于市场经济大潮的必备条件。寓意邯运人不断提高自己，向着更高、更快、更强的目标迈进。

“真诚”是立企的根本，“执着”是成就事业的基础，“创新”是不断发展的动力。“真诚、执着、创新”体现了邯运人与时俱进、自强不息、继往开来的品格。

（2）总站服务理念：为顾客提供比满意更满意的服务

“满意”是评价服务质量的标准，涵盖服务设施、人员素质、服务态度等多方面，而“更满意”不仅体现为服务质量的更高层次，同时寓意邯运人永无止境的更高追求。体现了邯运一切从顾客的需求出发的服务意识，也体现了邯运在经营上的人本思想，将顾客的满意度作为衡量服务质量的唯一标尺。

（3）总站目标：企业做强，从业者富裕

做强做大邯运，将邯运送入健康发展的快车道，向河北第一、全国一流迈进。做强企业的最终目的是造福从业者，使从业者收入年年增长，过上殷实富裕的生活。

（4）总站价值观：以人为本，感动为魂

“感动”是邯运文化的基调，理念

系统也体现了“以人为本、感动为魂”的邯运文化实质，即，“通过领导努力感动从业者，通过从业者努力感动客户，通过公关努力感动社会，通过文化努力感动市场”，从而为邯运的腾飞奠定坚实的文化基础。

（5）总站品牌：现代邯运，百年邯运

“现代邯运”寓意邯运逐步实施多元化经营和规模化经营，综合实力不断增强，核心竞争力不断提升，朝着现代化方向发展，最终立身于优秀企业行列。“百年邯运”寓意邯运集团是一代代邯运人共同的事业，只有通过一代代邯运人的努力，邯运才能成为长寿企业。

2. 制度文化

邯郸交通运输集团有限公司党委，下设11个党总支、13个党支部，目前有正式党员1218名。几年来，公司党委认真学习邓小平理论，践行“三个代表”，充分发挥了党组织的政治核心和保证监督作用。为打造一支作风过硬、精通业务、善于经营的干部队伍，在中层干部中相继推行了《公开选拔任用制》、《试用期制》、《任前公示制》、《聘期制》、《末位淘汰制》、《基层经营者目标责任考核奖惩办法》等多项制度，提高了干部队伍的整体素质。与此同时，公司党委与时俱进，创新企业思想政治工作，实行思想政治工作责任制，加大舆论宣传力度，开展多种形式的教育活动，有力地促进了领导班子建设和党风廉政建设，密切了干群关系，增强了全体从业者的凝聚力和向心力。

3. 物质文化

确定了企业的标志、司旗、司徽、司歌，编印了企业形象理念、行为、视觉识别手册。

4. 行为文化

总站制定了“从业者行为规范”和“职业道德规范”，通过规范来约束从业者的行为和道德，反映了总站的精神文明程度。

总站通过文化建设重塑了邯运形象，打造了邯运品牌，提高了企业核心竞争力，取得了较好的经济效应和社会效应。

（四）文化建设的做法

邯郸汽车客运总站企业文化建设自2000年开始至今共分为四个阶段。

1. 第一阶段：找准定位，适时切入(2000~2001年)

这一阶段是企业文化建设的起步阶段。2000年初，新领导班子站在企业发展的高度上提出了创建企业文化的设想。为使企业文化建设找准定位，创建具有邯运特色的企业文化，集团公司董事长武庆发同志在创邯运文化之初就指出，企业文化关键是有特色。运输企业、邯郸的运输企业、邯郸的老国有企业、老国有企业中的困难企业、刚刚改制的国有企业，这就是我们的特点，这就是我们的实际。建设企业文化，实质上就是为了解决企业生存中的一系列矛盾，解决矛盾就要研究矛盾的特殊性。按照这一指导思想，总站在集团公司企业文化总体框架下，结合单位实际和行业特点，认为汽车站作为邯郸市和邯运集团的对外服务窗口，只有做到“通过领导努力感动从业者，通过从业者努力感动客户，通过公关努力感动社会，通过文化努力感动市场”，从业者才能真正融入企业，总站才能真正融入社会。为此，“感动”成了创建企业文化的基础和核心。

基于建立“感动文化”的理念基础，结合当时实际情况，着眼解决好“该向何处去、应该怎么干、当前最迫切需要解决的问题是什么”等课题，从开展思想教育活动、规范严格管理入手，适时切入企业文化建设工作。以“解放思想，树立市场观念；增效发展，树立大局意识；转变作风，树立服务思想”为主题，开展了“解放思想，更新观念，加快发展”大讨论活动。以讲大局，集体意识强；讲奉献，责任观念强；讲团结，协作能力强；讲学习、综合素质强的“四讲四强”为目标，实施了“凝聚工程”。邀请专家做报告，组织中层以上管理人员观看深化三项制度改革录像片等。为全面提高从业者整体素质，大力开展转变作风活动，2000年下半年制定出台《中层管理人员末位淘汰制》、《中层管理人员管理规定》等一系列考核管理文件，制定印发了《从业者职业道德规范》等管理制度，并对原有的制度进行了修订完善。

通过一系列活动的开展和规章制度的健全完善，广大从业者的思想观念、工作作风、精神风貌焕然一新，市场意识、竞争意识、发展意识不断加强，各项管理制度、管理措施基本到位，为全面启动企业文化建设奠定了思想和机制基础。

2. 第二阶段：搭建框架，形成体系(2002年)

2002年初，邯运集团成功改制，初步建立现代企业制度。为适应企业改制后新的发展需要，总站进一步深入开展企业文化建设，将2002年确定为“企业文化建设年”。首先，从制定企业精神和企业理念入手，经过征集、讨论，最后确定了“真诚、执着、创新”的企业精神和“追求卓越”的企业核心理念。二是以企业改制为契机，正式导入CIS战略，邀请专家帮助设计了徽标，以企业精神和企业理念为核心，确定了企业愿景、企业目标、企业价值观、经营理念、创新理念、服务理念、管理理念等一系列理念，确立了企业文化的框架内容。三是举办企业文化建设研讨会。通过精心策划、规范运作、深入研讨，企业文化建设框架基本形成。

3. 第三阶段：大力宣传，营造氛围(2003~2004年)

2003年是企业文化贯彻实施年。为使企业文化真正达到统一从业者思想，规范从业者行为的目的，在企业形象三大识别系统正式确定后，将包含三大识别系统在内的企业文化全部内容汇编成册，并编写了企业文化培训教材。利用半年时间进行了全员企业文化培训教育，先后组织了研讨会、演讲比赛、诗歌演唱会、企业文化知识抢答赛、图片展、献计献策、全员“爱岗敬业”教育和“教育季”等活动，掀起了企业文化贯彻落实的高潮。

在全员范围内开展了职业生涯规划管理，建立了从业者个人文化档案。每位从业者都结合自己的特长和工作实际，制定自己的五年发展规划。在规划中制定自己的总目标、阶段目标、具体措施。每年结合自己的工作，写出业务工作报告，并将个人的发展规划、业务工作报告等有关材料一并装入档案。同时，每年将文化档案反馈本人，对各项阶段目标的完成情况进行对照，对发展规划进行修订、补充、完善。这样，从业者真正将自己的发展融入到企业的改革、发展之中，达到了企业与从业者共同进步的目的。

在企业文化贯彻实施中注重搞好典型引路，以选树典型进一步激发从业者的责任感、事业心。以总站售票员徐红艳被交通部、团中央联合授予“全国交通系统青年岗位能手”为契机，号召全公司从业者学习先进的敬业实干、无私奉献、好学上进、大胆革新精神，掀起了学先进、赶劳模、比贡献的热潮。

2004年是企业文化考核落实年，制定了《企业文化建设考核实施办法》，重点对三大识别系统的实施情况进行督促。通过制定从业者素质、企业形象等多项考核措施，促进企业文化的落实。在贯彻实施过程中，不仅要求在职从业者严格规范自己的行为，还将文化的触角延伸到了离退休职工、从业者家属，延伸到了家属院。通过采取文化延伸的系列措施，广大离退休从业者以及其家属也逐步接受了企业文化，并以实际行动支持企业的发展，成为企业发展的一支重要力量。2004年，总站组织全体从业者认真思考作为一名优秀的从业者所应当具有的品质，经过反复推敲，最终确定了“心正、情深、有才、敬业、守纪、上进”的十二字标准，有力地推动了企业文化建设的深入开展。

4. 第四阶段：全员学习，提升品位(2005~2007年)

发展动力来自于创新，创新能力来自于学习。2005年~2007年是邯运集团实施六年腾飞发展规划的前三年。这三年，为进一步提高从业者综合素质，全面推进企业文化建设向纵深发展，总站开展了“学习年”活动，把“增强凝聚力、提高创造力、打造执行力”作为企业文化建设工作的重点。通过加强教育引导，把全员思想统一到“企业利益高于一切”这个大目标上，提升企业凝聚力。通过加强学习培训，不断增强广大从业者的创新能力。通过加强监督管理，教育广大从业者从严格执行命令到执行意图，最终达到执行目标的境界，打造一流执行力。同时，结合中央提出的建立和谐社会的总体要求，提出了创建“和谐企业”的目标，“和谐企业”为企业文化增添了新的内容，注入了新的活力，有力地促进了邯郸站的长足发展。

四、沧州汽车客运总站

（一）站情简介

沧州汽车客运总站建于1950年，至今已有58年历史，是国家一级客运站，隶属于沧州运输集团有限公司。沧州汽车站成立之初，仅有汽车6部，班线4、5条，每天运送旅客70余人。经过几代人的努力，逐步发展壮大。2000年1月18日，新建的南候车室正式建成使用，南北两站合称为沧州汽车客运总站。如今总站有在岗从业者176人，进站班车800多部，候车面积3000多平方米，班线130多条，日发送旅客2万多人次。班车通达省内各地市以及京、津、鲁、豫、晋、吉、沪、苏、浙、皖、闽、黑等省市。

2004年8月正式通过国家工商总局注册成功“亲情旅程”这一服务品牌。作为展示沧州形象的一个窗口，总站自2004年创建“亲情旅程”服务品牌以来，把旅客当成亲人、朋友，真心实意提供服务。设立了“特困旅客救助基金”，增添了婴儿床、残疾人用车，努力营造和谐温馨的乘车氛围，赢得四方旅客的广泛赞誉。经过一系列的努力，站务管理工作有了一个质的飞跃，从业者素质、服务质量不断提高，经济效益连年实现跨越式发展，不仅为旅客增添了一分温馨，也让社会又多了一分亲情。

（二）文化理念体系

总站品牌：亲情旅程。

价值观：为旅客、经营者提供服务的同时，获取良好的效益。

精神理念：人性化、个性化。

经营理念：搞好站场经营，做好市场营销，打造“亲情旅程”服务品牌，满足并超越满足旅客需求。

服务理念：满足并超越满足旅客需求。

服务水准：微笑、亲切、热情、及时、迅速。

（三）文化体系建设

1. 精神理念

精神理念是总站的主体理念，它指导总站的发展方向。人性化、个性化的精神理念使总站从80年代之前的“只有人求咱，没有咱求人”，“我们的车你爱坐不坐”转变为90年代在全站范围内推行的“微笑服务”，总站的主体理念一直在不断的升华。2004年6月，总站申请注册了“亲情旅程”服务品牌，提出为旅客创建“温馨家园”，2006年8月，总站成立了客户服务中心“亲情旅程”服务班。

（1）总站服务理念：满足并超越满足旅客需求

“满足”是为旅客提供服务的基本要求，涵盖服务设施、服务质量、服务项目等多种因素。而“超越满足”则体现为服务水平的更高层次，即不断延伸服务内容，为旅客提供人性化、个性化服务，使服务质量超出旅客所想，从而提高旅客满意度。总站在品牌创立两周年之际，向全社会推出八项“亲情旅程”延伸服务，即，亲情儿童护送、亲情老人护送、亲情老人接站、代订宾馆住宿业务、代售大连船票、代售机票、接送旅客、代购商品并送货上门，为旅客提供更加周到、便捷的服务。这八项延伸服务项目的推出，正是这一“超越满足”服务理念的具体落实，都是贴近旅客需求的最基础服务。总站“以旅客需求为关注焦点”，站在旅客的角度，改进服务质量，提升服务档次。

（2）服务水准：微笑、亲切、热情、及时、迅速

微笑、亲切、热情、及时、迅速是总站的服务水准。微笑服务是服务过程的最基本要求，迎接旅客时用发自内心的微笑表示热情欢迎；把旅客当成亲朋好友来塑造亲切的服务形象；用眼到、口到、意到、情到来体现热情的服务；把服务做到旅客开口之前，做到旅客心中，表现为及时迅速；以热爱企业，尊重本职为前提，亲切诚恳、和蔼礼貌，主动、耐心、周到地为旅客服务。

2. 制度文化

汽车客运站作为一个城市的窗口单位，它的形象直接关系着整个城市的形象。沧州市汽车客运总站以优质服务树窗口品牌，始终坚持以“三优三化”为工作标准，树行业新风创文明窗口，内强素质外树形象，开展文明创建活动，得到了广大旅客和客运市场的认可。

（1）树立“以人为本”的观念，提高从业者整体素质

一是注重班子形象建设。只有领导班子的认识提高了，才能为全体从业者作出表率。为此，站领导班子定期召开办公会、支委会、碰头会及晨会，针对车站客运生产、文明服务、窗口建设等工作，研究制定实施方案。领导班子

实行跟班作业、坚持常年一线值班，深入生产现场掌握第一手资料，有的放矢地开展工作。工作中严于律己、以身作则、克己奉公、真抓实干，在从业者中树立了良好的形象。

二是发挥基层干部队伍的骨干作用。在干部选拔上本着年轻化、知识化的原则，聘任那些思想好、作风硬、有能力的青年充实到班组长、科长岗位。

三是抓好从业者教育培训。着重从从业者的职业道德、业务技能、优质服务等方面加大培训力度，练就出一支素质高、服务优的铁队伍。

四是通过全员公开竞聘，选拔优秀、端庄的站务员，成立“亲情旅程”服务班。

（2）严细管理，服务水平再上新台阶

客运总站职工严格履行岗位职责，按部颁标准服务于广大旅客，每个岗位人员都经过培训、考核后方可上岗。1999年，在ISO9002国际质量认证运作过程中，他们又重新修订制定了站内规章制度及各岗位工作标准，加大了考核力度。实行“双考双否”责任制（即，考核客运收入、服务质量，实行双项否决）和“三级考核制度”。每个岗位制定了经济责任制，层层签订责任书，做到责、权、利相统一，奖与惩相对应，做到不漏项、不漏人、不漏岗、不留死角，一目了然，形成了完整的宝塔式的指标分解体系，大大激发了全员创收的积极性，显示了企业强劲的生命力。同时总站编订《亲情旅程服务标准》手册，规范站务员的行为。

3. 物质文化

物质文化是精神文化的载体。大到客运站规划布局、经营环境、设施设备，小到服装、工号等都是总站的物质文化。

（1）保持优美环境，让旅客温馨

总站常年坚持在两候车室迎门处摆放盆景，在院内栽种花草，保持站内外四季常青，环境宜人。他们还始终将卫生工作列为重点，责任到人，定期检查，坚持“四无、五要”准则，即，“无蚊蝇、无痰迹、无污物、无异味，门窗要明亮、地面要干净、空气要清新、设施要整洁、环境要优美”，确保了环境卫生清洁。

（2）创造优良秩序，让旅客放心

新发车区启用后，院内广场面积增大一倍，他们重新划分了停车区、待发区、发车区和旅客通道，做到区位规范，标志明显，形成了车流、人流流动有序的良好格局。同时，在明显处张贴了禁运物品宣传画、标语，查堵“三品”，严把三关，及时消除事故隐患，形成了良好的候车、乘车、发车秩序。

（3）完善设施设备，让旅客舒心

总站为更好地服务广大旅客，近两年投资近两百万，购置了高档座椅，电子吊屏装备南候车室。对严重老化的北候车室进行了全面改造和整体装修。高客候车室内，闭路电视、空调、VCD、饮水机、擦鞋机、手机充电器一应俱全，并按照部颁标准配备设施设备。在南发车区与北发车区两区同时增设了特殊旅客候车室、医务室、快餐部、住宿部、游乐厅、图书专柜，规范了副食部、医务室、快餐部，形成了吃、住、行、购、娱乐一条龙的全方位服务新格局，做到设施完备、布局合理、整洁卫生，达到了部颁标准的一级客运站水平，使旅客享受到了航空式的服务。

4. 行为文化

自2003年以来，总站积极开展创建“亲情旅程”活动，以真情、热情、亲情为旅客服务，提供满足和超越满足旅客需求的亲情化、人性化服务，并于2004年8月成功通过国家工商总局注册，正式启用“亲情旅程”服务品牌。亲，就是把旅客当亲人；情，就是为旅客服务要热情，对旅客充满真情，具有“旅客情结”；旅程，就是为旅客提供亲情服务的过程。整体含义就是以人为本，尊重旅客价值，实现站和旅客共赢，不断满足和超越满足旅客需求，为旅客提供人性化、个性化服务。

总站围绕“亲情旅程”服务品牌，提高班组人员的素质。一是，完善服务、苦练内功、在具体的服务中体现品牌的内涵。要求站务员人人都作“活地图”、“一口清”，对一千多个班次的发车时间、一百多条线路上的所有里程、站点、票价以及相关的延伸服务内容都要一清二楚。改被动服务为主动服务，由“微笑服务”、“承诺服务”向个性化、差异化服务转变。二是，通过全员公开竞聘，选拔了11名优秀、端庄的站务员，成立了“亲情旅程”服务班，并聘请专家，从语言、礼仪、形体等方面进行强化训练。如今，“亲情班”的送水服务、双语广播、爱心伞都已成为服务的亮点。三是，编订了《亲情旅程服务标准》手册，要求站务员服务行为规范、整齐划一，只要旅客进入总站，不管从哪个角度，都能体会到宾至如归的感觉，享受到家一般的温暖。实现了“六个一规范”，即，一米见问候，一语送真诚，一举现规范，一心系亲情，一别留快乐，一路享温馨。

通过“亲情旅程”服务品牌，为旅客创建“温馨家园”，同时还推出了“亲情旅程”十项延伸服务项目，把满足并超越满足旅客需求作为服务理念，提出了“高客服务航空化”、“普客服务高客化”的目标。围绕创建“亲情旅程”，制定了各种行为规范、仪容仪表规范、形体动作规范、服务用语规范等。服务用语规范规定，为旅客服务时，应使用普通话，既展现出站及自身的形象，也便于和旅客交流、沟通。规定了问候用语、询问用语、应答用语、道歉用语、提醒用语、安慰用语、祝福用语等7种文明用语。

（四）总站品牌文化建设的启示

总站发展到今天是作为一个企业而存在的。一种产品对于一个企业来说，它的重要性是不言而喻的。将一种产品打造成一个品牌不仅需要做很多细致的事，还需要一种坚持不懈和不断创新的精神，对于一个服务品牌来说这方面的事情会更加繁重。总站提早把自己摆在了一个企业的位置上，把自己作为一个为社会、为百姓提供服务产品的企业来运作和运营，不仅认识到把产品做成品牌的长远意义，更在于以这个品牌为载体，让社会多一分亲情，给百姓再添一分温馨。这也是服务产品能够给人们一种精神上高质量的消费享受。

在南北两站增设的婴儿床、残疾人用车，在高客候车室配置的擦鞋机、手机充电器等设施，这些无微不至的细节，带给人们的是一种亲情。总站为八个延伸服务项目制定的一张《亲情儿童、老人护送交接单》上，仔仔细细、明明白白地划分出委托人、被护送人、班次、车号、接站人、结交签字等30多栏，足见他们为旅客着想的良苦用心。这些细节与他们连续15年蝉联交通部文明客运站称号以及3年的零投诉有着直接的关联，正是这些细节的积累、支撑起了亲情旅程的品牌。对于一个企业团队来说，对于细节的关注更能体现出一种难能可贵的亲情与大气，一个看似不起眼的细节往往能给人们超乎寻常的惊奇与惊喜，这一点也许每个人都有着切身的体会。

“亲情”不仅是沧州汽车客运总站品牌的核心，也是每一个人，每一个和谐的家庭，每一个和谐的城市，每一个和谐的社会所追求的。由此看来，沧州汽车客运总站为自己的品牌付出的努力，既为我们的每一家服务企业在经营上树立了榜样，也为从事着不同职业的每一个劳动者做出了表率。

（五）总站品牌文化建设的做法

1. 以适应市场需求为主激发创新

计划经济时期，处于行业垄断阶段，总站的从业者们过着“只有人求咱，没有咱求人”的日子，“我们的车你爱坐不坐”，由此可见当时的服务是什么样子。80年代初，随着计划经济向市场经济的过渡，客运市场打破了由国有企业独家经营的格局，形成了国有、集体、个体同时竞争的局面。为适应市场需求，总站采取了一些举措，方便旅客，吸引客流。比如在区内和部分省级班线加大发车密度，实行公共式流水发车，保证旅客随到随走。改集中售票为敞门上车，现场售票。这一系列举措在当时赢得了市场。90年代，随着客运市场的不断发展和人们生活水平的逐步提高，人们对服务质量提出了更高的需求。为适应市场变化，总站在全站范围内推行“微笑服务”，一改过去脸难看、车难乘的局面。并在河北省同行业范围内率先将现代化科学技术应用到客运生产中，实现了微机报班、售检票、结算，从而缩短了旅客购票、候车时间，在一定程度满足了旅客的需求。2004年8月，成功申请注册了“亲情旅程”服务品牌，提出为旅客创建“温馨家园”。2006年8月，成立了客户服务中心“亲情旅程”服务班，同时召开新闻发布会，推出“亲情旅程”十项延伸服务项目，把满足并超越满足旅客需求作为服务理念。

2. 实实在在去做，而非作秀

一个找不到家的青年聋哑人，在外漂泊游荡了三年，最后来到了沧州客运总站，一住就是七年。七年中，沧客人自发组织起来照顾他，帮助他。直到1999年11月底的一天，一位长途汽车司机偶然发现了天津媒体上的寻人启事，才使离家10年的哑巴见到了日思夜想的亲人。像这种送落难旅客回家、拾金不昧、见义勇为等善举，在沧州客运总站数不胜数。

“亲情旅程”，是社会给予沧州客运总站的荣誉，但在他们看来，这是他们对社会的庄重承诺。他们说没有真情，微笑也是假的，顾客满意是服务的唯一标准。站长左静说“打品牌必须有过硬的东西”。沧客过硬的东西就是从业者过硬的素质。不必说严格的选拔、精密到肢体语言的培训、激烈的竞争上岗制度，单以一件小事，就可以看到沧州客运总站从业者的素质。一个秋天的凌晨，一夜没停的雨下得更大了。为了按时到岗，33名女站务员没有一个不提前出发，顶风冒雨而来。5点20分，班长王富点名时，33名站务员湿漉漉、齐刷刷地站在厅中央，一个不少。后来，人们称这些站务员为“风雨无阻的铁娘子军”。

兵贵精，正是这些精兵，把“亲情旅程”这一看似虚化的品牌在一件件小事上体现得淋漓尽致，化“虚”为“实”进而做成了四大特色，主打“四个一”工程。当客运服务走向个性化的时候，只有从细微之处着手，才能赢得用户的微笑和赞许，才能汇成整个社会的肯定和支持。因此，沧州客运总站的从业者从一个微笑、一声问候、一杯热水、一句道别开始，做好“亲情旅程”第一站的服务。经常往来于沧州、天津两地的某位客商说：“我去过不少地方，到过的车站也有上百个，但从没见过每半小时就为旅客送杯热水的车站。”

3. 多种服务方式并存，用人性化来渲染“亲情旅程”

（1）设立特殊旅客救助基金

强化人文关怀，关心弱势群体，推

行“人性化服务”是“亲情旅程”的重要内容。沧州客运总站团支部发动团员义捐4000多元，建立了救助基金，从此以后，凡在营运过程中遇到患病、迷路、丢失物品的旅客就帮一把。基金建立7年来，共救助旅客80多名。高客班车组人们说，沧州客运总站是沧州的窗口，高客是窗口的旗帜。2000年，当时只有三人的高客班车组以“航空式”服务独树一帜，成为沧州服务业的“领头羊”。截止2004年，班车组成员换了一茬又一茬，队伍已扩大到12人，但是亲情依旧，服务更上一层楼。当你坐上高客车，乘务员会为你送上一份可口的小食品，定时为你送水和读物。同时，车上还常备消毒毛巾和20多种常用药品，漫漫长途中，让你感受到家一般的温馨。

（2）设立双语服务和哑语服务

差异化服务是当今服务最鲜明的特征。2002年9月6日下午，马里的一位游客慕名来沧州清真寺朝拜，可不懂汉语的他交流遇到障碍，急得这位游客团团转。这时候，总站站务员的双语服务派上了用场，向这位游客说明了清真寺的方向，并帮他安排住宿，高兴得这位游客“very good”说个不停。除此之外，轮椅、雨伞、手机充电、免费行李车等服务项目也大受旅客欢迎。“旅客都没想到，我们就已做到”，沧州客运总站把承诺实实在在地体现在了行动上。

（3）以个性化的服务项目为载体，以明星化的标兵和集体为支撑

沧州客运总站的服务品牌越叫越响，越擦越亮。然而，利用制度管理达到提高服务质量的目的并非长久之策，沧州客运总站瞄准的是，通过一段时期的潜移默化和内在积累逐渐形成从业者的道德观念和理性文化，构成最重要的软要素——企业文化，并由此进一步提升企业形象。2000年1月1日，沧州客运总站服务通过ISO9000国际质量体系认证，在全国所有汽车客运站中是第4个，全省第1个。现在，总站的发车正点率达到100%，连续两年实现“零投诉”。

4. 以无形促有形

经济学家预测，21世纪是服务的时代，谁能延伸服务内涵，谁就将赢得消费者，因为消费者在告别短缺经济后，越来越看重商品质量和服务。这些观点在沧州客运总站得到了体现。

虽然个体车在票价上具有很大的灵活性，具有不小的吸引力，但总站仍能牢固地占领沧州客运市场。2000年，总站刚上高客运营项目时，每天只有不到10个班次，现在增加到60多个班次，高客收入占到总站收入的1/3。

2004年，沧州客运总站吸引了近300部个体车加盟，规模近一步扩大。同时，他们利用四通八达的行车网，把

“托运”服务延伸为“快递”服务，经济效益蒸蒸日上。如今，总站每天发车100多个班次，输送旅客1000多人，年输送旅客40多万人。1996年，沧州客运总站月收入能超过百万，就会成为破天荒的大喜事。现在，这里每月收入都在四五百万元。

服务品牌是服务发展的新阶段，标志着简单化服务向现代化服务发展，松散型服务向集中型服务发展。时代需要服务品牌化，“居高声自远，非是借秋风”这是沧州客运总站为沧州服务业发展提供的一个新思路。

五、其他优秀成果

（一）西安城西客运站

西安城西客运站是陕西平安集团有限公司最为亮丽的品牌企业，2007年，交通部部长李盛霖、陕西省省长袁纯清等领导多次莅临城西客运站指导检查工作。客运站占地面积70余亩，日均发送旅客2万余人，日发班次1000余班，是交通部176个国家运输枢纽站之一。

城西客运站在陕西平安集团党委领导下，先后从精神文化、物质文化、行为文化、制度文化等多个方面着手，全方位设立企业文化的总体框架结构，用丰富的企业文化内涵凝聚了全站员工的精神和行为，逐步形成了员工共同认可的价值体系和价值取向，激发了广大员工团结奋斗、敢为人先的工作热情。城西客运站的文化理念体系具体为：

企业核心理念：堂堂正正做人，实实在在做事。

企业经营理念：人才为根、诚信为本、旅客为尊、创新为魂、共赢为道、品牌为珍。

诚信理念：诚信是基础、诚信是品牌。

卫生理念：对环境负责、对生存负责。

团队理念：拧成一股绳，永远一股劲。

服务理念：旅客需求的，就是城西人说追求的。

学习理念：企业不学习必落后，员工不学习必落伍。

责任理念：在岗一分钟，敬业六十秒。

创新理念：今天永远是明天的起点。

人才理念：事业造人才，业绩现人才。

安全理念：先安全后生产，不安全不生产。

发展理念：不求进取就是倒退，不断发展才能生存。

通过实施文化建设战略，为旅客提供了多角度、全方位的多元化服务，全力提升了客运站的核心竞争力，在每一位旅客心中塑造了一个值得选择、值得信赖的城西客运站品牌形象。

（二）青岛长途汽车站

青岛长途汽车站隶属于青岛交运集团，为国家一级汽车客运站。现有营运线路220余条，日发班次990余班，日均接送旅客2.5万余人次，班线通达京、津、沪等十多个省市，是青岛地区的客运枢纽。

青岛交运集团是国有大型综合性交通运输企业集团，交通部重点联系单位，中国物流百强企业，它在企业文化建设方面具体是这样做的：

1. 文化体系

一个品牌："情满旅途"品牌是交运文化的主体。

两个力：文化力推动经济力，情感力增强凝聚力。

三情理念：情满家庭、情满企业、情满社会是交运文化的延伸。

四种精神：诚信精神、创新精神、团队精神、奉献精神是交运文化的价值体现。

五大工程：技术进步、管理创新、星级服务、形象塑造、精神凝聚是交运文化的保障。

一个目标：不断提升发展是交运文化追求的目标。

2. 文化理念

企业愿景：成为拥有全球知名品牌的国际化交通企业集团。

企业使命：社会需要交运，交运奉献社会。

企业精神：勇于创新，诚于真情。

服务理念：比顾客的需求做得更好。

工作作风：用心动脑，优质高效。

座右铭：珍惜每一天，用心做好每件事。

1995年7月11日，"情满旅途联手大行动"在青岛长途汽车站成功发起。多年来，车站充分发挥"情满旅途"中"情"的作用，积极推行情感服务，把旅客作为自己的亲人，车站员工坚持多年学雷锋做好事，为旅客服务永无止境。

客运站还根据市场形势变化和旅客需求，积极进行服务创新，先后推出"邮寄儿童"、"忠诚客户"等一系列特色服务。总结提炼出"零距离服务法"、"苏学芬工作法"等行之有效的服务方法。实施了"首问责任制"、"旅客代表制"以及征求旅客意见书等旅客监督机制。启动了小件快递门到门服务、散客包车服务、上门售票服务、便民服务车服务等快捷高效的服务手段。所有这些大大促进了客运站精神文化、物质文化、行为文化的全面提升。

（三）广州芳村汽车客运站

广州芳村客运站1999年8月投入运营，占地面积4万平方米。目前，日发班车1500多班次，日发送旅客4.2万余人次，是疏运广州城区南向、西向客流的公路运输枢纽站场。芳村客运站建立的文化理念体系为：

经营理念：一切为旅客着想。

企业精神：顾客至上、爱岗敬业、诚信务实、高效创新。

服务理念：为顾客提供主动、热情、快速、专业、周到的服务。

服务品牌：用心伴行。

行为规范：敬业奉献、诚信高效、团结友善、勤俭自强。

经营方针：市场创新、顾客满意、管理科学、效益突出。

企业目标：创品牌客运站。

人才观念：人尽其才。

营销理念：双赢。

客运站按照现代企业的要求，确立了与整个社会正确价值导向一致的企业价值目标，企业精神等。在实际工作中，参照民航系统标准重新设计并更换了全部服务指引标识，让旅客依照各种指示标识就能找到各种服务设施，实现了人本智能化管理。努力为旅客提供安全、文明、舒适的候车环境。通过有效的培训和考核，提高员工整体素质，增强员工的服务意识，提高服务质量。在制度上，根据旅客需求制定出一套相应的《服务规范》，对各个岗位服务人员的服务要点、服务内容和注意事项做出了具体的规定，满足旅客不断变化的需求。

（四）广东省汽车客运站

广东省汽车客运站隶属于广州交通集团，客运站毗邻广州火车站，紧接地铁出口，是华南地区公路客运企业中一个较大的枢纽中心，规模大、班车多、线路广。班车线路遍及广东、广西、海南、贵州、湖南等省的主要城市，日均发班1800多班次。

企业精神：至勤至精，至新至善。

服务理念：优质服务是我们的承诺，顾客满意是我们的追求。

管理理念：不寻常的经营理念，不一样的组织技巧，不一样的优秀服务，不含糊的服务承诺。

经营宗旨：创一流服务，创一流效益。

质量方针：运输安全准点，服务永不停步。

图9-1～图9-3是广东省汽车客运站文化理念的宣传画。

图9-1 广东省汽车客运站

图9-2 广东省汽车客运站

图9-3 广东省汽车客运站

第十章 站文化建设

如何建设站文化，建设什么样的站文化，是站文化建设需要解决的主要问题。张家口汽车客运站、爱心始发站、邯郸汽车客运总站等站文化建设的实践表明，站文化建设应以塑造站的核心价值观为核心，建立站文化的理念体系；以提高政府管理层和站的经营管理者的文化自觉为基础，建设站文化的组织领导体系；以文化力促进影响力为目标，建设站文化的执行体系；以全面提升站的“窗口”职能和服务水平为宗旨，建设站文化建设的绩效评价体系。

一、站文化建设的任务

站文化理论体系的构建为站文化建设奠定了基础，站的价值观是反映站服务社会，服务公众的目标追求和价值取向的基本观点。建立健全站文化的组织领导体系是做好站文化建设的重要保证。站文化的功能的发挥及其影响力，是站文化建设的关键和终极目标。因此，站文化建设和主要内容包括：塑造站的核心价值观、建立健全站文化的组织领导体系和发挥站文化功能及其影响力。

（一）塑造核心价值观，建设站文化理念体系

价值观是反映站服务社会、服务公众的目标追求和价值取向的基本观点，反映站存在的理由和追求的目标，是站对社会的基本承诺，体现了站在政治建设、经济建设、文化建设、社会建设和精神文明建设中的定位。站的社会职能和服务属性均反映在站的核心价值观中。因此，站核心价值观在站规划、设计、建设和运行等管理活动中处于主导和支配地位。塑造站的核心价值观，是站文化建设的标志性工作。建设站文化，首要任务就是塑造站的核心价值观，建设站文化完整的理念体系，以先进、科学的理念引领站的发展，使其成为指导站运营的灵魂。

1. 站的核心价值观

核心价值观是站主导的价值意识，它是站在规划、设计、建设和运行管理活动中共同遵循的、为社会公众和全体从业者所认同的、具有交通行业特色的

价值观念。核心价值观在站文化理念体系中处于中心地位，是站的整个理念体系的基础和灵魂。核心价值观是站制定发展战略的指导思想，是站运营的行动指南，是站文化的基石。站的核心价值观从思想观念上确定了站生存和发展的方向，为站经营管理提供了基本方针。

站的核心价值观具有社会、经济、技术、组织、制度和领导行为等要素无法替代的作用。核心价值观作为站统一的共同的思想原则具有强大的整合力和约束力。共同的价值观所产生的凝聚力使从业者自觉地将其思想、情感和行为与站的社会责任和利益融合在一起，使站和从业者成为价值、愿景、利益的统一体和共同体。人们在共同价值观的指导下，谋求同一目标、承担共同责任，自觉约束自身行为，减少矛盾和摩擦，营造关系融洽、团结和谐的文化环境，实现共同的理想。

共同的价值观，激励着从业者对站的忠诚度，增强了从业者对站的归属感和依恋感。从业者作为交通人的一员会感到自豪和骄傲。共同的价值观是凝聚人心、促进站发展的强大精神动力。

2. 核心价值观的确立

站的核心价值观是对站的社会属性、历史传统、行业特点、战略目标、地域特征及从业者素养等诸多因素综合加以分析研究，并吸纳社会公众、从业者和专家意见，经过充分研讨论证，获得社会和行业的认同。经过反复、引导和培育，使其逐渐成为交通行政管理层和全体从业者自觉的行为意识和习惯。核心价值观的形成是认真总结、精心提炼、慎重选择的结果。一般来讲，提炼站的核心价值观，要充分考虑站和社会责任和所处的社会经济环境，按以下步骤进行：

（1）分析论证，优选提炼

站的核心价值观决不是几个秀才的笔下生花，也不是领导者闭门钦定的口号。站的核心价值观首先是一种文化的传承，要对站的形成过程、文化积淀、现实管理状况、从业者行为习惯进行充分的分析和诊断，优选其中积极的、能够适应和促进站生产力发展的文化因子。要深入分析宏观经济社会及交通行业发展趋势，把握自身文化力的优势，广泛吸收国内外服务于社会的交通站场规划、设计、建设和运营管理经验。在此基础上，结合站的使命、站的目标，经过优选提炼，最终形成用准确的、有震撼力的文字表述的核心价值观。

核心价值观确立后，要以此为指导，根据站的不同属性，确立站内部不同工作领域，如站务管理、车场管理、质量管理、财务管理等领域各自的专项理念，形成站的“理念群”，即，站理念体系。

核心价值观作为站的各项工作的灵魂，是对宏观方向性的规定，具有相对的稳定性，并拥有丰富的内涵和宽泛的外延。在时间上能够长期发挥作用，在空间上能够全方位发挥作用。

（2）融入实践，强化认同

站文化本质上是社会文化和管理文化的复合体，核心价值观只有融入社会和管理实践，才能形成优秀的站文化。现实中站文化建设的突出问题是理念和实践脱节，文化与管理“两张皮”，社会及从业者对站文化理念的认同较差。所以，核心价值观一经确立，就要融入站的运营管理实践，以核心价值观为指导，制定站的发展战略，建立健全规章制度，规范从业者行为，整合站文化。利用各种物质载体，强化公众和从业者对站的核心价值观的认同，使核心价值观根植于公众和从业者的思想。

3. 培育枝繁叶茂的“价值树”

站的核心价值观是站的整个理念体系的内核，但不能代替企业各个不同功能系统的文化理念。培育和健全站的各个子系统的工作理念更有利于指导工作。站文化建设最重要、最基础的工作，就是以核心价值观为指导，打造站的文化理念体系，即，价值观系统。

如果把站的价值观系统描述为一棵“价值树”，那么它的树干就是核心价值观。由“树干”派生的多个分枝则是站不同领域的各个专项理念，即，由核心理念派生出的“理念群”，而埋在地下的树根则是孕育核心价值观丰厚的文化积淀和社会的主流文化。虽然专项理念各有侧重、各具特色，但万变不离其宗，均来源于核心价值观，并服务于核心价值观，同时又延伸和巩固了核心价值观。核心价值观丰富的内涵为各专项理念发育提供了丰富的营养，各专项理念的茁壮成长进一步强化了核心价值观的整体效应，使价值观体系这棵大树根粗干壮，枝繁叶茂。

一般而言，站的“价值树”是由站的核心价值观、精神理念、人格理念、运营理念等共同构成的价值观系统。这些理念兼顾站利益、从业者利益和社会效益，反映着站对目标追求中的价值取向，对站的战略决策、管理举措和规范从业者行为具有导向作用。

（1）核心价值观

核心价值观是站对自身存在的社会价值的认识，是站文化及理念体系最核心的部分是站及全体从业者共同的理想信念，是站规划、建设和运营管理的灵魂，是站文化建设的指导思想，是站凝聚力的源泉。

（2）精神理念群

站的精神理念包含站的精神、站的使命、站的战略、站的愿景等。其中，站的精神是最重要的精神理念。站的精神是对站整体素质的精辟概括，是对站的精神状态、工作作风和价值观念的共同要求，是占主导地位的群体意识，是站宝贵的精神财富。

（3）运营理念群

站的运营理念包含服务理念、管理理念、质量理念等。其中服务理念最为重要，它突出反映了站服务的宗旨、目标和途径。服务理念决定了站服务管理各项主要工作的价值取向，是站的核心价值观的支撑点和落脚点。

（4）人格理念群

站的人格理念包含站的信誉、人才理念、从业者行为准则等。站的信誉包括从业者队伍形象、站的形象和环境等内容，“诚信”是站的信誉之魂，从业者行为规范之本。人才理念是尊重人才、尊重知识、尊重创造，是合理开发人才资源和人尽其才的思想观念。从业者行为准则是站的从业者工作行为的规范和标准，规定了从业者该做什么，怎样去做。

站的价值观体系构筑了完整的价值链，并以此为判断标准，制定和实施站的各项管理制度，实现站与客户的“双赢”，实现站和从业者的共同发展，实现站对国家履行的责任，实现站的和谐发展。

4. 强化管理层和从业者对文化理念的认同

首先，要科学地诠释站的理念体系。站的核心价值观和整个文化理念体系确立之后，需要获得自上而下的逐层认同。这种认同要在长期的实践中进行灌输和培育，特别是在起步阶段要进行强有力的系统培训，广泛深入地开展宣传教育活动。要有一套站文化理念体系教材读本，科学地诠释解读文化理念体系，供决策层、领导层和从业者学习使用。

其次，要重点提高管理层对核心价值观的认同度。管理者倡导什么和反对什么，是核心价值观的集中体现。用核心价值观统一站的各级管理者的思想，指导管理行为，是推进站文化建设的关键环节。管理者对核心价值观的高度认同和高度自觉，不仅仅是自身行为，而且是一种有影响力和导向作用的领导行为。

第三，用站文化理念体系规范从业者的职业行为。用核心价值观和站文化理念体系教育培训从业者队伍，规范从业者的职业行为，是培育站文化力的基础性工作。用站文化理念体系整合团队和从业者的文化习惯，是站文化建设的重要任务。一方面要大力培育和弘扬体现站文化理念的积极因素和优良文化，另一方面又要下决心整治和遏制有悖站文化理念的消极因素和各种不良文化现象。特别要注重结合岗位实践培养从业者的自我管理意识，形成以核心价值观为指导的岗位价值判断标准，变无形的文化理念为有形的自我行为调控。

（二）提高政府管理层和站的经营管理者的文化自觉，建设站文化建设的组织领导体系

建设站文化的组织领导体系包括政府管理层（各级交通主管部门）和站的运营管理者，其主要任务是解决和处理好两个问题。一是培养管理者高度的文化自觉，这是做好站文化建设的前提。二是建立健全强有力的组织领导体系，这是做好站文化建设的重要保证。

1. 文化自觉与文化思维、文化管理和文化积淀

重视文化的力量，提高政府管理层和运营管理者的文化自觉，提高文化对经济发展和社会进步的贡献率是站文化的突出特点。

（1）文化自觉

“文化自觉”就是“哲学管理”的自觉，就是人性化管理的自觉，就是用“文化力”激活和推动生产力的自觉。人类社会已进入知识经济时代和信息化时代，社会公众文化素质普遍提高，实施“人性化管理”、“人性化服务”，充分挖掘人的潜能和调动人的主动性、积极性和创造性，已成为站发展的迫切需求和强大的内在动力。

（2）文化思维

“文化思维”是指从“文化层面”上思考问题，把“文化”作为不可缺少的“管理要素”视“文化”为资源、财富和力量的一种思维定势。善于文化思维的管理者，必然重视开发、利用文化资源，充分挖掘各种资源(包括自然、社会、历史、人文、人才等资源)的文化价值，在社会和组织中自觉营造具有“文化辐射力”的文化环境。文化思维是文化自觉的体现，是文化管理的前提。无论是人、物、事、史、景还是风俗习惯，一旦导入文化思维，被赋予文化含量，注入文化附加值，其价值必然会得到提升。

（3）文化管理

文化管理是一种新的管理理念，是管理科学发展的又一新阶段，是相对传统管理方式的一种管理创新和管理升级。文化自觉要落实和体现在文化管理的实践中。

文化管理是以文化为基础的管理，是“以人为本，实现人的全面发展”的管理。注重开发文化力，用文化凝聚人心，用文化熏陶社会公众和从业者队伍，用文化整合、影响站的发展，用文化优化站的“物质环境”和“精神环境”，用文化和谐站内部、外部的各种关系，用文化提升站的形象，用文化推动站的发展，这就是站的文化管理。

（4）文化积淀

文化积淀是指能够产生长效影响的先进理念或优良传统、作风和习惯，是一种相对稳定的人文环境。

站的成功发展不但是物质积累的过程，而且也是优良文化积淀的过程。文化积淀既包括站历史发展进程中传承下来的优秀文化遗产，又包括站实施文化管理后所营造的新的文化氛围。

从管理意义上讲，优良的文化积淀是一种文化资源也是一种无形资产。在市场经济条件下人才、技术、设备和信息等资源大都能用重金在市场上获取。而高尚的精神、优良的传统和作风、丰厚的文化积淀和别具特色的理念等文化资源，不具备商品属性，是用金钱买不到的。站文化积淀是对站进行长期的文化管理的积极效果、稳定成果和长效成果，具有相对的稳定性、长效性和传承性，一般情况下不会因领导层注意力的改变而轻易变化。譬如，爱心始发站“创新超越自我，爱心赢得未来”的服务的理念，作为一种文化积淀将在道路客运业和交通服务领域长期发挥积极效用。

2. 建立健全站文化建设组织领导体系

影响站的发展的重要因素来自决策层和领导者素质，决策层和领导者的素质来自自身的文化素养。决策层和领导者能不能成为站文化建设的设计者、倡导者、示范者、整合者和变革者，是站文化建设与发展的关键所在。

（1）政府管理层组织体系

站文化建设是全面落实科学发展观、构建和谐社会、坚持“三个服务”、实现交通事业又好又快发展的客观需要，是实现交通事业健康有序发展的内在要求，是强化“以人为本、以文化人”的重要保证，是改善公众出行环境的先决条件。强化站文化建设对于扮靓站场形象、提升服务水准、感化公众意识、规范公众出行行为以及优化社会结构和人的全面发展等具有重大的意义，对于构筑交通行业和谐工作环境起着至关重要的作用，对于形成行业内统一的价值理念和行为规范发挥着积极的导向作用，对于构建和谐站场秩序亦会产生巨大的影响。因此，政府管理层应以高度的文化自觉和站的社会责任感，确立站的核心价值观，完善各项站的政策体系和管理规章，规范从业者的服务行为，建立相应的工作机构，明确各级交通主管部门在站文化建设中的工作职责。

站文化是交通文化魅力的重要体现，应成为交通行业最高管理者主抓、主管、主持的文化。管理者的价值观和文化思维、决策行为等，是实施管理的主观基础。所以站文化建设必须也应当由各级交通行政领导亲自抓，有组织、有目标、有计划、有考核，站文化建设才能得到落实。由此，政府各级交通行政主管应当是站文化建设的第一责任人，也是站文化建设的设计者、倡导者、示范者、整合者和改革者。在站文化建设的实践中，抓好培训、检查督促、考核评价，才能促进各级管理者树立文化管理意识，自觉践行站文化。政府管理层在站文化建设中应建立二级目标责任体系。

一是，交通部建立站文化建设领导小组。主要负责站文化建设工作的规划和部署，定期分析站文化建设进展情况并研究部署阶段性工作；负责对所各省（区、直辖市）站文化建设工作进行考核评价；负责站文化建设重要事项的协调和审批事宜。可依据情况设立或明确站文化建设管理部门，全面负责站文化建设工作的日常组织协调及管理工作。

二是，建立各省（区、直辖市）站文化建设工作领导小组。建立起以交通行政领导牵头，党政领导共同负责，各相关职能部门分工协作、共同参与的组织领导体系。根据站文化建设工作部署和要求，全面负责本省（区、直辖市）站文化建设规划和组织实施，定期研究和检查评估站文化建设工作。

（2）运营管理层组织体系

认同站的理念体系，也就确立了各类站的运营管理者的思想基础。对站的价值观的认同，将进一步统一站的运营管理者和从业者的思想，运营管理者和从业者不仅是站的价值观念的统一体，也是站的运营目标的统一体和经济利益的统一体。这就要求运营管理者主动进行自我调整，以站的社会责任为已任，按照站文化的价值观要求建立健全部门组织文化体系并付诸实施。

运营管理层在站文化建设中应建立四级目标责任体系。

一是，建立站的组织文化领导机构。根据本站业务职能和站文化的价值理念体系，研究制订本站组织文化的结构体系；负责本站组织文化的建立和建设工作的规划和部署；负责本站组织文化建设重要事项的协调工作；负责本站组织文化建设工作的日常组织及管理工作。

二是，培养建立具有文化思维意识和管理实践能力的管理干部队伍。站的管理水平在很大程度上取决于管理团队的质量。建设坚强的领导集体，充分发挥管理效能，必须以站的核心价值观统一思想、整合观念。首先要从对站文化认同的角度把好干部的选拔任用关。在考察干部业务水平和工作能力的同时，必须把干部是否认同并自觉践行站的理念体系，是否善于从文化的视角思考和解决问题列入干部考核要求。其次要坚持不懈地抓好管理干部队伍文化观念的灌输和培育。通过站的文化的各种培训渠道，提高干部对站的核心价值观及理念体系的认同度和实践能力，使站的理念体系牢固树立在思想观念中。第三，要建立站文化考核评价体系。确立管理者文化观念和行为的相关考核标准，通过经常性的检查和评定，促进管理者提高认同和实践站的理念的自觉性。第四，要建立相应的激励约束机制。对具有文化思维意识和管理创新能力的干部进行精神及物质鼓励，对缺乏文化自觉、管理无方的领导干部进行淘汰或调整。使管理意识的培育既有文化的柔性要求，又具有制度的刚性约束。

三是，打造优秀服务班组。优秀的服务班组是在对站的核心价值观高度认同的基础上，形成有爱岗敬业专心、为旅客服务热心、为旅客办事诚心、为旅客解释耐心、照顾旅客细心、帮助旅客真心、听取意见虚心、热情服务有恒心、扶老携幼有爱心、解决困难有善心的“十心服务工作法”与“和谐默契”的服务班组。上下级之间、班子成员之间虽有性格、业务、特长上的差异，但工作中必须以站的利益为重，自觉保持自我主张与站的理念和整体目标的一致性；自觉追求决策的科学性、执行的正确性、管理的有效性；自觉强化学习、实践探索，取人之长，补己之短，不断超越。这是提升文化管理水平的必然要求和必由之路。

（三）以文化力促进影响力为目标，建设站文化的执行体系

建设站文化的执行体系主要是解决三个方面的问题：一是执行培育文化力的使命；二是执行把文化力转化成影响力的使命；三是执行把文化理念融入服务管理制度和工作流程的使命。

站文化建设的根本目的是通过提高管理水平，提升站的竞争实力，以科学的发展观统筹站的各种资源，实现站管理的和谐，提高站的服务质量，促进站的战略目标的实现。站的核心价值观的确立，标志着站文化顶层设计的完成，但站文化能否融入管理实践和服务实践，是站文化建设的关键课题。必须以管理实践和服务实践为载体，将站的核心价值观和整个理念体系与服务管理融为一体，在实际工作中诠释服务理念、体现管理理念、落实服务理念。

1. 培育站的文化力

（1）树立起“以人为本”的服务理念

“以人为本”的服务理念，是站文化的本质特点。站的服务对象是人，就汽车客运站来说，其服务对象除旅客和运输经营者外，还有接送旅客、进站休息、问讯、购物等其他社会公众。因此，将“以人为本”的服务理念观念拓展到全体社会公众层面才是完整意义上的“以人为本”。服务不仅仅是站务人员和驾乘人员的事，必须树立全员服务的观念。即，车站的每一个部门每一名从业者都是服务链上重要的一环，要将公众的服务需求，特别是对运输的需求渗透到车站的每一项具体工作中和每一个服务岗位上。“以人为本”要求车站建立一套完善的“旅客导向”服务系统，形成“以旅客需求为起点，以公

众满意为终点”的服务制度体系，对客运服务全过程进行规范和控制，真正做到服务项目的开发来源于旅客的运输需求。车站要以诚信和服务质量赢得旅客和市场，最大限度地满足旅客的运输需求，提供公众需求的服务项目。

“以人为本”的服务理念不仅体现在站的服务对象上，同时也体现在站自身组织管理上。从管理意义上讲，“以人为本”就是以员工为根本，以员工为资本。“以人为本”的管理理念主要体现在从传统的权力等级“控制型”管理，转变到以调动员工的能动性为主的“激励型”管理，体现了人文关怀和对人的尊重。既满足了从业者的基本物质需求，又满足了从业者自我实现的精神需求。实施“以人为本”的人性化管理，才能最大限度地调动和激活每一个从业者的积极因素，充分发挥从业者的聪明才智和潜能，为站的发展贡献力量。做到以人为本，方能一本万利，事半功倍。

（2）培养从业者的团队精神

树立团队利益第一的思想，营造良好的站风气和人文环境，强化团队内部的沟通协调意识，增强文化自觉和文化认同，形成强大的内部凝聚力、亲和力。实现团队合力最大化、团队智商最优化、团队目标一体化和团队内部的人际关系和谐化。站的利益和命运与从业者的利益和命运息息相关。站及其内部相对独立的群体(处、室、班组等)都要成为实现站的战略、实践站的精神、完成站的目标和扩大站影响的“绩优团队”。团队精神是站高效运转、和谐运转的润滑剂。

（3）打造“旅客第一，服务至上”的站的形象

站的形象决定着旅客和运输经营者对站的选择。服务水平是车站素质的集中体现，是最重要的车站形象，是最高尚的车站伦理，是车站最强劲的影响力。市场竞争，其实质就是以服务为载体的社会信用的竞争，塑造车站形象主要是打造车站的服务品牌。

2. 把站的文化力转化为影响力

人是生产力中最活跃、最能动的要素，是起决定性作用的因素，而“育人化人、承载传播”是站文化最基本的功能。把站的文化力转化为影响力，主要就是用文化力激活人的积极性，用文化力感化人的意识、规范人的行为、提升人的素质。

（1）人文环境是站的文化力，把站的人文环境转化为影响力

站的人文环境是站内部的小气候，是站提供给社会公众和从业者的“生态环境”。积极向上的团队风气、良好候车乘车环境和文化氛围，对振奋旅客和从业者的精神状态和提高社会公众和从业者的整体素质有着重要影响。“近朱者赤，近墨者黑”这就是团队人文环境

的影响力。要以大力弘扬站的精神为重点，营造良好的团队群体风气。

（2）愿景激励是站的文化力，把站的愿景转化为影响力

愿景激励是先进的管理理念。站的愿景一旦确立，并被站这一组织所认同，公诸于众，形成氛围，就会带来压力感，增强进取心，鞭策站的从业者为实现愿景而奋斗。把站的愿景转化为对社会公众影响力，会感化公众，教育公众，实现“育人化人、承载传播”。

（3）科学知识是站的文化力，把科学知识转化为影响力

“知识就是力量”——这是英国著名哲学家培根的一句名言。苏联伟大的文学家高尔基也说过，“没有任何力量比知识更强大”。当今世界正在跨入知识经济时代，知识已成为人需求的第一要素，知识创新对经济发展和社会进步的贡献率首屈一指，知识焕发出的力量是其他任何力量都无法替代的。当今时代，无论是国家、行业、企业、团队还是个人，知识匮乏就会失去创新力和竞争力。站文化通过赋予站其及附着物的文化内涵，承载传播出行知识，投影社会文明程度，塑造交通形象，感化社会意识，规范公众行为，优化社会结构，实现人的全面发展。

（4）尊重是站的文化力，把尊重转化为影响力

尊重是人积极因素的激活力。党中央提出“必须尊重劳动、尊重知识、尊重人才、尊重创造”。赢得尊重是社会公众最基本的精神需求，以人为本，首先要尊重人。懂得尊重人，学会尊重人。尊重人是交通人必须具备的素质之一。

尊重产生的力量主要体现在有效地激发人的积极性，提高忠诚度上。《战国策》所说，“士为知己者死”，就是尊重产生的力量。

（5）口号是站的文化力，把口号转化为影响力

口号具有强大的号召力。口号作为站的文化力，在站文化建设中，已经显现出不可替代的作用。要把口号这种文化力转化为站的影响力，一是口号要具有文化寓意，要具有鲜明的特色和针对性。二是对口号要大力宣传，站内的口号、标语应简明易记，要对其内涵做深入浅出、生动活泼、具有说服力的解读宣传，使家喻户晓，人人皆知，不仅使公众知道口号是什么，还要知道为什么、如何做，这样才能将口号文化力转变为影响力。三是站文化建设中提出的“口号”，要最大限度地取得社会公众和从业者的认同，只有认同才能引起共鸣，步调才能一致，行动才能自觉且持续。

（6）榜样是站的文化力，把榜样转化为影响力

榜样的力量是无穷的。这种力量是

先进人物的辐射力，每一个站、每一个团队，都要注重树立自己的先进典型和榜样人物。

榜样甚至能够起到领导起不到的作用，善于用先进典型推动工作，也是一种领导能力、领导艺术。评价站的文化建设如何，有无自己的先进典型是标志性内容之一。

（四）文化融入管理，创新管理

1. 制度实质上是文化的另一种表现形式

管理制度是站文化的重要组成部分，站日常的运营主要是靠制度来保障的。从表面上看，好像只见制度不见文化，其实，这恰恰是两者表现形式的差异，制度具有显性特征，而文化具有隐性特征。规章、规范、纪律、程序等制度以直观的、具体的形式存在于站管理的各个方面和层面，而制定这些规章、规范、纪律、程序的背后是管理者的思想、价值观和价值标准在起作用，即，文化在起作用。制度的适应性和科学性，正是站的领导观念先进性的反映。

2. 文化融入管理制度，强化文化执行力

站文化建设是站核心领导层对价值观的接受、认同、自觉实践的过程。文化具有渐进性连续性和积淀性特点，而具体的管理制度则具有相对的固定性。虽然二者的演进方式有差异，但它们又同处在一个发展变化过程中。

新制度的确立，表明新的管理文化的诞生，是文化自身发展的必然要求，文化的发展，必然导致制度的革新。站的管理就是在这种交互升华中不断优化、日渐完善的。

站的管理制度是对站的运营和从业者行为的一种刚性规范，管理必须按照规范的制度进行，具有强制性。而文化则表现了站和从业者自律性，是一种“柔性”管理。文化强调人的主动性和自觉性，强调对站的价值观的认同性，在认知认同的基础上，实现自身行为的自律和自控。如果从业者的自觉性差，不仅会受到制度的惩罚，也会受到组织及公众舆论和氛围的谴责、约束，这是文化管理表现出的不同与制度管理的另一类强制性。所以，文化管理也有强制性的一面，软硬兼备，规范和约束着人们的行为。文化融入管理制度和流程，就从柔性和刚性两个方面强化了文化管理的执行力。

3. 制度和文化两者相生共存，相辅相成

文化是价值观和行为规范的总和，制度是具体的规范和程序，两者相互促进，具有互动性。将无形的文化渗透到站的运营管理之中，其有效、有形的载体就是制度。当站具有了一种价值观的认知，并要在管理中落实的时候，就

要依靠制度这个载体。一种新的文化观念在没有物化为具体的制度时，只是组织的一种提倡，而将文化观念落实到制度中，并使从业者用制度进行自我约束和控制时，制度就会逐步转化为一种习惯，即，文化。所以，制度和文化既是相互共存、相辅相成的，又是可以相互转化的。管理者要认识到这种转化的规律，不断吸收新思想、新观念，结合实际，创新管理制度，形成从业者的共同认知，达到他律和自律的相互协调与促进，不断提高管理水平。

4. 把文化融入管理实践

实现管理创新，提高管理水平，是站文化建设的着力点和落脚点。站文化必须在站的运营管理实践中，主导管理者和从业者的行为。制定每一项决策，从业者进行的每一项工作，都应该符合站的价值观标准，都应该与站的理念保持高度一致，形成文化自觉和行为自觉，站也就拥有了优秀的管理文化。

为保证管理理念与管理实践的融合，需要建立以站的理念为基准的制度创新平台，健全以理念为灵魂的管理制度。管理制度建设既要反映站的核心理念，又要突出可操作性，使制度的实施成为站的管理的必要流程。制度建设要统筹规划系统设计，能够量化的明确量化指标;不能量化的要准确定性，界定等级或区界，以便实施考核评价。比如，体现服务质量理念的“道路客运服务‘三优’‘三化’”、ISO9000系列质量考核体系、体现站的社会责任的SA8000系列考核体系等，对每一项相关工作都确立了严格的考核分值，在实践中具有很强的可操作性和可检验性，为站文化理念细化和融入管理实践提供了可供借鉴的范本。

综上所述，站文化执行体系的主要功能是保证“文化落地”。站文化的执行体系实际上是以各项管理制度、各种服务工作流程、各项服务工作内容、各种服务活动为主要载体的实践体系。执行的过程本身就是落实站文化理念的过程。由于经过健全和创新的各项管理制度和经过再造的各种服务流程融进、体现了站文化理念，表面上看是在执行管理制度和工作流程，实际上也是在贯彻落实站的各种文化理念。站文化理念体系执行力的大小强弱，直接体现了站文化执行体系的建设水平。

二、站文化建设的目标与内容

站文化内涵及站文化体系的构建，为站文化建设奠定了基石。站文化的窗口效应和流动特征，明确了站文化建设的目标。体现时代特色、交通特色、民族特色、地域特色以及站自身特色，弘扬站的人文精神、审美意韵等是站文化建设的基本宗旨。

（一）站文化建设目标

站文化建设是一个系统工程，不是一蹴而就的，必须持久地、深入地、全面地开展。站文化体系的构架完成，只是为站文化建设打下一个良好的基础，而站文化的宣传和实践，还有待于长期的、大量细致的工作。为了使已确定的站文化体系被社会、公众和从业者认同并广泛传播，真正树立站文化价值观，必须有组织、有计划、有步骤、有措施地进行理念宣传贯彻，使全体从业者真正信奉并付诸实践，使各相关行业部门真正理解并予以支持，才能形成具有特色的站文化。

1. 站文化建设的指导思想

站文化建设的指导思想是：以邓小平理论和“三个代表”重要思想为指导，以科学发展观和构建和谐社会为统领，以践行社会主义荣辱观为主线，以精神文化建设为重点，以交通文化建设实施纲要为指导，以站的物质文化建设为载体，突出站为人和车提供服务及其社会属性。以站的理念创意设计为基础，突出服务管理。以站的视觉识别系统规划设计为核心，突出服务环境。以站的行为识别系统规划设计为重点，突出服务质量。以培育人文精神为内容，突出“以文化人”功能。以服务公众为宗旨，突出承载传播功能。以提升公众素质，实现人的全面发展为目的，突出育人与约束功能。立足交通实践，突出站的特色，努力构建具有站自身特色的文化体系，使站文化朝着正规化、多样化、群体化方向发展，为实现站的经济效益和社会效益的双丰收及交通行业又好又快发展提供强大的精神动力、有力的制度保障和良好的环境条件。

2. 站文化建设的基本原则

（1）坚持与时俱进原则

与时俱进，就是要求站文化建设要紧跟时代的步伐，使站文化融入更鲜明的时代特征、更浓郁的时代气息和更激昂的时代精神，不断适应经济社会发展的需要。与时俱进要求站文化建设中精神文化建设、物质文化建设、制度文化建和行为文化建设要协调发展、整体推进。与时俱进还要求站文化建设的执行者一手抓站的规划、建设和运营管理等中心工作，一手抓文化建设，紧扣中心工作开展文化建设，使站文化更加符合交通事业的发展方向和目标要求，建设社会公众支持和普遍认同的站文化。

（2）坚持神行俱备原则

站文化的“神”是指提炼富有行业特征的特定的精神、观念等，站文化的“行”则是指与之相适应、以之为导向的实践活动。神形俱备就是要求我们在站文化建设中注重形式和内容的统一，注重感性和理性的协调，注重精神层面和物质层面的融合，使站文化真正成为既能看得见，又能摸得着，既能听得见，又能感觉得到的富有生命力的文化。

（3）坚持永续创新原则

创新是时代和发展的永恒主题，站文化建设也是一项需要不断创新的事业。面对新世纪、新阶段赋予站文化建设新的形势、新的任务和新的要求，绝不能墨守成规，要立足交通事业，放眼世界，放眼未来，不断更新理念，不断拓展载体，不断丰富站文化内涵。同时，要研究和思考新形势下站文化建设的新方法、新途径，善于学习和借鉴国内外、行业内外一切先进的文化建设经验，使站文化建设在更高的平台上获得发展。

（4）坚持培育品牌原则

站文化是各类面向社会提供运输服务及相关业务的场所的文化投射、凝结和反映，是一个细致而复杂的体系。在这个体系中，最富有鲜明时代特色和行业特点，最能体现其精神理念、价值观念等意识形态领域的组合，就是站文化品牌。因此，站文化建设中，必须树立培育站文化品牌观念。构建文化品牌就是开发、挖掘、创造站文化资源的过程，并使站文化资源得到最优配置，发挥最佳效果，这种源于品牌的文化竞争力是潜在的和持久的。

（5）坚持以人为本原则

站文化建设的主体和客体都是人，站文化建设既要依靠人来施行、来推动，又是为人服务、满足人的需求的。因此，人是站文化建设中最活跃，也是影响站文化建设成果的最重要因素。站文化建设一是要充分发挥和调动人的积极性，团结和引导全体从业者踊跃参与站文化建设，积极为站文化建设出谋划策，使他们在站文化建设中获得全面发展。二是要充分关注和适应人的思想、心理、精神，设计、制定、实施公众认同的站文化。只有遵循“以人为本”的原则，站文化建设才能真正得到社会公众和从业者的支持和参与，才能真正取得积极成效。

（6）坚持领导示范原则

从某种意义上来说，站文化就是站的领导者或管理者的文化。领导者不仅是站文化建设的大力倡导者、支持者和推动者，而且领导者的思维观念、精神状态、工作作风、价值取向往往决定着站的生存和发展。因此，站文化建设必须坚持从高层出发，自上而下进行，领导者应率先垂范，亲自参与站文化的设计、制定、实施，并努力以自己的思想观念和实际行动示范、影响和带动广大从业者，从而把领导者的价值观成功转化为全体从业者的价值观，进而感化社会意识、规范公众行为，优化社会结构，实现人的全面发展。

（7）坚持载体作用原则

站文化建设，是离不开各种载体的运用的。要实现物质文明、精神文明建设协调发展，就要规范服务，行业作风优良，公众评价满意，得到社会广泛认同。因此，站文化建设要把精神文明创建活动作为站文化建设的一个重要载体，围绕“三优三化”标准，精心打造站的服务文化、管理文化等。同时，在站文化建设过程中，要紧密围绕当前的中心工作任务，确立主题，集中开展教育活动。根据从业者的特点，开展各种丰富多彩的文化娱乐活动，来培育和丰富站文化，寓教于乐，陶冶从业者的情操。各类站可通过组建“职工之家”、组织开展职工运动会、文艺晚会、知识竞赛、书画比赛、卡拉OK大赛、军民共建等活动，增强凝聚力，推动站文化的升华。

（8）坚持继承传统与创新发展相统一原则

站文化的形成与发展，是伴随着交通事业长期的实践而发展的。改革开放以来，中国交通发展的各个领域不断地孕育了与时俱进的价值理念、创造了丰富多彩的文化成果，为新时期进一步发展站文化奠定了基础。加强站文化建设，要按照建设创新型交通行业的要求，推陈出新、革故鼎新，充分继承交通行业传统文化的合理成分，广泛吸纳行业内外文化建设的优秀成果，以继承求发展、以创新促发展，不断丰富站文化的科学内涵，不断增强站文化的时代特征，大力发展具有鲜明行业特点和时代特征的站文化。

3. 站文化建设目标

（1）站文化建设的总体目标

站文化建设的总体目标是：形成较为完整的站文化理论架构，编辑出版《站文化理论与实践》、《站文化建设经验汇编》和《站文化建设手册》等站文化建设图书。培养一批具有文化思维意识和管理实践能力的站文化建设人才。总结出适应我国经济社会发展特征，符合交通事业发展要求，反映交通建设成就和时代特征的站文化价值理念体系，重点提炼出站的核心价值观、发展理念和行业精神。分别规划设计出以提供运输服务为目的的汽车客运站、货运站，以收费为目的的收费站、征稽站，以交通行政执法为目的的路政执法站、运政执法站、限超检查站的形象识别系统。各类站的理念、行为、视觉识别系统全部建成，站文化的功能得以充分发挥。以站文化理念统领站的规划、设计、建设、运营与管理全过程的制度得以建设并完善。以服务优质、环境优美、秩序优良、安全和谐、高效运行、充满爱心的交通行业窗口全新形象展现给社会，用先进的站文化感化社会意识、规范公众行为，实现人的全面发展。

（2）阶段目标

站文化建设的阶段目标是：到2010年，站文化基础理论基本形成，科学、完整、规范、具有交通特色和时代特征的站文化价值理念体系，包括站的核心价值观、发展理念、组织架构、物质文明和行为规范基本确立。《站文化理论与实践》、《站文化建设经验汇编》和《站文化建设手册》等站文化建设图书相继出版。各类站文化建设培训工作相继展开，一批具有文化思维意识和管理实践能力的站文化建设人才和管理人才脱颖而出。以宣传贯彻、实践和传播站文化的核心价值观和发展理念为主要内容的站文化建设工作全面展开。站文化建设的组织体系和保障措施得以落实，既定的站文化建设总体部署和实施方案在全国范围内有序进行。站文化建设工作初具成效，站的社会影响力不断加大，社会公众对各类站的功能与作用得以认同，站的社会地位初步彰显。

到2015年，各类站的理念、行为、视觉识别系统设计完成，并得到社会公众及全体从业者的普遍认同。具有交通特色、民族特色、地域特色和站自身特色的理念、行为、视觉识别系统基本建设并诸于实践，站文化的功能得以发挥。各类站均以服务优质、环境优美、秩序优良、安全和谐、高效运行、充满爱心的交通行业窗口全新形象展现给社会。初步实现用站文化感化社会意识、规范公众行为，优化社会结构的目标。

到2020年，科学、完整、规范、具有交通特色站文化理论趋以成熟，并广泛应用于站的规划、设计、建设、运营和管理各个环节。在全国实现统一站的名称与标志、统一站内设施设备名称与标志、统一站的理念识别系统、统一站的视觉识别系统、统一站的行为识别系统，站文化的影响力在国内达到先进水平，在交通行业达到领先水平。通过站文化建设感化社会意识、规范公众行为，优化社会结构，实现人的全面发展的站文建设终极目标基本实现。

（二）站文化建设的主要内容

站文化建设的主要内容是：价值理念建设、行为文化建设、物质文明建设、塑造站的品牌、站文化博物馆工程建设和站文艺作品创作工程建设等。

1. 价值理念建设

站是社会文化、窗口文化的体现。站文化的塑造不仅反映出社会文化、交通行业文化，同时可以体现出服务文化的特色。但是，站是个提供运输及其相关服务的场所，是用物的实体来承载交通人为社会公众提供服务的理念内涵，反映出站的本质、站的精神、站的服务宗旨、站的价值观等理念。因为站的内涵的统一，必须塑造出统一的理念识别系统，体现出站的核心价值观。在此基础上，可以进行物的表层以及人的主体的塑造。

价值理念建设重点是建设站文化理念识别系统（MI）。

站文化理念识别系统（MI）是指在站的运营活动中，各方面应遵循的理念，是站运作的原动力。要围绕站的核心价值观、发展战略和行业精神，建立面向未来，符合站发展需要的理念识别系统。它是站在经营和管理实践活动中形成的，能够反映从业者意愿具有激励作用的，能够促进发展的精神支柱。因此，在培育和建设站文化时，首先要抓住理念的培育设计。理念的概括和提炼应富有个性、特色和独具的文化底蕴，要调动从业者的积极性、智慧性和创造性，同时能调节站与社会、站与从业者、从业者与从业者之间的相互关系，缔造难以模仿的核心竞争力。

（1）确定核心价值观

核心价值观是站文化的核心，决定站的命脉，关系站的兴衰。站不仅要实现物质价值，还要实现社会价值和文化价值，要充分认识到发展不仅意味着经济实力，更意味着人的价值的体现、文化内涵的彰显、伦理智慧的发扬。站作为一个服务社会公众的窗口，它的最终目标是服务社会，实现社会价值最大化。

（2）确立站的宗旨和发展战略是站生存发展的主要目的和根本追求

以站的发展的目标、战略和发展方向来反映站的价值观。发展理念是站在运营过程中，为了发展自身，确定的站的发展战略、经营理念等，是一种对未来的追求。

（3）确立站的精神

培育有个性的行业精神是加强站文化建设的核心，培育具有鲜明个性和丰富内涵的行业精神，最大限度地激发从业者的内在潜力，是站文化建设的首要任务和主要内容。站的行业精神是指：站的广大从业者在长期生产经营活动中逐步形成的，由站的传统、经历、文化和站领导人的管理哲学共同孕育的，并经过有意识的概括、总结、提炼而得到确立的思想成果和精神力量。而站的精神必须是集中体现一个站独特的、具有鲜明的经营思想和个性风格，反映站的信念和追求，并且得以倡导的一种精神。

站的理念识别系统设计项目包括：理念规划创意（愿景、使命、核心价值观、精神、经营理念、服务理念、延展价值观、传播语）；理念传播设计（文化墙、海报、路牌、故事书、flash、宣传栏等）；理念培训推广。

2. 行为文化建设

行为文化建设重点是建设站文化的行为识别系统（BI）。

行为识别系统（BI）是MI的动态展示，在站独特的运营管理过程中体现出来。建立统一的，体现站的行业精神和价值观的站的组织架构和从业者行为规范包含三方面内容。一是站的组织机制和管理机制的设计；二是站内部对从业者的宣传、教育、培训；三是站对外经营、社会责任等内容。要通过组织开展一系列活动，将站确立的组织机制、经营理念和服务规范融入到站的实践中，指导站和从业者的行为。

站的主体是人，人有意识有行为，承载着站文化的执行任务，是站功能的直接生产者。站要为社会公众提供优质的服务，必须依靠站的主体——人来完成。要对人进行一些制度规范的要求、礼仪规范等约束，需要建设一个统一的站的行为识别系统，寓教于人，使他们能够为社会公众提供高质量的优质的服务。站的服务对象是具有参差不齐的素质的公众，不可能用规范去要求社会公众来遵守站的规定，却可以用统一的制度规范、岗位职责等去约束站的从业者，让他们用规范的礼仪、良好的修养去感召社会公众。同时，站是一个整体，它的组织构架是管理规范站的运营管理和组织机制，确立行为文化的制度体系。统一站的行为识别系统就是统一站的组织机制、管理机制、规章制度，礼仪规范，服务规范等。

组织架构设计项目包括：组织机制、运营管理机制。

从业者行为规范设计项目主要包括：服务行为准则、服务标准流程、服务礼仪规范、服务用语规范、服务作业标准、顾客投诉处理规范。

3. 物质文明建设

物质文明建设重点是建设站文化形象识别系统，重点是统一站的名称与标志，统一站内设施设备名称与标志，统一视觉识别系统。

站具有自身的特性，它是服务业，而且是具有经营性和公益性的综合体，它的形象就是社会公众和从业者对站的整体印象和评价。站形象建立在两个重要的基础上。一方面，建立在站对社会和公众所做的贡献并为社会所认同的基础上，包括站的外观建筑形象、标志标牌、服务质量、设施设备、从业者穿着等以及各种文本文件的设计。另一方面，建立在从业者是否和站荣辱与共，关心站的经营和效益、珍视站信誉的基础上，并在统一价值观的基础上团结一致，创造出宽松舒适的工作环境，发挥每一个从业者的创新意识和才能，不断提升服务质量，扩大站的社会影响。因此，要突出环境布局，在硬件投入、环境建设中营造浓厚的文化气息。

（1）统一站的名称与标志

名称是站对外的最明显的要素。名称不仅是一个称呼，一个符号，而且体现站在公众中的形象。站的标识是代表站形象、特征、信誉、文化的一种特定符号，标志是视觉识别系统的主角，更是旅客心目中对站认知、认同的代表物。站是交通人为公众提供出行服务的场所，在全国各地的功能是一样的，而且站必须符合一定的标准，有等级之分。在站文化建设过程中，一定要体现站自身的特色，反映出为公众提供服务的这种宗旨，在行业特色的基础上，根据站的类别和功能，分别统一站的名称和标志，同时可以在此基础上体现出地域特色和企业特色。使社会公众能够在任何地域，第一时刻直观的看到站这个实体物，同时可以区分站的类别和功能，识别站的等级标准，这样可以最直接的享受自己需要的服务，快捷而方便。

（2）统一站内设施设备名称与标志

站是一个服务场所，内部有各种硬件和软件设施设备，每个同类别的站的设施设备的功能都类似或者相同，因此，应该统一站内设施设备的名称和标识，便于社会公众识别，可以突破民族、地域界限，直接认识到站的功能和设施设备的功能，便于公众使用。技术、设备是站运作的物质基础，站的文明程度与技术、设备的现代化密切相关。从一定意义上说，站文化的形成取决于站内外多种因素，其中站外部的技术环境、站内部的技术条件、设备硬件水平对站文化的塑造有重要影响。因此统一站设施设备名称和标志可以更好的体现站文化的内涵。站是为各层次的社会公众提供服务的，服务对象范围广泛，有不同的社会地位和层次，素质也参差不齐。为了提供更优质，更人性化的服务，应该统一站内设施设备的标识和名称，像航空港一样，给人以熟悉的感觉，使流动的旅客不管走到哪，都可以识别出设施设备，方便旅客使用。

（3）统一站的视觉识别系统

视觉识别系统（VI）是静态识别符号，也是具体化、视觉化的传达形式。它通过组织化、系统化的视觉方案来传达站的经营特征。要设计规范体现站精神理念，具有鲜明视觉展示的独特的品牌形象、社会形象和统一的标识。确立视觉识别系统，统一名称、标识、服装、产品品牌、包装等，实施配套管理。在站的发展中还要以务实的态度不断完善站觉识别系统各要素，包括站标识、旗帜、广告语、服装、信笺、工号牌、印刷品统一模式等等，做到改进——否定——再改进——确定。以此规范从业者行为礼仪和精神风貌，在社会上建立起站的高度信任度和良好信誉。

站是提供服务的场所，是个实体的物。最表层的是个物态的形式，因此通过形象可以直观的反映出站的特色，以及审美情趣。内在统一，必然要求外在的融合。站不仅要注重价值理念的统一，还有统一站的视觉识别系统，因为它是寄托于物的。统一的视觉识别系统可以给社会公众一个统一的感觉，一个统一的对站的认识，通过站的外在形象，来展示站的本质，通过视觉的享受，来感化人，来熏陶人。站一般在一个地域是一个标志性的建设，可能是这个地域的主题建筑群。要从内到外来构建一个统一的视觉识别系统来昭示交通行业特色，满足社会公众对美的品味。

站视觉形象系统设计的项目包括：

① 视觉形象识别基础系统设计：站标志设计、中英文标准字设计、站标准色设计、辅助图形设计、标准组合设计、吉祥物设计。

② 视觉形象识别应用系统设计：信用品形象系统、事务用品形象系统、外部环境形象系统、内部办公环境形象系统、内部生产环境形象系统、服装形象系统、车体形象系统、商业文书形象系统、广告用品形象系统、公关用品形象系统、网站形象系统。

（4）站的品牌塑造

品牌是站为使自己区别于其他站所做的特殊标志，是站形象特征最明显的外在表现。品牌不仅能体现站文化和站的显著利益，它还是维系员工利益的重要纽带之一。将站精神注入品牌之中，可使员工意识到自己的工作对站发展的意义，更自觉地关注共同利益。站品牌在市场上声誉和地位变化可使员工共同创新，使站精神纳入良性循环的轨道，伴随站的长期发展不断得到升华。

品牌是一种包括物质、精神、制度三个层面在内的综合文化现象。它是站综合素质的体现。站的品牌塑造第一要树立品牌意识，拓展管理思路；规范员工行为；以人为本，营造宽松的文化氛围；提高管理者素质；提高员工素养；强化品牌形象感染力。第二要树立品牌战略系统，通过品牌DNA提炼、品牌价值定位、品牌战略模型规划、品牌特征规划、品牌形象规划、品牌传播整合规划、品牌组织管理规划，进行品牌传播创意、设计、制作，同时策划品牌推广活动。在形成站品牌之后，还应进行品牌维护管理及延展，通过系统的整合站品牌战略，彰显站品牌特性。

内外并举，塑造品质超群的服务形象，打造物质文化。站文化建设应与塑造站形象相统一，实现技术创新，做到群众性合理化建议活动持之以恒，使之具备独特的技术特色和产品特色。创品牌，教育从业者要像爱护自己的眼睛一样爱护站的品牌声誉，使站的产品、质量在社会上叫得响、打得硬，占先机，展精华。要做到在经营过程中的经营理念和经营战略的统一，做到在实际运营过程中所有从业者行为及站活动的规范化、协调化，做到视觉信息传递的各种形式相统一，为促进站可持续发展奠定坚实基础。

（5）站文化博物馆工程建设

按照交通部组织实施“交通文化建设五个一工程”的要求，加强交通行业内外协调配合，凝练站文化建设经验，建立站文化博物馆，并开展展示和宣传活动。宣传站文化的内涵，宣传典型示范单位的站文化建设成果和经验，展示站文化内涵，彰显站窗口形象。

（6）站文艺作品创作工程建设

按照交通部组织实施“交通文化建设五个一工程”的要求，调动各类型站内从业者的积极性，感悟对站文化的认识，提炼站文化建设的经验，创作站文化论文集，同时加强与社会团体的合作，创作出一批站文艺作品。

三、站文化建设的方案

依托站文化理论体系与架构，结合我国政治建设、经济建设、文化建设、社会建设和交通事业建设的实际需要，从宏观和微观把握站文化建设的主要内容，按照易接受、易传播的站文化建设的需求，站文化建设从提炼站文化价值理念开始，规划站的组织架构，塑造站形象识别系统和文化品牌战略，设计站的行为规范。通过示范单位建设的实践总结站文化建设经验和教训，完善和再造站文化，同时进行站文化的推广。

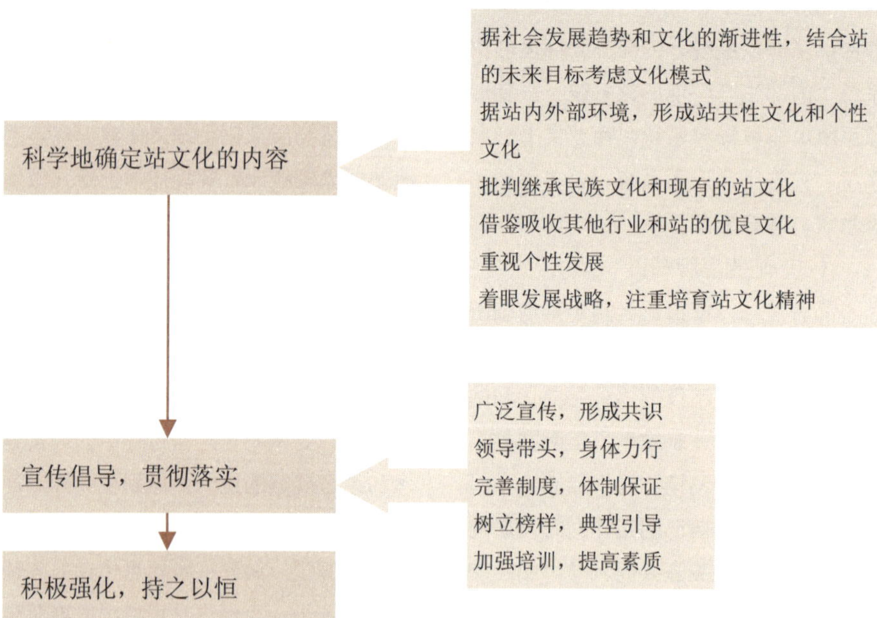

图10-1 站文化建设步骤示意图

站文化建设步骤可分为科学确定站文化的内容，宣传倡导，贯彻落实，积极强化，持之以恒等三步。具体内容与要求见图10-1。

（一）内外部环境分析

1. 外部环境分析

（1）宏观环境

外部环境因素包括：社会政治制度、国家经济状况、科技发展水平、民族文化传统、自然地理条件等。

一般地说，社会政治制度对站文化建设的影响是相对稳定的。如国家的方针政策、法律法规，制约着站文化的性质和发展方向。

国家的经济环境对站生产运作和站文化建设有直接影响。国民经济发展的速度和比例、国民经济结构、国民收入、人均国民收入水平及其增长、市场体系和市场需求，这些因素都会影响站文化，了解和掌握这些因素及其变化发展的趋势，就能使站的文化建设符合国情。

“科学技术是第一生产力”，科学技术水平是站形成物质生产力的保证。新技术、新设备、新材料、新工艺的开发和应用，现代化的科技力量关系着站物质文化发展的水平。

民族文化传统是站文化建设的土壤。传统的民族文化是一个国家在长期历史发展过程中逐步形成的，有强大的渗透力，如勤劳、爱国、自强、孝敬父母、尊老爱幼、遵纪守法都是中华民族的优良传统，是站文化建设值得汲取的精神营养。站文化的产生与发展是立足于中华民族文化氛围与交通行业环境之内的。中华民族五千年的悠久历史和丰富多彩的文化内涵是站文化的源头，是其扎根的土壤。作为东方文明的重要发端，对整个人类的文明产生了深远的影响。在建设有中国特色的社会主义市场经济的历史时刻，它必将对我国的客运企业文化建设产生深远的影响。站文化作为一个概念提出来进行研究，应该从为人民服务和精神文明的建设谈起。随着两个转变的推进和现代客运企业制度的逐步确立，站文化建设有了与以往不同的内涵和意义，我国的站文化经历着从传统向现代的转化过程。

自然地理条件是站文化建设特色的一个重要影响因素。站所在的地域、自然地理、风俗习惯、乡土人情等都影响着站文化的建设。要依托这些因素，使站文化建设有地域特色。

（2）市场环境

中国的市场状况有两大不合理因素，一是政策、上级命令与站的发展、经济增长需要之间的不协调，二是生产经营模式也使国民经济发展比例失调，这种情况一直到改革的今天，尚未完全逆转。十一届三中全会以来，改革开放的经济政策和措施促进了经济的发展，对国营企业特别是大中型企业也产生了一定的压力。诸如职工素质低下、生产积极性不高，科学技术水平落后等。又如：不同类型的企业与国家的关系基本上是纵向的行政隶属关系，企业生产经营过程、投资、企业领导人的任免、生产经营决策、分配等都受行政管制。重成果和产品数量，倾向于大的项目，轻效益和产品质量，忽视技术改造等。构成了我们生产环境的主要不利因素，必然会影响我们的企业行为及经营管理。我们研究企业文化，研究企业的生产环境对企业文化的影响，必须看到这种效应，要克服生产环境中的不利因素，以利于企业文化的建设。

2. 内部环境因素的影响

站文化建设的内在制约性是多方面的，如员工队伍素质、设施设备等。

（1）员工队伍素质

人是站的主体，是生产要素中最活跃的因素。站如果有一支高素质的员工队伍，就能立于不败之地。如今的社会是知识经济的社会，站的发展取决于对智力资源的占有，人才作为智力资源的载体，就成了站的命脉。

站的成功与否，完全取决于站内部的人才数量、质量和效能的发挥程度。人是最宝贵、最有决定意义的资源。而员工队伍的结构是否合理，是反映员工队伍素质的一个很重要的方面。员工队伍的素质状况及其变化是否符合站发展的需要，对站文化建设至关重要。还有员工队伍的年龄构成因素、学历构成因素、技能水平及其构成等，也都会影响站文化建设。因此，没有良好的员工素质就不会形成一流的站文化。员工是站文化的创造者和实践者，又是站文化的接受者和传播者。

（2）设施设备素质

设施设备是站的生产资料中发挥潜力最大的要素。随着经济的发展，市场要求站向现代化方向发展，必然要求用现代化的设施设备来提高站的物质文化水平。设施设备等硬件的素质反映了站文化物质文化的水平。

（二）站文化氛围营造

环境熏陶人，营造良好的文化氛围，对站文化的宣传也能起到很大的作用。站都有相应的标语，氛围特别浓厚，挂于站的各个角落，在潜移默化中规范着每个员工的思想和行为。员工遇到的问题，多能从这些标语牌中找到正确看待问题的方法。员工长期处于一种观念的熏陶下，他就会潜移默化的，在内心深处认同这种观念。因此，要充分利用各种载体、各种渠道、各种形式大力宣传站文化，营造一种浓浓的站文化氛围。在这种氛围下，员工会慢慢的认同并形成习惯，使站文化得以落地。

建设学习型的站文化体系，创造站文化氛围。首先，学习创新。在站内倡导终身学习、全员学习，建立鼓励员工自觉学习的激励机制，鼓励、引导员工把学习作为实现自身价值和站价值的重要途径，重视学习与实践相结合、储备知识与实际应用相结合，做到学习工作化、工作学习化，不断提高工作技能和服务水平。其次，体制革新。减少站内部的中间管理环节，努力实现扁平化管理，创造出领导与员工之间沟通顺畅、观念和知识共享、关系融洽、具有共同愿景的站文化氛围。建立起新的用人机制，满足员工求新、思进、积极向上的愿望，激发员工学习、工作的积极性。第三，齐抓共建。党、政、工、团共图努力，通过开展形式多样的学习活动，给广大员工营造出一个宽松的学习交流空间，在站形成全员、全方位齐抓共建学习型站文化的浓厚氛围。第四，打造一个员工与站共同进步、共同成长的发展环境，营造心齐、气顺、劲足的和谐发展的站文化氛围。

（三）站文化形象系统设计

1. 理念识别系统设计

站文化的价值理念反映站的根本性质，对内是一种向心力和凝聚力，对外是一种亲和力和吸引力。要体现站以及交通行业的优良传统，体现鲜明的时代特色，同时体现站发展的美好前景。要感召、凝聚、激励、驱动从业者，使其创造更多的价值，促进站的发展。培养站的行业精神，要遵循时代性、先进性、激励性、效益性等原则，不仅要反映站的本质特征，而且要反映出行业的特点，体现出站的经营理念和发展战略。在站文化建设中要弘扬站文化精神，培养健康向上的文化氛围，强化改革创新意识、发展意识、市场意识、效益意识、竞争意识和站文化意识，强化从业者的忠诚度，使其接受站文化精神的洗礼。

（1）思想教育和道德建设

站文化精神是站的最核心的意识，不可能自发形成，必须依靠思想教育。这是一个长期的任务，将教育对象拓展到从业者，而且教育的内容包括各个方面的知识，特别是从业者的政治素质和坚定的社会主义信念的教育，培养从业者的敬业精神，建立站的精神理念群。

站的道德精神支配着道德规范和道德行为，它是从业者对一定道德原则和规范的认识。要加强对从业者道德意识的培育。制定站的道德规范标准，建立职业道德评级体系，确定职业道德评价标准，同时，使职业道德建设与分配挂钩，采用社会舆论、内心信念和传统习俗来评价职业道德，通过理论灌输与说服教育法、典型引导与榜样示范法、行为训练与实践检验法来引导教育从业者和社会公众提高道德素养。

（2）榜样示范

榜样的力量是无穷的。榜样来自站

内部，代表站优秀的精神面貌。树立榜样，就可以引导和激励从业者，还可以使站的精神形象化、具体化，增强站精神的可信程度与感召力。榜样示范可以分为领导者的示范与优秀人物的示范。领导者的示范是无声的号召，在一定意义上，站精神是领导者思想觉悟、文化素质、经营作管理水平、工作态度的反映。先进模范人物的示范作用，具有先进性和可仿效性的特点，通过他们的言行举止，使站精神变得富有光彩。通过示范作用推动站精神的培育。

（3）实践锻炼

实践是锤炼站精神的大熔炉。只有实践才能使从业者了解树立站精神的意义，使站精神变成从业者的意识和行动。

（4）目标激励

站的目标是站生存发展的需要，也是站精神的重要组成部分。站精神作为对从业者的激励手段，首先应包含站的战略目标和追求目标。

（5）舆论宣传

舆论宣传是指站精神在初始阶段必须加以宣传，在从业者中扎根，通过对从业者的精神灌输和教育、渗透，使站精神深入人心。

2. 视觉识别系统设计

加大形象设计和应用力度，完善视觉识别系统，优化环境，引导从业者树立站的形象意识，努力做到社会醒目，公众认可。同时进行站形象导入培训，使站形象得到传播推广。

（1）外观建筑体现站自身特色，彰显服务窗口品牌

外观建筑要与城市建筑风格、交通行业建筑特色要求相和谐，体现时代特色、行业特色、站自身特色。从外观第一眼给人以鲜明醒目的印象，让公众认可，体现站服务风格，扮靓站的窗口形象。

（2）站名称和标志与整个交通行业相融合，同时体现特色

站名称和标志是站对外形象的最基本要素。一般通过名称和标志来认识站，因此站名称和标志应该具有行业特色，与交通行业的形象特征相融合，同时能够体现站自身特色。站的命名除了以地域、功能、特色等作为考虑因素之外，还应该考虑艺术性，对传统的继承性，尽可能运用寓意、象征等艺术手法。站的视觉识别系统的设计必须贯彻技术美学的原则，采用多种艺术形式，如文学、绘画、摄影、声音、色彩等，力求达到新颖、形象、富有美感和个性化。站的标识标牌是站名称的载体，其统一的名称、字体、结构、色泽都会给公众以强烈的感受，留下深刻的印象。站形象的一部分是通过标识传递给公众的。

（3）环境视觉设计与价值理念协调

要为公众营造一个清洁卫生、人文

舒适的候车环境。站的各种环境视觉内容要与站文化的价值理念相协调。主题图像反映站文化的核心理念，配图标语营造站文化氛围，利用漫画等形式将价值理念形象化。生产经营环境的色调、色块要统一考虑，构建舒适温馨的感觉，渗透“温馨驿站”的情怀。

（4）完善的软硬件设施设备，打造优良的服务环境

应当以信息化建设、装备技术进步和管理技术创新为基础，强化站设施设备及管理运营水平。市场的竞争将是创新力的竞争，创新力源于技术的不断进步。在现代化的技术装备水平下，在完善的信息化建设过程中，站文化建设不断渗透其中，与之相融合，同时为站文化建设提供技术保障支持。

要突出站信息化建设。包括构建站信息管理系统、公众服务系统和运输交易信息系统等。使站从内部管理到外部业务处理，以及服务环境上，体现科学、高效、现代、智能的服务标准。

配备现代化的设施设备是站适应时代性的要求，也是其发展的必然。因此，完善的软硬件设施设备的配置包括站内各种硬件设备，特别是车，以及健全的软件系统包括GPS安全监控系统、一卡通全线报班系统以及QC小组开发等，能够确保旅客得到优质、安全的服务，同时提升站现代化形象。

（5）塑造从业者形象，提高从业者素质，建设高素质的团队

站内人员包括站的管理人员，他们的言行举止、服饰仪表等是社会公众接触站首先遇到的要素，通过这些要素能反应站的形象和站的服务特色，同时能够为从业者个性发展创造良好的空间。其中站内人员要素中最重要的是站代表人物的形象，如英雄人物、先进模范事迹等，最能反映出站的整体形象。

从业者是站的核心，一个高素质的服务团队是保障站服务质量提升、经营效益增加的重要因素。站要通过培训教育提升从业者的素质，包括思想政治素养、知识素养、专业技术素养、道德品德素养、身体健康素质等，同时加强从业者内部交流沟通，培养内部团体意识，确立团队精神，提高站的凝聚力，确保从业者能以高质量、愉快的心情、敬业的精神来为旅客及司乘人员提供服务，真正实现为消费者创造价值，为从业者创造生活，同时也实现了外塑形象、内建气质。

一方面强化政治理论学习，进一步加强和完善理论学习制度，加强思想理论阵地建设，不断提高从业者的理论水平。另一方面开展“全心全意为人民服务” 的宗旨教育，使广大从业者在工作中想旅客、为旅客、利旅客，并对从业者进行专业业务知识、礼仪、安全知识、岗位职责等培训。为了激励从业者

服务的主动性，将服务格言上墙，并要求反复练习，进行上岗考核与星级员工评比，把服务标准变成自觉的行动。实行站文化建设工作考核，把从业者对站文化的认同和其应具有的文化素质作为招聘、评选先进、职务晋升和人才培养的重要条件之一。

（6）丰富业余文化活动

业余文化活动包括文化科技类、文学艺术类、娱乐活动类、体育经济类活动。丰富多彩的业余活动能够促进站的现代化建设，也是站文化建设的重要内容。它有利于从业者的身心健康，沟通从业者的情感，增强从业者的集体荣誉感和竞争意识，增强从业者之间的凝聚力，同时也为以后的工作注入了活力，使从业者做到微笑上岗、快乐工作，推动了站文化的升华。

3. 行为识别系统设计

（1）建立完善科学的制度文化

俗话说“无规矩不成方圆”。制度是站正常运营的基础，因此站文化建设必须加强制度文化的建设，包括站内各项工作的岗位职责规范、质量认证体系、服务规范等。健全完善管理制度，实行制度化管理。通过制定科学的制度，把所有的工作事务纳入制度化管理层面，保证在目标确定、操作程序、考核评估、奖惩兑现等所有方面有章可循，避免人治行为，杜绝职责不明。努力创造文明服务、规范服务的优良服务文化环境。

目标激励，塑造严明和谐的管理形象，打造制度文化。站管理和文化之间的联系是站发展的生命线，战略、结构、制度是硬性管理；技能、人员、作风、目标是软性管理。强化管理，要坚持把人放在站中心地位，在管理中尊重人、理解人、关心人、爱护人，确立从业者主人翁地位，使之积极参与站管理，尽其责任和义务。强化管理要搞好与现代站的制度、管理创新、市场开拓、实现优质服务等的有机结合。还要修订并完善职业道德准则，强化纪律约束机制，使站各项规章制度成为从业者的自觉行为。提倡团队精神，从业者之间保持良好的人际关系，增强团队凝聚力，有效发挥团队作用。

把握制度文化建设的系统特征。从制度文化的存在运转过程来看，制度文化建设包括确立指导思想、制定制度条文、执行、检查总结、修订发展等环节。

树立科学的制度意识。要正确认识站的传统和现状，制定制度文化建设的目标和规划。

科学地制定制度。从全面修订客运站现存管理制度入手，以民主程序来制定制度，必须体现义务、职责和权利相统一的原则。

注重制度执行中的文化引导。强调核心价值观指导下的自觉制度意识，同时注意奖惩过程中总的文化评价和文化引导，还应注意制度执行中各种辅助因素的作用。

制度文化的评价标准。从经济效益和文化效益两方面进行综合性的评价，分析制度文化是否有力保证了站经营活动的有效进行，同时分析制度文化所产生的文化效果。

（2）加强安全管理，确保经营秩序

安全、服务是站经营的一个核心理念，站为旅客提供安全便捷的出行服务已成为站的生存之本。站要加强安全管理，制定《车站安全生产管理规定》、《三品检查制度》和岗位安全职责等安全制度规范，坚持“安全第一，预防为主”的工作方针，确保运输经营秩序。

（3）加强经营管理，不断提高优质服务水平

① 建立和完善科学的管理制度体系。制订各级工作职责，强化内部管理；制订完善的学习管理制度，提升站全体人员的知识、技能等素养；制订工作行为规范，广泛开展“政务公开、优质服务”的活动，公开服务承诺，明确工作职责。

② 管理规范有序，生产、生活环境改善。严格各项规章制度，开展“内强管理，外树形象”活动；增添服务项目，规范服务管理；站工艺组织和流程规范，旅客满意度高；加强和改进站环境建设，通过绿化美化来提升站视觉形象，提高站社会窗口形象。

4. 以人为本，设计人本文化

站文化实质是“人的文化”，人是生产力中最活跃的因素，人是站的立足之本。站的人本文化可以从三个方面考量。

领导亲历亲为。在站文化建设过程中，领导重视并身体力行是关键。领导是站文化的设计师和决策人，同时，站文化的开展依赖于领导，需要领导承担、倡导并身体力行。领导应全面学习与掌握站文化的基本理论，能够运用站文化的手段调动从业者的积极性和增强站的凝聚力。

以人为本，建立精干高效的队伍。从业者是站的主体，要牢固树立从业者是站发展之本的管理理念，建设站文化就必须以提高人的素质为根本，把着眼点放在人上，达到凝聚人心，树立共同理想，规范行动形成良好行为习惯，塑造形象扩大社会知名度的目的。通过教育上运用政治线路来约束，管理上运用纪律制度来约束，形象上运用社会监督来约束，效果上运用考核评议来约束的方式，来实现从业者能力的提升。

政治层：切实履行“三个代表”思想，树立构建和谐社会、和谐交通、和谐站场的意识，有效完善从业者思想政治体系和机制。

业务层：努力构建和谐窗口。对从

业者进行主题教育并开放便民措施，使从业者以站为家、以站为荣，实现“站区环境优美、站内秩序优良、员工服务优质”；

发展层：创造辉煌。提高员工思想政治、业务技术、文化学习、综合创新等素质，真正实现为消费者创造价值，为从业者创造生活。牢固树立服务人民、奉献社会的责任感，在本职工作中讲职业道德，尽职业责任，对从业者进行人人参与，个个奉献的群体意识培养和规范管理、文明服务提高业务水平。在统一思想、统一认识的基础上，从提高从业者的服务技能入手，全面提高站的服务水平。同时，紧抓从业者内外形象的统一，通过实实在在的优质服务和文明言行来塑造个人和站的形象，来促进行风和整个社会文明程度的提高，从而实施站文化体系的建设。

实例引导，塑造英雄人物。通过宣传体现站文化精神的英雄人物的先进事迹来引导。站文化比较抽象，应生动形象地进行宣传、教育和引导。一是把精神具体化。通过开展与站文化相关的主题活动，强化全体从业者对站文化的理解。二是把理念故事化。在宣传站文化的建设中，运用一些哲理故事，生动地阐释站的理念文化。三是把规范案例化。运用案例的震撼效应，加深行为规范的指引力度，推动站的理念文化在站内的执行力度。

（四）典型示范单位建设

站文化建设关键在于实施和执行。要在站文化设计的基础上，选取典型的站进行站文化建设试点，推进站文化建设示范单位建设。

站文化建设要将站文化设计应用于站这个单位实体，可以在全国范围内，选取有实力、有意愿、有深厚的文化底蕴、有实施条件的站，作为示范单位，将站文化设计的成果应用，进行站文化示范单位建设，推动站文化的实施。

根据交通部印发的《交通文化建设示范单位管理办法》，示范单位应该具备以下条件：

一是，有完善的组织文化建设纲要、工作方案和长效机制。

二是，有特色鲜明的价值理念、行为规范、外部形象等组织文化体系。

三是，有相应的组织文化传播媒体，职工认可度、参与度、满意度高。

四是，组织文化建设对本单位的管理和各项工作发挥了积极作用，产生了明显效果，连续三年以上业绩良好。

五是，积累了组织文化建设经验，在本地区、本系统、本专业组织文化建设中走在前列，社会影响良好。

六是，领导高度重视，有负责组织文化建设的组织机构和物质保障。

七是，全国交通行业文明示范窗口要具备：服务设施齐备、服务环境优美、服务行为规范、服务秩序优良、管理方法科学、服务措施有力、服务信誉良好、行业风气良好、业绩突出、连续获得（保持）省级交通主管部门或获得省级以上“文明示范窗口”或精神文明建设综合性荣誉称号。

因此，站文化示范单位建设可以结合以上条件，进行站文化具体设计，起到示范带头作用，做到“五个一工程”。

1. 信守站的经营道德

经营道德是站处理内外关系的基本行为规范。只有信守经营道德，才能提高站的信誉，优化站在公众和从业者心目中的形象。在服务质量上努力做到优质，在服务价格上努力做到价实。要坚持经营道德，首先要严格保证服务质量，要提供优质、安全、便捷的服务。其次要讲信用，严守合同、实事求是，履行承诺服务。第三是遵纪守法、公平竞争、合法盈利。

2. 提高服务质量

站提供的是商品是服务，旅客认识站是从服务开始的，能够挖掘出站特有的服务特色，使旅客享受到别样的服务品味。服务不同于其他的产品，它只是在一个过程内存在，即，旅客进入站，到旅客乘车到达目的地这一时段，它不可能有售后服务，因此只能在这有限的时间内为旅客提供贴心、优质、安全、便捷的服务，让旅客得到极大的满意，提升站在旅客心目中的形象，吸引旅客下次出行选择。要维护自己的信誉，必须搞好服务质量和服务承诺，这是建立站形象的重要过程。

3. 积极参与公众活动，扩大站的社会影响

站形象的建立主要靠站自身行为优化，但也离不开站与外界的交往。站是一个窗口，它连接着往来的旅客。旅客在享受服务时，可以直观的看到站的形象，站应该提供舒适、人文的候车环境，优质的出行服务，使旅客感受到亲切和满意，增进公众对站的直接认同。站具有公益性，更应积极地开展各种公众活动去影响公众，使公众对站产生好感、赞誉和信任。通过与公众建立良好的关系，提高站的知名度和信誉，能够更好的塑造站的形象。

4. 加大培训、交流和执行力度，加快站文化建设步伐

优秀的站文化只有经过长期的教育熏陶和实践锻炼才能逐步形成。因此，要加大对领导干部以及从业者的教育培训力度，定期进行站文化培训，在各类学习中增加站文化课程，使从业者逐步接纳新文化、理解新文化，直至发自内心地认同和拥护新文化。要不断加强站文化方面的交流，不断汲取和总结站文化建设的先进经验，取长补短，不断提高。站文化建设关键在执行。首先必须明确，站文化执行的不是理念层次的站文化，而是显性形态的物质文化和承载了站文化、战略和机制的行为规范。其次，要保证站文化的顺利执行，必须建立站内部的激励与约束机制。从业者不可能人人都认同站文化，但可以激励约束从业者执行，逐步将站文化变成其自觉的行为。

构建从业者学习站文化的园地，通过集中、系统、强化的培训教育，迅速地广泛地营造学习站文化氛围，达到内部宣传贯彻的效果。通过培训教育，使从业者认识并认同站文化，提高从业者的综合素质，激发从业者的创造潜质，增强从业者的忠诚度，形成凝聚力。通过培训教育，培养从业者的行为规范，指导从业者的工作方向，促进个人与站的共同发展。通过培训教育，有目的、有计划、有步骤地扩大站文化建设成果，提高站文化管理水平。

5. 坚持文化阵地建设，发挥特色团队和载体作用

文化是个理论的概念，要重在建设。站的站文化建设要加大文化体育设施建设的投入，从实际出发，努力锻造出一批具有行业特色、员工喜闻乐见的文化团体和载体。

6. 完善沟通网络

站文化的形成有赖于沟通的通畅。建立文化网络是实现核心价值观的有效工具。

通过文化网络的沟通，影响人们的思想和心理，可以产生强大的心理力量，激发从业者对站的归属感。通过文化网络建设，让从业者有沟通的渠道。一是通过文化网络，使站文化广为传播，广为影响，让公众都了解站文化的内涵与价值取向，让公众都了解站的中长期发展目标，团结一致，共同奋斗，目标明确。二是让从业者有发表自己意见的机会或提合理化建议的场合，为管理者提供站内各方面的真实信息，帮助改进生产与管理。三是让从业者相互之间经常交流与沟通，围绕站文化的核心内容或价值观念，开展形式多样的讨论与争论，在讨论与争论中取得共识，相互鞭策，共同进步。

7. 善于通过广告活动宣传自己

站形象的树立除了依靠自身的实力之外，还有十分注意用广告来宣传自己。站通过一些传媒、广告牌等进行广告宣传，吸引参营者和旅客，还可以开展一些社会活动包括庆典活动以及散发宣传材料，扩大站的影响。同时注重于新闻界沟通，可以通过新闻媒介的传播，在社会公众心目中树立自己的形象。

（五）站文化的完善与再造

站文化是社会整体文化环境的具体反映，也是站自身发展的反映。社会文化、站自身的经营不是一成不变的。站在日常运作中，要关注站文化的实践过程，通过实践来建设站文化，通过实践来验证站文化的效果，通过实践及时完善、再造站文化。

站文化建设是个不断完善的过程，通过典型示范单位对站文化设计的实践，然后总结提炼站文化设计在具体实施过程中的经验，将理论与实践相联系，从实践角度来完善站文化，再造站文化。

站文化是在某一文化背景下，将站自身发展阶段、发展目标、经营策略、站内外环境等多种因素综合考虑而确定的独特的文化模式。因此，站文化的形式可以是标准化的，但其侧重点各不相同，其价值内涵也各不相同，而且站文化的类型和强度也都不同，正因如此才构成了站文化的个性化特色。从严格意义上来说，站文化属于个体文化，具有自我封闭性。站应表现出自己特色的个性文化色彩。有个性才有吸引力，有个性才有生命力。许多深谙其理的站管理者在长期经营管理实践中都十分注重建设富有特色，形成个性鲜明的优秀的站文化。这些独特的优秀站文化不但有力地促进了站的发展进步，也给其他站提供了非常有益的成功经验。要知道，每一个站的发展历程不同，站的构成成分不同，面对的竞争压力也不同，所以其对环境作出反应的策略和处理内部冲突的方式都会有自己的特色，不可能完全相同。

站的管理者应该认识到，一个站区别于其他站的特征不只是在自己的产品上、在站的外在形象上，而更多的应该是在自己站的文化特色上，文化能够反映一个站本质特点，其他外在形象的表现都是这种文化的表现。所以中小型站在建设自己站文化时，应该结合自己站的自身特点，创造出具有一定特色、富有个性的站文化。站文化也是一个动态的发展过程，应该根据实际情况的变化而进行不断地创新，不断为站文化建设注入新鲜血液，这样才能增强站文化的活力，最大限度地发挥站文化的推动作用。

（六）站文化的传播与推广

从站文化对社会文化的缩影、窗口文化的彰显、行为文化的魅力出发，与社会传播相结合，建立传播机制和站文化推进规划，宣贯推广站文化，用文化的感召力影响社会，体现“以文化人”。

1. 站文化传播

如果没有传播，站文化就无法建立，无法发展，无法完善。站文化传播的途径是以组织传播为主，以人际传播为支撑，以媒介传播为辅助。组织形式传播站文化，其活动方式是多样的，会议、培训、团体学习等都属于组织传播的途径。人际形式传播站文化，其传播的内容也是多样的，理念、行为、情感等都可以作为人际传播的内容。以媒介形式传播站文化，载体的种类可以多样，站文化室内外看板、局域网、站文化手册等都是重要的载体。通过交通行业新闻媒体的舆论导向，加强对站文化建设和先进典型的报道与宣传，同时在各组织机构间建立起文化建设的交流平台，开展文化交流，保障站文化建设的顺利进行。

（1）强化站文化的情感传播

情感传播是站文化中的重要组成部分。情感传播既有人际传播，也有组织传播。这种传播往往不对等，主要是领导将人文关怀的情感传播给从业者，从业者将优质服务和人文关怀的情感传播给旅客，流动的旅客将站文化的底蕴和文化的感召传递给社会公众，形成层层对外的情感辐射，将站文化的内涵和社会文化、窗口文化、行为文化的魅力传播给社会公众。对内的情感传播是建设站文化的有效手段，对外的情感传播是用站文化的内涵感召社会。

为站自身发展创造良好的社会环境。向社会公众广为传播，让最具评价力的社会公众充分认识本站的文化，为站的发展创造良好的社会环境，推进站文化建设步伐，促进站的发展。

为站创造文化品牌。通过媒体的传播，拓展站文化的内涵外延，为社会公众认可，形成以文化树品牌、以品牌促发展的发展链，为站创造良好的文化品牌，彰显个性，体现服务特色。

文化的感召力影响社会，体现“以文化人”。站文化的建设，对从业者和社会公众形成感召力，站文化融合到整个社会文化中，影响社会，感召社会个体——人，体现“以文化人”。

（2）建立舆论传播机制

① 大众媒体传播

大众媒体的传播是最基本的传播手段，通过报纸杂志、广播、电视和网络媒体来传播站文化的内容，建设情况，使站文化的内涵深入人心，不仅教育和影响员工，而且还一定程度上引导社会公众对站文化的认识，提升了对客运站形象的认可。可以通过新闻报道和广告发布来对外传播站的情况特别是站文化建设情况，使其被社会认可接受。站文化在对外传播中，不仅要利用传统媒体的既有优势，而且要跟上时代步伐，在互联网时代借助网络的力量实现传播目的，为客运站营造良好的外部环境，树立文化品牌，扩大社会美誉。

② 公众关系传播

建立公共关系是为了建立站内外沟通渠道，培育与政府部门、行业伙伴、大众媒体、社会公众良好的社会关系，引导和改变公关对象的行为和认识，增强客运站的社会影响力，提升站对外形象。公共关系要有计划、有系统的进行。建立公共关系活动规范要把握的基本要点：制定站内公共策略，优先考虑公众公益，建设灵活应变的机制，做好公关活动的费用预决算，充分利用社会媒体，确定公关活动对象与主题，确定适当的公关评价方法。

③ 站内传播

站应该设计自己的简报、画册等文本文件，通过编写大事记、宣传典型人物等方法传播站文化，形成氛围，加强站内从业者对站文化的认识。

④ 站文化载体构建

构建宣传网络，丰富和优化站文化载体设计，整合站文化宣传机构，建立统一的站文化载体，做好站文化专题宣传工作。充分利用公司网站、报刊等宣传阵地，利用站文化学术研究、经验交流等形式，对内促进从业者对站文化的认同和执行，营造浓厚的站文化建设氛围，推进站文化建设工作深入发展，对外大力宣传站精神、核心经营理念和站发展目标等。

2. 制定完善的站文化建设推进规划

为了使成熟而完善的站文化体系深入人心，必须有组织、有计划、有步骤、有措施地进行体系推进，分阶段分步骤提炼站文化底蕴，使管理层和全体从业者真正认可并付诸实践，逐步培育出具有站自身特色的站文化。因此，必须科学地、全面地制定站文化推进规划。

站文化推进规划要根据时效性原则，确定一个时间段，紧跟社会、时代的变化与发展步伐，以及站自身可变因素的影响，确定站文化的推进规划。可以从宏观上确定总体目标，以五年作为一个规划阶段，确定阶段性目标。站文化推进规划要与站自身战略发展规划相配套，与站的制度安排相协调，保持三者之间的内在统一，使站文化的推进规划体现和反映站的战略和制度，与其进程保持一致。制定站文化推进规划的目的是为了推进实施，因此规划必须从实际出发，结合站自身特色，具有计划作用和指导作用。

（1）宣传、贯彻、实践总体目标

对成熟而完善的站文化体系进行宣传贯彻实践，将站文化推进规划确定的站文化的价值理念和行为规范转化为从业者的统一共识，转化为从业者的自觉行为，转化为站的运行规范，转化为站的管理绩效，转化为站的品牌形象。

（2）宣传、贯彻、实践阶段目标

通过对站文化体系的全面的、系统的宣传贯彻培训，形成良好的站文化学习氛围。通过培训、研讨、知识竞赛和考试等方式，逐步提高从业者对站文化的相关概念、基本内容的认识，掌握站文化体系的核心内容，基本能做到熟知、熟记。

通过站文化视觉化的系统工程建设，进一步加大站形象的宣传、维护力度，提高站的知名度，确立站的管理品牌。

（3）宣传、贯彻、实践中长期目标

站从业者的价值取向与站文化中的价值观要求高度一致。在可见的未来，使站实现从业者忠诚度最高、凝聚力最强、公众满意度最高，并在此基础上，实现社会效益最大化，站效益最大化，从业者价值最大化。同时，以站文化宣传、贯彻、实践和传播、推广，推动站的创新发展，彰显站文化的核心竞争力。

四、保障机制

站文化建设是个崭新工程，需要一步步地探索，需要各方面的支持，制定完善的站文化实施保障机制，确保站文化建设顺利实施。保障机制，既是全面深入推进站文化建设的重要条件，也是站文化建设的重要内容。

（一）组织保障

站文化建设的逐步推进，首先必须建立健全组织保障机制，加强对站文化建设工作的组织和领导。建议从政府管理层及站的组织管理层两方面来建立组织保障体系。

1. 政府管理层组织保障体系

站文化是基于交通行业文化而提炼的，要从整个行业出发，自上至下，在政府管理层建立二级目标责任体系。

一是，交通部建立站文化建设领导小组，主要负责站文化建设工作的规划和部署，定期分析站文化建设进展情况并研究部署阶段性工作。负责对所各省（区、直辖市）站文化建设工作进行考核评价。负责站文化建设重要事项的协调和审批事宜。可依据情况设立或明确站文化建设管理部门，全面负责站文化建设工作的日常组织协调及管理工作。

二是，建立各省（区、直辖市）站文化建设工作领导小组。建立起以交通行政领导牵头，党政领导共同负责，各相关职能部门分工协作、共同参与的组织领导体系。根据站文化建设工作部署和要求，全面负责本省（区、直辖市）站文化建设规划和组织实施，定期研究和检查评估站文化建设工作。

2. 站管理层组织保障体系

站文化建设需要各个站进行具体的实施，站是站文化建设的执行者，需要站的管理层建立健全的组织保障体系，落实各级责任，加大站文化建设实施力度。

（1）组建站文化建设领导机构，明确人员及其职责

要把加强站文化建设作为交通事业又好又快发展的一项重要战略任务和一项基础性工程，列入议事日程。

站要设立站文化建设领导机构，明确站文化建设主管部门和责任，切实加

强对站文化建设的领导和协调；制订站文化建设责任制，明确站各级领导班子、领导人员站文化建设责任，实行站文化建设工作考核，把站文化建设的各项任务落到实处。首先，站领导层要高度重视站文化体系建设，不断克服普遍存在的重视生产管理、忽视站文化建设的倾向。在站内努力树立“发展最终是文化创新”的理念，且是把站文化建设作为实践“三个代表”重要思想、弘扬先进文化的重要工作，提到与生产经营管理同等重要的高度认识和对待。把站文化建设的各项任务自觉融于生产经营管理活动中，在策划布置工作时，要实行同步部署、同步检查、同步考核、同步奖惩。其次，要建立科学高效的领导机制。站文化的导入，是一次组织变革的过程，必将冲击人们的心理定势，影响部分从业者的既得利益，打破原有的组织平衡，引起组织系统内部的震荡，所以，为保证站文化建设的顺利进行，要把建立一个科学高效的站文化建设领导机制作为一项重要工作来抓，形成领导身体力行、部门分工负责、从业者齐抓共管的管理机制。第三，要建立严格有效的考核机制。汲取和借鉴站文化建设的成功经验，将推进站文化建设纳入工作目标考核，逐步建立起站文化建设考核机制。将站文化建设工作分解落实到站运营管理的各个环节之中，制定切实可行的考评细则，认真考核，奖优罚劣，在站内形成积极参与站文化建设的意识。

（2）进行组织构架改革

组织构架的设置决定了站是否具备创新的氛围与能力、能否提供优质的服务，而现有站的组织构架给服务创新造成了一定的障碍。因此变革现有组织构架，建立精干、高效、科学的组织体系已刻不容缓。在组织变革的过程中，要尽量减少站上下信息沟通的障碍，确保站内外、上下资讯传递的畅通、政令通达。要为站文化建设骨干人员搭建成才平台和职业发展空间，在站文化建设的实践中培育和选拔人才，组织起站文化理论骨干队伍和站文化建设管理人才队伍。要建立站文化培训体系，充分利用内外部资源，加强对骨干人员的培训和引导，不断提高他们理论与实践的经验和水平。

（3）加强站文化建设指导工作

站文化建设是个新兴的事业，精神文明建设一直贯穿始终，因此，在站文化建设中，精神文明建设机构担负着指导、协调、组织的具体职责。要深入实际，了解新情况，分析新问题，及时发现、总结、推广和交流站文化建设的新经验。加强文化建设管理，做好站文化建设的协调工作。站文化的主管部门要充分发挥各级组织、各业务部门、广大员工站文化建设的积极性，建立站文化联系会议制度，及时通报、检查站文化各项建设任务落实情况，掌握员工思想动态，掌握员工对站文化核心理念及规范的认同、执行情况，研究部署工作。因此，站文化建设求从上至下重视站文化建设，领导层要认真指导好各部门的站文化建设活动，各部门要努力抓好落实，从而形成一级抓一级、一级对一级负责的责任体系，形成合力，保障站文化顺利建设。

（二）运营管理保障机制

建立健全站经营管理体系，保障站文化建设的实施。

1. 完善而规范的管理体制

站要建立站文化，首先必须完善站的管理体制，规范站的管理制度。管理体制是支撑站正常运营的保障，从宏观到微观完善站的管理体制，为站文化建设提供坚实的基础，使站文化建设融入站的发展中。

建立完善而规范的管理体制，体现领导层次分明；各级、各部门的职责明确；各岗位工作人员定岗、定位、定待遇，使各人责、权、利相统一；主要管理人员相对稳定；各部门、各岗位都有其一定的行为规范、岗位职责；站内部决策、信息传递、相互约束均遵循一定的程序；有一个健康、舒适的工作、生活、人际关系环境；设法增强站的凝聚力、吸引力以及领导的号召力、感召力。

2. 健全的经营管理模式

站具有经营性的性质，它以盈利为目的。因此，站文化的建设必须体现经济效益，符合站的经营性要求。这就要求站必须建立健全的经营管理模式，为站文化建设提供物质保障。

站的经营必须体现社会主义经营观，注重质量第一的价值追求，在保证服务质量的基础上提高经济效益和社会效益。确立服务至上的经营宗旨，树立为人民服务的信念，为旅客和社会公众提供优质的服务。树立效益优先的经营方针，在实现经济效益提高的基础上，不断提升社会效益，实现站经济及社会效益的双赢。将求诚实守信的经营作风，以诚待人，用信誉树立站文化的品牌，与社会诚信体制相融合。

同时，站的经营要树立市场意识与讲究市场策略。必须培育市场意识，树立危机与竞争意识、质量与信誉意识、科技与人才意识，抢占服务市场、人才和科技三个市场。要确定抓住机遇的经营战略，巩固主业发展副业的经营目标，质量取胜的经营方针，情生效益的经营策略，机动灵活的经营战术，快速反应的经营机制。

（三）运行机制保障

要推进站文化建设，必须建立科学的管理制度、完善的培训体系、有效的激励机制，构建健全的站文化建设的长效运行机制对站文化建设进行支撑。

1. 制定激励机制

激励机制，在管理学中是非常普遍的一个提高从业者积极性和创造性的机制。采用激励机制对从业者的工作、行为进行奖惩，表彰先进，激励后进。在站的运营中，激励机制的应用主要是通过一些激励手段，例如物质上薪资的调整、职位的提升，精神上深造学习机会的给与、荣辱表扬的授予等，使从业者能够提高工作效率，提升服务质量，以便获得更多的荣誉与利益，从而促进站的运营发展，为社会公众创造价值。

2. 经费保障与管理机制

站文化建设是一个系统工程，不是一蹴而就的，需要过程的累积。因此，需要充足的资金保障站文化建设的顺利实施。根据站文化建设总体规划与要求，按照一定比例投入站文化建设经费，主要用于站文化宣传贯彻、人员培训、文化设施的建设、站文化工作奖励等工作。按照专款专用、节俭效能的原则，由站文化建设的主管部门控制使用。

站文化建设资金可以采取自筹、财政补贴等筹资方式解决。站可以从经营收入中拨出一部分用于站文化建设，这是进行站文化建设的重要资金来源。除此以外，站具有公益性的特征，建设站文化体系，可以更好的发挥站的社会效益，因此，政府可以给予适度的财政补贴，为站文化建设提供资金支持。

3. 健全站文化建设机制

站文化建设关键在于执行。要建立健全开展站文化建设所必须的理论培训、实施方案、建设示范、督促检查、工作研讨、成果交流等工作机制，使站文化明确建设目标、主要内容、具体方案及运行机制，使站文化建设能够起步、落到实处、见到成效，形成有利于站文化建设快速、健康和可持续发展的长效机制。

4. 绩效评估机制

把站文化建设成效作为考核领导干部及其员工业绩的重要内容，促使领导层和员工层对站文化建设提高重视。采用质量认证体系和星级评定来对员工进行考核评定。确立站文化的选拔和晋升标准，通过人员的招募、甄选、提拔和调动等工作标准与取向来保持站文化；重新审视和调整报酬与奖惩的制度，通过报酬和奖惩制度来向员工传达管理者和组织所关注的价值观和行为规范；当组织面临危机时，确立体现站文化的价值观、行为规范和处理方式等。

第十一章　站文化建设的绩效评估

在全面深入推进站文化建设过程中，必须建立健全科学的绩效评估办法和配套的激励机制。对站文化建设的进展情况和建设效果定期进行评估，不仅有利于振奋站的精神，有利于塑造站的全新形象，有利于站的可持续发展，而且对于完善站文化建设方案，提升站文化建设质量，实现站文化建设的终极目标具有重大意义。

开展站文化建设绩效评估是交通文化建设的有力保障之一，也是实施交通文化建设计划、运作、检查、修正（PDCA）管理的闭环系统的关键环节。绩效评估就是通过寻找一个标尺，对站文化建设进行准确科学的测量、诊断、综合考核与评价。站文化是一种强势文化，其价值理念体系和价值观是否得到公众和从业者的认同和执行？功能的是否实现？作用发挥的如何？如何进行建设的过程控制等问题，必须通过建立一套科学合理、行之有效、操作性强的评价体系来解决和回答。站文化的绩效评估体系要能准确地描述和定性定量测评，能对站文化的建设状况作出实事求是的诊断，从而对站文化建设的整体性、真实性作出客观的评估，并对站文化创新和未来发展提出建设性意见和建议，使站文化的考核评价体系规范化、科学化、制度化。

一、站文化建设效果测评与考核

站文化建设效果可以采用定量效果与定性效果相结合的方法进行测评与考核。

（一）站文化建设绩效测评

1. 确定测评目标和内容

站文化建设的测评过程是对站文化建设情况进行检讨和分析的过程，总结站文化建设过程中的得与失，为进一步完善站文化建设方案，提供决策性依据。

站文化建设的测评目标和内容应满足以下要求：

（1）能够全面反映站文化建设的整体状况。

（2）能够检验与评价站的价值观和精神理念的实施情况。

（3）能够保证评价的全面性、客观性。

（4）具有可操作性。

2. 成立专门测评机构

站文化建设测评工作可由交通部交通文化建设研究指导委员会下设的专门机构或省级交通主管部门下设的专门机构负责，并在交通部交通文化建设研究指导委员会指导下开展工作。各单位设立站文化测评小组，主管领导任组长，成员由各部门第一负责人组成。

3. 合理安排测评周期

站文化建设测评工作应定期开展，一般安排在每年11月中旬，但当发生以下特别事项时，可按需进行。

（1）站的经营模式和管理模式发生重大变化时。

（2）站文化建设效果不理想时。

（3）社会公众认同度比较低时。

（4）从业者满意度非常低时。

（5）其他特别情况认为需要时。

4. 确定测评维度

站文化建设是个庞大而复杂的系统，反映其水平、影响其变化的因素很多，为了客观、准确、完整地评价站文化的整体水平，需要选取一些能够全方位、多角度反映站文化建设水平的主要因素作为测评要素，并采用问卷调查、抽样访谈、专题研讨、直观考察、市场调研、信息反馈和综合评估的方法，从八个维度进行测评。

（1）维度一：站文化的影响力。考量站文化对社会公众和从业者的实际影响。

（2）维度二：环境文化建设。考量站容、站貌、服务设施等物质文化建设情况。

（3）维度三：精神文化建设。考量站文化理念是否被社会公众和从业者认同，并在实际工作中的指导作用。

（4）维度四：行为文化建设。考量站的服务礼仪、服务行为、服务语言、服务品牌建设和践行情况。

（5）维度五：形象文化建设。考量站的形象是否规范、统一，品牌知名度和美誉度高低。

（6）维度六：文化传播网络建设。考量站文化传播网络是否健全、有效。

（7）维度七：文化气氛建设。考量站内积极向上的文化氛围建设情况和站文化对从业者的实际影响情况。

（8）维度八：文化建设目标的实现。考量站文化建设的年度工作是否达到预期效果。

一般情况下，站文化建设的年度维度测评结果应按表11-1汇总后，于当年12月中旬报上级主管部门。

5. 测评信息收集整理

通过个人访谈、专题研讨、问卷调查和站文化建设年度工作目标考核来收

站文化建设的年度维度测评结果

表11-1

测评单位				
测评范围	站文化建设的年度任务和实现目标			
测平维度	测评结果			
	出色	达成	基本达成	未达成
站文化的影响力				
环境文化建设目标				
精神文化建设目标				
行为文化建设目标				
形象文化建设目标				
文化传播网络建设				
文化气氛建设目标				
文化建设的总体目标				
测评小组评价结果:				

集测评数据。

个人访谈分为高层领导访谈、中层干部访谈、员工代表访谈和公众代表访谈四种形式。访谈对象按随机抽样方式产生，访谈内容和任务由站文化测评小组按测评目标决定。

专题研讨以座谈会的形式进行，可分为中层干部座谈会、基层员工代表座谈会和公众代表座谈会三种形式，由站文化测评小组组织执行。

问卷调查分为内部问卷和外部问卷两种。内部问卷包括站文化问卷调查和员工满意度问卷调查，外部问卷为公众满意度问卷调查。站文化问卷调查由交通部交通文化建设研究指导委员会下设的专门机构或省级交通主管部门下设的专门机构，根据站文化建设的实际需要专门设计。

站文化建设年度工作目标考核，以站文化建设的年度工作目标作为测评依据，由站文化测评小组进行综合评估。

6. 测评信息分析应用

站文化建设测评信息收集方式有不同的特点和局限性，每种方式都不可能全部包括八个维度，必须根据信息收集方式和结果的不同，选择对应的评价维度。

7. 撰写综合测评报告

测评报告是对站文化年度建设情况进行总结和评估，首先根据测评内容分项分析，总结，然后进行综合分析评估。测评报告的内容包括：年度建设成果、存在问题、建设重点、建设难点、方案措施等内容。

（二）站文化建设绩效评估

站具有为社会及公众提供运输服务其及相关服务的社会属性，这决定了站是交通运输业的前沿阵地，是交通行业面向社会的窗口。因此，站文化建设绩效主要体现在对社会公众和从业者的影响力上。

1. 站文化建设的社会效果评价

站的服务环境、服务内容、服务行为不仅反映站文化的水平、而且反映了交通人的文明形象，能够形成社会公众对交通人的理解、认同、信任和接受，从而改善社会及公众对交通人的认知。利用站文化的艺术手段、价值形象、美学环境、伦理气氛等气息的渗透作用，感悟公众的情感世界，启发公众的理性思考，不仅可影响社会公众的审美情绪，而且可以实现感化社会意识、规范公众行为，优化社会结构，实现人的全面发展，为构建设和谐社会奠定良好基础的愿景。站文化建设的社会效果主要体现在教育人感化人、承载传播、凝聚激励、导向约束、辐射铸魂等功能的发挥上，集中表现在对社会和公众的影响力上。

站文化建设的社会效果评价指标包括：

（1）站文化功能发挥程度。

（2）站文化的公众认可度。

（3）站的社会知名度。

（4）站的美誉度。

（5）站的社会影响力。

（6）站的公众的影响力。

2. 站文化建设的自身效果评价

站文化建设是为提高站的核心竞争力服务的，建设的目的是实现站的愿景、使命、价值观和战略目标等文化力。站文化力是衡量站文化建设与运营业绩之间关系的重要指标，一般而言，站文化力与经营业绩之间存在正向关系，只有充满活力的站文化，才能提升站的经营业绩和竞争力。以下以汽车客运站文化建设效果的评价为例，设计评价指标。

（1）站文化建设对生产能力贡献指标

站文化建设对生产力贡献指标包括：

① 日均发车班次增长率。

② 日均旅客发送量增长率。

③ 全员劳动生产率增长率。

上述指标可采用对比法确定站文化建设对客运站生产能力的贡献，从而评价站文化建设的绩效。站文化建设对生产能力贡献的绩效评价可用表11-2来反映。

（2）站文化建设对服务质量贡献指标

站文化建设对服务质量贡献指标包括：

① 公众意见降低率。

② 服务差错降低率。

③ 事故赔偿降低率。

站文化建设对生产能力贡献的绩效评价结果（%）　　表11-2

序号	车站名称	日均发车班次增长率	日均旅客发送量增长率	全员劳动生产率增长率	评价结果
1					
2					
3					
4					
5					
…					

④ 票款及时结算增长率。

⑤ 出站客车完好增长率。

上述指标可采用对比法来确定站文化建设前后客运站服务指标的变化情况，从而评定站文化建设的绩效。站文化建设对服务质量贡献的绩效评价可用表11-3来反映。

站文化建设对服务质量贡献的绩效评价结果（%） 表11-3

序号	车站名称	公众意见降低率	服务差错降低率	事故赔偿降低率	票款及时结算增长率	出站客车完好增长率	评价结果
1							
2							
3							
4							
…							

（3）站文化建设对安全管理贡献指标

站文化建设对安全管理贡献指标包括：

① 安全管理责任体系建立实效性。

② 安全管理监督体系建立实效性。

③ 行包“三品”案件降低率。

④ 出站班车安检增长率。

安全管理责任体系建立实效性指客运站按照行业管理部门的要求建立安全管理责任制与实际应用的比率。安全管理监督体系建立实效性指客运站按照行业管理部门的要求建立安全管理监督制度与实际应用的比率。行包“三品”案件降低率，包括旅客行包和托运行包的安检率，年内对进站旅客行包和受理托运行包的安检数量占总行包数量的比率。

可采用对比法来确定站文化建设前后站安全管理指标的变化率，从而评定站文化建设对安全管理贡献的绩效，站文化建设对安全管理贡献的绩效评价可用表11-4来反映。

（4）站文化建设对车站经济效果贡献指标

站文化建设必须投入一定的人力、物力和财力，包括站文化建设准备阶段的投入和站文化建设中显性形态文化、意识形态文化、隐性形态文化设计等的投入，站文化保障体制设置运作投入和站文化建设评价投入等，这些投入共同构成站文化建设成本。站文化建设投入必然产生巨大的社会效益，同时，对站的经济效益也产生一定的影响。只有对车站有经济效益产生正影响时，站文化建设才能达到预期的目的。

站文化建设对站经济效果贡献指标有：

① 车站年度净收入增长额。

② 车站年度净收入增长率。

③ 车站年度利润增长额。

④ 车站年度利润增长率。

可采用线性分析来确定站文化建设成果与站长期经营业绩（客运站纯收入增长指数、年收益率等）的相关关系。站文化建设对站经济效果贡献的绩效评价可用表11-5来反映，且只

站文化建设对安全管理贡献的绩效评价结果（%）　表11-4

序号	车站名称	安全管理责任体系建立实效性	安全管理监督体系建立实效性	行包“三品”案件降低率	出站班车安检增长率	评价结果
1						
2						
3						
4						
5						
…						

站文化建设对站经济效果贡献的绩效评价结果（%） 表11-5

序号	车站名称	站文化投入成本A	年度净收入增长额B	B-A	评价结果
1					
2					
3					
4					
5					
…					

有 B-A＞0时，站文化建设方案才是科学合理的。

二、形象建设的绩效考核

为推进站文化建设的全面开展，树立站的对外形象，需要一套理论基础扎实、可操作性强的形象建设绩效考核方案对站的形象建设进行指导、监督与考核。

站的形象主要包括站的理念识别系统MI（Mind Identity）、站的行为识别系统BI（Behavior Identity）和站的视觉识别系统VI（Visual Identity）三大部分，即，CIS识别系统。形象建设的绩效考核应该从这三个方面入手，分别确定各个系统形象建设的指标体系、评价标准与内容。

形象建设绩效考核采取百分制，根据各个形象系统的显性特征明显与否，分别赋予评分。MI是最核心和最重要的部分，但是指标的效果难以直观反映，故赋予30分，BI和VI分别赋予35分。

（一）理念识别评价指标及其量化

1. 理念识别系统的指标

（1）使命。包括站的价值和宗旨，对社会、公众、环境和员工的责任等。

（2）价值观。包括对站的社会责任的认知、核心价值在公众和员工心目中主次、轻重的排列次序等。

（3）理念。包括站生存的意义，站的宗旨、发展方向及对社会责任的承诺等。

（4）精神。包括全体员工的精神理念。

（5）作风。包括全体员工的工作作风、工作态度等。

（6）发展战略。包括人才战略、服务质量战略、发展战略、经营战略、科技战略等。经营战略还包括创新原则、服务原则、用户至上原则等。

（7）道德规范。包括道德准则的制定和执行情况，反不正当竞争和反腐的执行情况。

2. 各个指标要求及赋予价值

各个指标评价要求及赋予分值见表11-6

（二）形象识别评价指标及其量化

形象识别系统评价指标分为基本要素部分和应用要素部分。其中，基本要素部分包括站的名称、站的标识、站的品牌标志、站的形象物、站的标准字、站的标准色、站的宣传标语。应用要素部分包括建筑物外观、办公业务用品、各种证件、站内环境、员工服装、运营车辆等。考核项目及分值见表11-7。

（三）行为识别评价指标及其量化

行为识别系统包括对外活动识别部分和对内活动识别部分。对外活动识别部分包括市场调查、公共关系、推广宣传、服务水准、服务环境营造。对内活动识别部分包括人文环境营造、领导教育、员工教育、文明礼仪、竞争方式。行为识别系统考核表见表11-8。

MI——理念识别系统考核表　　表11-6

MI——理念识别系统（30分）				
序号	评价指标	分值	记分要求	综合评分
1	使命	3	全体从业者对使命的认识程度要深刻，践行深度要到位，符合社会发展的需要，能够体现交通行业的特征保持与发展目标相一致	
2	价值观	3	树立正确的、以人为本的价值观。领导层与执行层的价值观保持一致。核心价值观的内容要具体、易行。以价值观为指导的人际关系和谐。指导发展方向明确	

续上表

MI——理念识别系统（30分）				
序号	评价指标	分值	记分要求	综合评分
3	理念	3	理念与使命、价值观相协调，深入到思想意识的高度。理念目标要具体。理念效果标准高、求严、高效	
4	精神	4	全体从业者精神状态良好，有共同一致、彼此共鸣的内心态度、意志状况和思想境界。具有本站的特色；站的精神实施效果明显；社会成员就业的向往度	
5	作风	5	全体从业者保持冷静、清醒的头脑，具有敏锐的洞察力；对公众负责、对工作负责；具有强烈的社会责任感。塑造良好的对外信誉度和美誉度	
6	发展战略	6	发展目标科学、合理，符合内外部发展的环境；有实现目标的有效途径和手段	
7	道德规范	6	道德观塑造成功，贯彻普及深入人心。道德规范的要求到位，员工的遵守情况良好	

VI——形象识别系统考核表　　表 11-7

VI——视觉识别系统（35分）				
序号	评价指标	分值	记分要求	综合评分
1	基本要素部分	20		
1.1	站的名称	3	简单易记	
1.2	站的标识	4	是否具有统一、规范的信息和标识，标识是否简单明了	

续上表

VI——视觉识别系统（35分）				
序号	评价指标	分值	记分要求	综合评分
1.3	站的品牌标志	3	是否能反映站的特性与个性，能够满足公众的需要与认知。是否符合时代意识。是否易识、美观大方	
1.4	站的象征物	2	能否体现民族性、地域性特征。是否与标志、标准字相协调	综合评分
1.5	站的标准字	3	有无易读感、亲切感、美感。是否体现行业特色。是否有创新的风格、独特的形貌。能否传达站的发展性、信赖感	
1.6	站的标准色	3	能否突出站的风格，体现站的经营理念。能否塑造和传达站的形象。色彩种类一般限制在三种颜色之内	
1.7	站的宣传标语	2	简洁明了、富有鼓动力和感召力	
2	应用要素部分	15		
2.1	建筑物外观	4	美观大方。体现民族、地域特征，符合时代特色	
2.2	办公业务用品	2	站的信封、信纸、便笺、文件袋、文件夹、笔记本、各种文具等是否具备统一的规格、标识	
2.3	各种证件	2	是否具有统一的胸牌、上岗证、工作证	
2.4	站内环境	3	服务环境、办公环境与生活环境是否舒适优美、干净、整洁。是否能充分地体现“以人为本”的经营理念	
2.5	员工服装	2	制服是否统一	
2.6	运营车辆	2	营运车辆是否有统一的站的标志	

BI——行为识别系统考核表 表11-8

BI——行为识别系统（35分）				
序号	评价指标	分值	记分要求	综合评分
1	对外活动识别部分	17		
1.1	市场调查	3	定期对站的服务质量、候车环境、社会期待、公众满意度、发展前景等进行调查，及时捕捉、更新信息，研究社会需求等	
1.2	公共关系	3	站与政府、社区、以及与其他运输服务企业关系良好	
1.3	推广宣传	3	积极打造、推行站的服务理念与品牌，建立和提高客运站的知名度、信誉度和美誉度，取得社会谅解，建立信息沟通网络等	
1.4	服务水准	4	文明守信，热忱有礼，服务周到，细致高效，有求必应，灵活应变网络等	
1.5	服务环境营造	4	健康、文明的工作环境，优美、舒适的服务环境。注重节能、保护生态环境和坚持可持续发展等	
2	对内活动识别部分	18		
2.1	人文环境营造	3	营造公众、员工身心健康、积极向上、团结互助的人文环境，积极开展员工的文化娱乐活动等	
2.2	领导教育	4	定期对管理人员进行政策理论水平教育、法制教育、决策水平和领导作风教育、反腐倡廉教育等	
2.3	员工教育	4	有员工培训计划，包括爱国主义教育、法制教育、精神文明教育、职业道德教育、服务态度教育、员工规范教育、文化知识教育、工作技能教育等	
2.4	文明礼仪	4	在工作中做到真诚、平等、适度、自信、信用、宽容、自律，规范职业道德、统一仪容、仪表、礼仪等	
2.5	竞争方式	3	强化市场观念和竞争意识，讲究优质服务和经济效益，维护社会和客运站根本利益。树立开拓进取的竞争精神、公平的竞争意识、积极主动的主人翁精神等	